有罪必罚原则的提倡与贯彻

The Advocation and Implementation
of the Principle
of Crime Must Be Punished

李　鑫◎著

中国政法大学出版社

2024·北京

图书在版编目（CIP）数据

有罪必罚原则的提倡与贯彻 / 李鑫著. -- 北京：
中国政法大学出版社，2024. 11. -- ISBN 978-7-5764-
1870-5

Ⅰ. D924.04

中国国家版本馆CIP数据核字第2024LB3985号

出 版 者	中国政法大学出版社
地　　址	北京市海淀区西土城路 25 号
邮　　箱	fadapress@163.com
网　　址	http://www.cuplpress.com (网络实名：中国政法大学出版社)
电　　话	010-58908524(第六编辑部) 58908334(邮购部)
承　　印	保定市中画美凯印刷有限公司
开　　本	720mm×960mm　1/16
印　　张	15
字　　数	250 千字
版　　次	2024 年 12 月第 1 版
印　　次	2024 年 12 月第 1 次印刷
印　　数	1~700 册
定　　价	69.00 元

序

　　近年来，我国的刑法教义学研究取得了丰硕的成果，刑法知识体系无论在深度还是广度上较之以往任何时期都有了显著的发展。然而，在刑法理论不断走向精细化、内容不断扩充的当下，刑法基本原则及其相关问题却沦为了被遗忘的知识传统，相关成果寥寥，既缺乏对我国刑法基本原则的体系性反思，也缺乏对各基本原则的深入思考。当前，积极建构中国刑法学自主知识体系已然成为了刑法学界的一项中心任务，在这一宏大叙事背景下，有必要将目光聚焦在我国刑法典之上，对刑法的基本原则进行重新审思。《有罪必罚原则的提倡与贯彻》一书便是对这一问题的一次有益尝试，试图以我国《刑法》第3条前段"法律明文规定为犯罪行为的，依照法律定罪处刑……"的规定为切入点，提出有罪必罚原则作为我国刑法基本原则的可能性与正当性，论证其对我国刑事法治及刑法理论的价值与意义，并对其贯彻与实现的基本路径展开分析和讨论。

　　受制于长期以来德日刑法教义学的研究范式，我国刑法理论对刑法的总体认知和态度是基于西方古典主义时期的历史语境形成的。作为抵抗中世纪封建王权的有力武器，近代古典刑法理论旗帜鲜明地提出并确立了罪刑法定原则，以便实现对国家刑罚权的有效制约。随之，刑法的谦抑性、刑罚的宽和性成为了刑法在这一时代的独有印记。然而，我们在关注刑法理论之共时性特征的同时，也不能忽视刑法作为文化知识的历时性样态，西方古典主义的刑法理论未必能够对现今我国的刑事法治作出完整的说明。一方面，我国刑法在历史上同中世纪西方刑法一样具有肆意性与残酷性的一面，但也对特权阶级保留了极大的宽容，甚至不惜设置"官当""八议"这类有罪不罚的刑事制度作为"免死金牌"；另一方面，随着后工业时代风险社会的来临，当下无论是犯罪治理需求还是社会治理方式，都与古典刑法理论盛行时期的社会背景不可同日而语。在这样的现实背景下，继续一味地提倡刑法的谦抑性、将刑罚权视为洪水猛兽加以防范，显然失之片面。进而言之，为了克服封建大一统时期特权思想对当代刑事法治所带来的消极影响，强化刑法之于犯罪治理形势的应变性，提倡并贯彻有罪必罚原则非但无可指摘，反而十分必要。

当然，本书作者提倡有罪必罚原则，并不是对我国刑法基本原则体系的颠覆，也远称不上是对刑法谦抑主义、刑法人权保障机能等话语体系的抛弃和否定。法学作为一种地方性知识，存在的根据在于本土的文化资源和制度规范。既然我国《刑法》第3条在规定罪刑法定的同时又规定了有罪必罚，且将对有罪必罚的规定置于对罪刑法定的规定之前，便说明有罪必罚具有独立存在的意义和价值。或许我们可以认为，将有罪必罚与罪刑法定置于同一条文当中，正是立法者的精心安排，是对我国刑事法治的价值作出的全面阐释。如果说罪刑法定寓意着立法者对国家刑罚权肆意扩张的理性警惕，那么有罪必罚便蕴含着立法者对刑罚权搁置不用的本能隐忧。按照这一逻辑，刑法有必要在坚持罪刑法定的同时贯彻有罪必罚，做到无罪不罚、有罪必罚，而罪与非罪的结论最终还需交由司法者根据具体的刑法规范来裁决。

理论的创新绝非易事，往往伴随着风险，任何疏漏和不足都极易遭致严厉的批评乃至否定。本书将我国《刑法》第3条前段的内容解释为有罪必罚原则，并旗帜鲜明地予以提倡，确实与当下刑事立法的一些内容和刑法理论中的一些话语存在抵牾，但这恰恰是理论的魅力所在。而且，理论发展的一般规律决定了，任何一种学说和观点都会经历一个不被学界普遍认同的阶段，即使很多通说观点也曾一度被认为是"非主流"学说。公允地说，本书在有罪必罚原则的本体论、价值论、关系论等问题上作出了诸多创新性思考。虽然书中有些观点尚需进一步推敲、有些论证还不够深入，但我以为这仍是一部特色鲜明、思想深刻、分析透彻、理论与实践结合紧密的著作。

本书作者李鑫现为河北师范大学法政与公共管理学院讲师。在他于河北大学政法学院读本科阶段我就结识了他，后来他跟随我攻读法律硕士学位。在此期间，他坚毅的性格、俭朴的生活方式、踏实认真的学习态度以及对学术的执着给我留下了深刻印象，也正是他的这种性格和生活学习态度造就了其深厚的学术素养。李鑫在硕士研究生毕业后，被招考到沧州监狱从事实务性工作。但在工作四年后，他毅然决然地辞去公务员，考取了河北大学法学院的博士研究生，足见其对学术的志趣。本书既是他多年来刻苦钻研的成果，也是他迄今为止人生积累的结晶。作为李鑫博士研究生阶段的指导教师，我为他高兴，并感谢中国政法大学出版社将这一具有启迪意义的作品奉献给广大读者，相信本书的出版会为有罪必罚原则的相关知识带来一些有益的思考。

是为序。

苏永生

2024 年 4 月 2 日于保定

目　录

绪　论

第一节　研究背景及意义

一、研究背景

2012 年，党的十八大提出全面依法治国的基本方略，并对我国的法治建设提出了一系列具体要求。2017 年，党的十九大把坚持全面依法治国上升为新时代坚持和发展中国特色社会主义的基本方略。2022 年，党的二十大指出，全面依法治国关系党执政兴国，关系人民幸福安康，关系党和国家长治久安。可见，全面依法治国在我国政治生态中具有重大的现实意义和实践价值。党的十八届四中全会强调树立宪法法律权威，必须坚决纠正有法不依、执法不严、违法不究的行为。刑法作为国家法律体系中的基本法律，其权威性同样需要得到足够的重视和尊重，这是全面推进依法治国的当然逻辑。然而，近年来发生的"纸面服刑案""孙小果案"等案例暴露出刑事领域的特权现象并未被彻底清除，对刑法的权威性造成了严重侵犯。为了回应全面推进依法治国的政治主张、破除特权思想，必须牢固树立刑法的权威性。在全面依法治国的现实背景下，有必要鲜明地提倡并贯彻有罪必罚原则，并对有罪必罚原则的法治意义及其实现机制予以分析和讨论。

近年来，环境犯罪、恐怖主义犯罪、信息网络犯罪等新型犯罪不断出现，对国家的犯罪治理能力提出了新的挑战。为了保护人民群众的生命财产安全及其他合法权益，刑法进入了立法活性化时期，并在犯罪化的立法理念指导下，扩大了刑事制裁的范围。然而，对犯罪的有效治理，仅仅依靠立法是不够的，纸面上的罪刑规范还必须被运用于实践当中。2019 年，党的十九届四中全会指出，国家治理体系和治理能力现代化必须坚持有法必依、执法必严、违法必究。犯罪治理现代化是国家治理现代化的当然内容，必须遵从"有法必依""违法必究"的治理要求。这一要求体现在刑法上，便是提倡并贯彻有罪必罚原则。因此，提倡并贯彻有罪必罚原则，并将其运用于我国的犯罪治理实践，是对犯罪治理现代化这一时代命题作出的积极回应。

从概念层面来看，我国的法治建设经历了从"法治国家"到"法治中国"的话语体系转变。自党的十八大以来，"法治中国"概念已成为推进法治建设乃至全面深化改革的官方主流话语和重要政治概念。"法治中国"由"法治"和"中国"两个维度构成。其中，"法治"维度意味着一种原则的规定性，代表了法治的规范性基础和价值取向；而"中国"维度则代表了经验性、描述性的层面。[1]这意味着，在"法治中国"的语境下，在关注法治之普遍性的同时，更应当注重中国法治的特殊性，关注本土化理论与制度的形成及运行状况。现行《刑法》[2]第 3 条规定："法律明文规定为犯罪行为的，依照法律定罪处刑；法律没有明文规定为犯罪行为的，不得定罪处刑。"德日等大陆法系国家的刑法典中并没有类似该条前段的内容，因此这一规定具有鲜明的中国特色，是我国刑法的原创性规定。对于该条，我国刑法学界大都认为后段规定的是罪刑法定原则，而前段不是对罪刑法定原则的规定，甚至有观点主张删除前段规定。然而，自现行《刑法》颁布以来，我国先后颁布了12 部刑法修正案，其中不乏对总则规定的修改，但立法者始终没有修改《刑法》第 3 条或删除该条前段的规定。这足以表明，《刑法》第 3 条前段的规定具有现实合理性，是符合我国本土法治实践规律的。在推进建构中国自主法学知识体系的时代背景下，为了凸显"法治中国"之"中国"维度，有必要阐明《刑法》第 3 条前段的真义，提出并讨论有罪必罚原则。

二、研究意义

在我国，对有罪必罚原则展开研究，具有重要的实践意义。

---

〔1〕 参见刘小平：《法治中国需要一个包容性法治框架——多元现代性与法治中国》，载《法制与社会发展》2015 年第 5 期。

〔2〕 为行文方便，本书中提及的我国法律规范文件均省略"中华人民共和国"字样，如《中华人民共和国刑法》简称《刑法》。

其一，对正确认识有罪必罚原则的法治意义具有重要的指导意义。法律至上主义是现代法治国家的重要内容，表现为人人都应接受法律的约束并服从法律的规定，所有的违法犯罪行为都应当受到追究。然而实践中有罪不罚的现象并没有被完全杜绝。例如，有学者曾指出，面对难以获得罚没收入的侵犯知识产权犯罪、伪造证件犯罪等的案件，公安机关、司法机关会以各种理由拒绝受理。[1] 这反映出有罪必罚原则在司法实践中未能彻底贯彻和实现，有罪不罚、有罪不诉现象依然存在。然而与之相对的是，我国刑法学界并未给予有罪必罚原则以应有的重视，忽视了其法治价值。在本书中，笔者将重点指出，刑法领域的宪法法律至上主义就是对有罪必罚原则的坚持与贯彻，并结合中国特色社会主义法治建设的实践经验，分析有罪必罚原则与法治价值的一般关系，按照不同的法治观对有罪必罚原则的本体意义展开讨论，从而为深化对有罪必罚原则之法治意义的认识提供帮助。

其二，对有罪必罚原则的具体建构具有重要的指导意义。提倡并贯彻有罪必罚原则是健全刑事法治的必然要求和重要路径，但有罪必罚原则并未在我国的刑法话语体系中得到完全的提倡和有效的贯彻。虽然当前在民众观念层面普遍存在对有罪必罚观念的朴素认知和认同，而且法治的基本操作中也蕴含着有罪必罚的具体要求；但不论司法实践还是刑法解释学，都未能将有罪必罚作为刑法的原则来看待。本书将从理念、理论、制度等多个层面对有罪必罚原则进行具体的理论建构：一方面，对有罪必罚原则的本体论、价值论、关系论、规范论等一般基础性问题展开论述，推动有罪必罚原则理论体系的搭建与完善；另一方面，从刑法的立法、司法以及刑事执行等方面提出有罪必罚原则的贯彻方案，完善有罪必罚原则的具体实践制度。显然，这一研究对建构有罪必罚原则的理论体系所具有的指导意义是不容否认的。

其三，对刑法领域有效推进全面依法治国具有重要的指导意义。在法治建构上，人们赋予罪刑法定原则以非常重要的地位，认为"实行罪刑法定原则是迈向法治的第一步，也是最为重要、最为关键的一步"[2]。然而，这只是问题的一个方面，另一个方面是，如果法律得不到实施、犯罪有可能不受处

---

〔1〕　参见张明楷：《刑事司法改革的断片思考》，载《现代法学》2014 年第 2 期。

〔2〕　张明楷：《刑法学》，法律出版社 2021 年版，第 54 页。

罚，谈何罪刑法定，刑事法治又如何实现。所以，刑法在强调自由保障的同时，还必须重视秩序保护，实现自由与秩序的统一。换言之，宪法法律至上从来都是法治的重要标志，乃至主要标志。在刑法领域，如果把自由保障的任务交给罪刑法定原则来完成，那么秩序保护的任务只能由有罪必罚原则来承担。虽然罪刑法定原则是迈向法治的第一步，也是最为关键的一步，但仅通过该原则无法支撑起刑事法治的大厦，只有使体现自由保障的罪刑法定原则与体现秩序保护的有罪必罚原则形成合力，才能建构起完整的法治大厦。由此看来，对有罪必罚原则展开研究，挖掘其中所蕴含的法治价值，显然对刑法领域有效推进全面依法治国具有重要意义。

同时，对有罪必罚原则展开研究，还具有重要的理论价值。

首先，对有罪必罚原则展开研究，有利于中国特色社会主义刑法理论的学理展开。中国特色社会主义刑法理论是对中国刑事法治实践的理论表达。任何刑法理论都具有地方性，是一种地方性知识或者是对地方性知识的总结和提升。现阶段，我国刑法理论的地方性集中表现为"中国特色"，这种特色不是基于外来理论的一种强加，也不是毫无根据的一种想象，而是根据中国法治实践和法治需求进行的一种建构。在本书中，笔者一方面要根据中国特色社会主义法治理论的基本特点及现实表现来探讨有罪必罚原则之于中国法治建设的重要意义，推动有罪必罚原则成为中国特色社会主义刑法理论的原创性概念；另一方面，要从中国本土的立法、司法以及刑事执行等法治经验出发，通过分析与总结我国法治建设的实践经验，对有罪必罚原则的各项机制予以展开论述，进一步丰富中国特色社会主义刑法理论的内容。

其次，对有罪必罚原则展开研究，有利于丰富和深化刑法的基本原则理论。一般认为，罪刑法定、适用刑法平等以及罪责刑相适应（罪刑相适应）是我国刑法的基本原则。[1] 罪刑法定原则的基本功能在于限制恣意入罪，并无限制恣意出罪之功能；适用刑法平等原则强调的是法律面前人人平等，虽然具有限制个别性恣意出罪之功能，但缺少限制因司法怠惰而引发大范围出

---

〔1〕 其中，"罪责刑相适应原则"是《刑法》第 5 条规定的一种最切近文义的解读，也是"犯罪—刑事责任—刑罚"这一中国特色刑法理论的具体运用。另外，还有学者指出，除了《刑法》明文规定的基本原则之外，法益保护与责任主义也被视为刑法的基本原则，而且这两个原则在我国都有刑法立法上的依据。参见张明楷：《刑法学》，法律出版社 2021 年版，第 53 页。

罪的功能，即适用刑法平等原则无法应对法不责众的法治风险。罪责刑相适应原则在于实现犯罪行为与刑事责任和刑罚之间的相适应（均衡），解决的是司法定罪后的量刑问题，与出罪和入罪的司法判断没有直接关系。总而言之，从我国刑法解释学对刑法基本原则的解释结论来看，既有限制恣意入罪的罪刑法定原则，也有限制个别性恣意出罪的适用刑法平等原则，但没有限制因司法怠惰而引发大面积出罪的基本原则。提倡并贯彻有罪必罚原则，正是为了解决这一问题，对丰富和深化我国刑法基本原则理论具有重要的参考价值。

最后，对有罪必罚原则展开研究，具有重要的刑法学方法论价值。在我国刑法学研究中，较少从法律文化传统出发的文化解释，也有未严格遵照刑法规范的教义学研究，而更倾向于对域外理论进行嫁接与阐释，甚至出现了通过裁剪立法和司法实践来证明研究结论合理性的研究倾向。在本书中，笔者一方面通过对有罪必罚原则的理论基础进行讨论和分析，另一方面通过对中国特色社会主义法治建设的实践进行解读，为有罪必罚原则的确立提供现实依据；同时笔者提倡在刑法学研究中坚持"从经验到理论"的方法论，这显然具有重要的方法论价值。

第二节　研究现状分析

一、国外研究现状分析

在国外，特别是在英美法系和大陆法系国家，有罪必罚原则一直贯穿于法学研究过程中，是法学研究的重要议题之一。从现有研究成果来看，主要形成了法理学及法哲学和刑法学等的研究进路，并积累了较为丰富的研究成果。

（一）法理学及法哲学的研究进路

从法理学及法哲学的视角看，国外出现了不少与有罪必罚原则相关的优秀成果，代表性研究成果有 *The Spirit of the Common Law*（Roscoe Pound, 1921）、*Social Control through Law*（Roscoe Pound, 1942）、*The Rule of Law：Politicizing Ethics*（Michael Neumann, 2002）、*On the Rule of Law：History, Politics, Theory*

(Brian Z. Tamanaha, 2004), *Rule by Law or Rule of Law* (Mark Tushnet, 2014), *What's the Point of the Rule of Law?* (Martin Krygier, 2019), 等等。

以上研究成果主要围绕"法治""法律至上"等法治的一般原理展开。国外学者提出的"法律至上"原则认为，国王与全体国民都应遵守法律，在法律面前应当是平等的。例如，美国学者庞德（Pound）指出，法律至上是普通法的基本原则；[1]富勒（Fuller）将法治视为"规则之治的系统"。[2]刑事法治原理是法治一般原理的具体化，因此对刑法的普遍遵守和服从便是坚持有罪必罚原则的体现。此外，还有一些研究对"公平""正义"等法治理念进行了深入讨论。例如，罗尔斯（Rawls）提出"平等"和"服从"是形式正义的重要内容。[3]这些研究不仅为有罪必罚原则在刑法中的贯彻提供了价值立场，也为有罪必罚原则的具体展开方式和应当遵循的标准作出了法理学及法哲学上的一般要求。这些从宏观层面对法治原则、法治意义等法治一般理论所做的研究，凝结了诸多极富价值的学说与理论，为有罪必罚原则在刑法中的确立提供了有力的法理学根据，奠定了有罪必罚原则研究的理论基底。所以，对于有罪必罚原则的法理学和法哲学的研究进路及其所形成的研究成果，为论证有罪必罚原则是刑法基本原则提供了充分的法理学和法哲学根据。

（二）刑法学的研究进路

从刑法学的视角看，国外学者围绕有罪必罚原则的相关理论作出了极富创新性的研究，形成了一大批具有重要价值的成果。研究成果主要有，*Was ist das Problem mit der Prävention im Strafrecht. Strafrecht im Präventionsstaat*（Boris Burghardt, 2014），*Funktionswandel des Strafrechts in der Sicherheitsgesellschaft*（Beatrice Brunhöber, 2018），*Lehrbuch des Strafrechts, Allgemeiner Teil*（Hans-Heinrich Jescheck and Thomas Weigend, 1996），《社会安全政策のシステム論的展開》（四方光，成文堂 2007 年版），《刑法の社会的機能の変容》（佐伯仁志，《新世代法政策学研究》2011 年第 11 期），《ドイツにおける法益保護

---

〔1〕 参见［美］罗斯科·庞德：《普通法的精神》，唐前宏、廖湘文、高雪原译，法律出版社2010 年版，第 36~37 页。

〔2〕 ［美］富勒：《法律的道德性》，郑戈译，商务印书馆 2005 年版，第 55 页。

〔3〕 ［美］约翰·罗尔斯：《正义论》，何怀宏、何包钢、廖申白译，中国社会科学出版社 1988年版，第 58 页。

主義批判とそれに対する反論》（川口浩一，《刑法雑誌》2007 年第 1 期），
《刑法の社会的機能論-再訪：現代社会の統制手段としての刑法の適性と位
置付け》（伊东研祐，《新世代法政策学研究》2011 年第 10 期），《現代社会
のリスクの本質と社会安全政策》（四方光，《法社会学》2008 年第 69 期），
《刑法における敵としての例外的な取扱い》（飯島暢，《刑法雑誌》2014 年
第 1 期），《法益論の現代的意義》（嘉門優，《刑法雑誌》2007 年第 1 期），
《規制のハーモナイゼーションと刑法観の変化》（松原英世，《刑法雑誌》
2015 年第 1 期），等等。

　　以上研究成果主要围绕刑法的社会保护、法益保护以及人权保障等功能
进行了较为详细和深入的讨论。从观点上看，有研究指出，古典时期的自由
主义刑法观必须得到改变，刑法的适用不应仅仅以防范国家刑罚权的肆意发
动为目的，而应当更加关注对犯罪的制裁，实现对社会、法益的保护。[1]这
为有罪必罚原则的提出提供了刑法功能论上的支撑，有助于有罪必罚原则获
得理论上的正当性。从内容上看，不少研究围绕如何实现刑法的社会保护机
能提出了具体的方案和制度设想。这对有罪必罚原则的具体展开，尤其是在
司法与刑事执行中的具体展开，提供了可供参照的制度依据。从方法论上看，
这些研究大多强调刑事政策与刑法体系之间的联系，注重刑事政策与刑法体
系之间的功能互动，反对刑法体系内部的自我论证。这对打破纯粹规范主义
法学方法的桎梏、创新有罪必罚原则研究的方法论、强化有罪必罚原则与实
践经验之间的关系，具有重要的指导意义。

二、国内研究现状分析

　　当前，国内虽然没有出现针对有罪必罚原则专门、系统性的研究成果，
但与有罪必罚相关的研究成果很丰富，且极富理论价值。从研究视角看，
主要从法理学、法政治学、法史学以及刑法学四个视角展开了不同程度的
研究。

---

　　[1]　参见［日］伊东研祐：《刑法の社会的機能論-再訪：現代社会の統制手段としての刑法の
適性と位置付け》，载《新世代法政策学研究》2011 年第 10 期。

（一）从法理学视角展开的研究

有罪必罚原则是法治理念在刑事法治中的具体缩影，因此法理学中有关法治理论的研究必然涉及有罪必罚问题。从当前的研究成果看，该研究视角主要从法律至上理念和法治观两个方面展开。

法律至上理念一直是我国法理学界关注的重要议题，在我国被表述为"宪法法律至上"。近年来，法理学界在这方面形成了较为丰富的成果，具有代表性的如谢晖的《法律至上与国家治理》（《比较法研究》2020年第1期）、顾功耘的《宪法法律在治国理政中的定位反思》（《法学》2013年第1期）、季卫东的《法治秩序的建构》（商务印书馆2019年版）、於兴中的《法治东西》（法律出版社2015年版）等。这些研究从不同侧面对法律至上理念进行了论证，属于对有罪必罚原则作出的宏观性思考，其中提出的学说与观点对有罪必罚原则的研究具有重要参考价值。如有研究指出，法律至上理念要求人人都应当接受法律的约束、按照法律的规则办事，强调制裁违法行为的必定性。[1]在刑法中坚持法律至上，就必须使刑法得到普遍的遵守，即实现有罪必罚。从这一意义上讲，法律至上理念为在我国刑法中提出有罪必罚原则提供了法理学上的根据。

近年来，随着我国法治化进程的加快，法治观的基本类型备受关注。其中，形式法治与实质法治以及二者之间的关系，成为了法理学界关注的重要议题，代表性研究成果有高鸿钧等人的《法治：理念与制度》（中国政法大学出版社2002年版）、陈金钊的《对形式法治的辩解与坚守》（《哈尔滨工业大学学报（社会科学版）》2013年第2期）、李桂林的《实质法治：法治的必然选择》（《法学》2018年第7期）、顾培东的《当代中国法治共识的形成及法治再启蒙》（《法学研究》2017年第1期）等。这些研究成果，有的认为我国的法治观应当划分为形式法治观与实质法治观，有的则认为法治观包括理想主义法治观与实用主义法治观等。在不同的法治观影响下，对有罪必罚原则的认识会有所差别；进一步而言，不同法治观下的有罪必罚原则，在内涵、特征、实现机制等方面的侧重点也是不同的，这对丰富有罪必罚原则的本体意义、考察有罪必罚原则的法治价值具有重要参考意义。而且，围绕法治观

---

〔1〕 参见谢晖：《法律至上与国家治理》，载《比较法研究》2020年第1期。

的研究都是以中国法治建设的实践为逻辑起点和落脚点的，具有较强的现实意义，这为有罪必罚原则的研究提供了一般法治理论与中国法治经验之间的连接点和参照系，便于这一研究更好地融入中国法治建设的实践背景。

（二）从法政治学视角展开的研究

近年来，随着全面依法治国方略的有力推进，法政治学在我国兴起。在法政治学的研究中，大量研究成果涉及有罪必罚的问题。从当前的研究成果看，该研究视角主要是从中国特色社会主义法治理论和习近平法治思想两个方面展开。

关于中国特色社会主义法治理论的研究，是法政治学研究的重要向度，形成了一批具有重要影响的研究成果，其中代表性的如江必新的《法治国家的制度逻辑与理性构建》（中国法制出版社 2014 年版）、卓泽渊的《习近平法治思想要义的法理解读》（《中国法学》2021 年第 1 期）、周佑勇的《全面推进依法治国总目标引领法治中国前进方向》（《红旗文稿》2022 年第 9 期）。中国特色社会主义法治理论是有罪必罚原则研究得以展开的重大理论前提。这些研究围绕法治价值论和法律的自由、平等、正义、秩序属性等法治一般理论展开了讨论，并对法治中国的制度逻辑、理性构建等具体问题进行了较为深入的分析。有罪必罚原则的研究必须根植于中国法治语境和法治土壤，在中国特色社会主义法治理论的框架内展开。特别是在全面推进依法治国的时代背景下，如何看待有罪必罚原则在全面依法治国中的地位、作用和法治价值，显得尤为重要。在这些研究成果中，有的将全面依法治国的总体战略与刑法理论进行了有机结合，对研究有罪必罚原则的刑法立法指导功能具有重要意义，例如刘艳红教授的《以科学立法促进刑法话语体系发展》（《学术月刊》2019 年第 4 期），指出刑法的科学立法包含着明确性、实效性等具体要求，对有罪必罚原则的立法实现机制提供了有益的借鉴和参考。

习近平法治思想作为全面依法治国的根本遵循，自提出以来就得到了学界的充分重视，形成了法政治学研究中独具特色的研究路向，代表性研究成果如张文显的《习近平法治思想的理论体系》（《法制与社会发展》2021 年第 1 期）、王晨的《坚持以习近平法治思想为指导 谱写新时代全面依法治国新篇章》（《中国法学》2021 年第 1 期）等。习近平法治思想是全面依法治国的根本遵循，是中国特色社会主义法治理论的一次伟大创新，是对中国特色社会主义法治建设实践的最新回应。这些在推进全面依法治国时代背景下形成的法学理论成果，对有罪必罚原则的研究具有重要的参考价值。其中，以人民为中心的论述强调要让人民群众在每一个司法案件中感受到公平正义，为有罪必罚原则司法贯彻机制的建构提供了强有力的理论依据；坚持中国特色社会主义法治道路的论述，对于有罪必罚原则的研究如何吸收我国法治建设的实践经验、贴近法治建设的实际具有重要意义；有关科学立法的论述，为有罪必罚原则的立法功能和立法实现机制提供了理论指引。

（三）从刑法学视角展开的研究

有罪必罚原则是刑法学的一个专门性问题，因此也有不少学者从刑法学视角对其进行过讨论和研究。从现有研究成果看，主要从以下具体视角展开：

一是从刑法机能论视角展开的研究。从刑法机能论的视角看，涉及有罪必罚原则研究的代表性研究成果主要有陈兴良的《刑法的价值构造》、刘永强的《刑法机能史与理论的展开》等。陈兴良教授在《刑法的价值构造》一书中对刑法的社会保护机能进行了深入研究，强调社会保护机能指向的是惩罚犯罪、保护社会利益的功能。[1]刑法的保护机能这一功能向度与有罪必罚原则具有运行逻辑上的一致性，可以为研究有罪必罚原则的基本理论、实现机制提供有益的借鉴和参考。再如，逄锦温的《刑法机能研究》（法律出版社2014年版）一书，对刑法机能的基础理论、法治价值、刑法功能等问题进行了系统性的介绍，特别是其中对于刑法社会保护机能的论述对研究有罪必罚原则的理论依据具有重要的参考意义。

二是从积极刑法观视角展开的研究。积极刑法观强调刑法对社会生活的积极干预，必然蕴含着有罪必罚问题，其中的代表性研究成果有周光权的《积极刑法立法观在中国的确立》（《法学研究》2016年第4期）、付立庆的《论积极主义刑法观》（《政法论坛》2019年第1期）和《积极主义刑法观及其展开》（中国人民大学出版社2020年版）、张明楷的《增设新罪的观念——对积极刑法观的支持》（《现代法学》2020年第5期）等。其中，付立庆教授在《积极主义刑法观及其展开》一书中指出，积极刑法观所主张的刑法对社

---

〔1〕 参见陈兴良：《刑法的价值构造》，中国人民大学出版社2006年版，第138页。

会生活的积极介入需要从立法和司法两个维度得到具体落实。[1]从理念上看，积极刑法观的提出为有罪必罚原则的确立提供了理论依据，有利于这一原则获得学理上的正当性。从制度设计上看，积极刑法观关于刑法立法要求的观点，为有罪必罚原则立法指导功能的实现提供了可供参照的标准，对刑法立法如何践行有罪必罚原则的要求提供了具体的指引规则。从解释论机制上看，积极刑法观要求司法机关积极、能动地解释法律，尽可能地作出有罪认定，[2]为有罪必罚原则之"有罪"的司法认定提供了理论根据。简言之，积极刑法观在研究范畴上涉及刑法的立法、司法两个维度，能够有力地扩张有罪必罚原则的理论领域，并使有罪必罚原则获得强大的刑法理论支撑，对有罪必罚原则的研究具有重要的理论价值。

三是从规范论视角展开的研究。这一视角的研究主要表现为对《刑法》第3条前段的学理解释，代表性研究成果如何秉松主编的《刑法教科书》（中国法制出版社1997年版）、张明楷的《刑法学》（法律出版社2021年版）、苏永生的《论我国刑法中的法益保护原则——1997年〈中华人民共和国刑法〉第3条新解》（《法商研究》2014年第1期）等。要将有罪必罚视为刑法的基本原则，就必须使之成文化，那么《刑法》中是否已经规定了有罪必罚原则就显得至关重要。从刑法规范论视角展开的研究，对《刑法》第3条前段作出了不同的理解，有助于澄清该段法条的真实含义。值得注意的是，有观点甚至直接认定《刑法》第3条前段规定的就是有罪必罚原则。[3]因此，这些研究不仅有利于深化对有罪必罚原则规范依据的认识，更对如何在立法上实现有罪必罚原则，进而使有罪必罚原则获得刑法规范上的合法性，具有重要的启示意义。

四是从解释论视角展开的研究。代表性研究成果如陈兴良的《形式解释论的再宣示》（《中国法学》2010年第4期）、张明楷的《实质解释论的再提倡》（《中国法学》2010年第4期）、李立众的《刑法解释的应有观念》（《国家检察官学院学报》2015年第5期）等。何为"有罪"、如何在刑法适用过

---

[1]　参见付立庆：《积极主义刑法观及其展开》，中国人民大学出版社2020年版，第48页。
[2]　参见王俊：《积极刑法观的反思与批判》，载《法学》2022年第2期。
[3]　参见苏永生：《刑法断思》，法律出版社2017年版，第57页。

程中认定行为人是否属于"有罪",是研究有罪必罚原则时不可回避的重大问题。这些研究成果基于解释论的视角对"犯罪"的概念进行了深刻、系统的解读,对理解"有罪"的含义、把握"有罪"认定的司法逻辑具有重要的参考意义。特别是对于实质解释论和客观解释论的研究,都提倡刑法解释的扩张性,与有罪必罚原则积极处罚的价值取向具有一致性。例如,坚持实质解释论的观点认为,在对构成要件进行解释时,不能局限于刑法法条的字面含义;而应当根据刑法的法益保护目的,允许按照处罚必要性的要求做扩大解释。[1]从刑法解释论视角展开的研究对澄清有罪必罚原则之"有罪"的内涵具有重要的理论价值。

五是从刑法立法论展开的研究。近年来,随着我国刑法进入立法活性化时期,立法论的研究成果逐渐丰富起来。代表性的研究成果如刘艳红的《象征性立法对刑法功能的损害——二十年来中国刑事立法总评》(《政治与法律》2017年第3期)、张明楷的《增设新罪的观念——对积极刑法观的支持》(《现代法学》2020年第5期)、周光权的《我国应当坚持统一刑法典立法模式》(《比较法研究》2022年第4期)等。这些研究成果从刑法立法的基本理念、立法体例等方面对刑法立法理论展开了讨论,对有罪必罚原则的立法实现机制具有重要的参考意义。例如,张明楷的《增设新罪的观念——对积极刑法观的支持》一文指出我国需要采取积极刑法观,通过增设新罪的方式来实现保护法益的目的,这对有罪必罚原则在立法上实现处罚积极性提供了理论根据;再如刘艳红的《象征性立法对刑法功能的损害——二十年来中国刑事立法总评》一文,指出象征性立法会损害刑法的实效性与权威性,刑法立法应当坚持法益保护的实效性,为有罪必罚原则的立法指导功能提供了有益的借鉴。有罪必罚原则作为刑法的基本原则,对刑法的立法活动具有指导功能,具有推动犯罪化立法的作用,而这些研究成果又对有罪必罚原则立法指导功能的具体展开提供了良好的理论参照。

六是从刑罚论视角展开的研究。代表性研究成果如邱兴隆的《刑罚理性辩论——刑罚的正当性批判》(中国检察出版社2018年版)、张明楷的《责任刑与预防刑》(北京大学出版社2015年版)、王云海的《监狱行刑的法理》

---

[1] 参见张明楷:《实质解释论的再提倡》,载《中国法学》2010年第4期。

(中国人民大学出版社 2010 年版)，等等。这一视角下的研究既包括相对抽象的刑罚正当性内容，也有相对具体的刑事执行制度内容。其中，关于刑罚正当论的研究从法哲学及法理学层面对报应主义法与预防主义法之间的关系以及刑罚发动的动因、正当性、合法性等问题进行了阐释。特别是邱兴隆教授的《刑罚理性辩论——刑罚的正当性批判》对报应主义、预防主义以及一体化的刑罚根据论思想进行了详细的梳理和充分的介绍。有罪必罚原则强调处罚之于犯罪的必定性，而为何处罚、如何处罚、处罚的实现机制等问题离不开刑罚理论的支撑。关于刑罚论视角的研究成果对明确有罪必罚原则之"必罚"的本体意义、理论根据、有罪必罚原则与罪刑均衡原则之间的关系以及有罪必罚原则在刑事执行中的一般理论等问题，具有重要的参考价值。有关刑事执行制度的研究讨论了自由刑的执行方式、监狱行刑模式等问题，对确立有罪必罚原则在刑事执行阶段中的理念，特别是确定有罪必罚原则在监禁刑与非监禁刑中的具体贯彻机制等内容，具有重要的参考价值。

（四）从刑事诉讼法视角展开的研究

有罪必罚原则作为刑事法治领域的重要问题，不仅是刑法问题，同时在刑事诉讼法中具有重要地位，因此在刑事诉讼法的研究中必然也涉及到有罪必罚原则的问题。从当前的研究成果看，该研究视角主要从刑事追诉制度和诉讼监督机制两方面展开。

一是刑事追诉制度的研究。代表性的成果如朱良的《论刑事立案标准的三重意蕴》（《贵州社会科学》2022 年第 3 期）、洪浩和朱良的《论检察机关在刑事审前程序中的主导地位》（《安徽大学学报（哲学社会科学版）》2020年第 4 期）、李本森和戴紫君的《反思与重塑：刑事速裁程序适用范围研究》（《学术界》2021 年第 12 期），等等。这些研究成果对立案侦查、审查起诉、审判等刑事诉讼的基本环节存在的问题进行了分析，并提出了具有针对性的解决方案，对研究有罪必罚原则的司法贯彻机制具有重要的参考意义。

二是诉讼监督机制的研究。代表的成果有孙谦的《刑事立案与法律监督》（《中国刑事法杂志》2019 年第 3 期）、朱孝清的《国家监察体制改革后检察制度的巩固与发展》（《法学研究》2018 年第 4 期）、刘素梅的《国家监察权的监督制约体制研究》（《学术界》2019 年第 1 期），等等。这些研究成果对刑事诉讼监督机制的基本原理、制度构造进行了系统性的论述，并聚焦刑事诉讼监督机制在司法实践中暴露的短板，提出了极具可行性的解决方案，对有罪必罚原则司法实现机制的研究具有重要的参考价值。

从现有研究成果来看，国内关于有罪必罚原则的研究呈现出三个特点：其一，从整体上看具有多学科性。国内学者围绕有罪必罚原则展开的研究，并没有局限于规范刑法学的单一视角，而是将其拓展到法理学及法哲学、法政治学、法史学等不同学科领域，并在这些领域形成了一大批内容丰富、价值极高的成果。多学科性的研究范式既丰富了有罪必罚原则的知识体系，也深化了这一原则的理论价值。其二，从刑法学内部来看具有多层面性。刑法学视角下的研究包含了刑法机能论、积极刑法观、规范论、解释立场、刑罚论等多个内容，形成了从一般理念到具体制度、从立法论到司法论及刑事执行论、从犯罪论到刑罚论、从规范论到价值论、从本体论到关系论的多层次考察视角，为有罪必罚原则的研究提供了丰富的刑法学依据。其三，从方法论上看具有较强的理念性。国内学者的研究具有相对浓郁的形而上学色彩，更多的是从刑法规范与刑法制度的角度对有罪必罚原则展开研究；特别是对于刑法哲学、刑法机能论等问题的讨论具有较强的理论性，多以相对宏观的视角观察有罪必罚原则的价值、功能等基础性问题，而较少关注有罪必罚原则的实践运行状况等具体问题。

但不可否认的是，到目前为止，关于有罪必罚原则专门且系统化的研究成果并未出现。而且，现有研究主要存在以下不足之处：其一，研究零散化特点较为明显。大多数研究仅围绕有罪必罚原则中的一个或几个问题展开；对有罪必罚原则进行的系统化整合，往往也只在其他主题之下有所涉及，且未出现冠之以"有罪必罚"的论著。其二，研究视域相对狭窄。刑法视野下的研究大多集中在犯罪论部分，涉及刑罚论的内容相对较少。此外，在现有研究中，刑事一体化意识相对不足，对有罪必罚原则与刑事诉讼程序之间的互动关系、有罪必罚原则在刑事执行阶段的贯彻等问题，缺少专门性的讨论。其三，没有对有罪必罚原则的本体意义和法治价值达成共识。由于当前缺少对有罪必罚原则的系统性研究成果，也就鲜见对有罪必罚原则本体意义的论述；而且，不少研究对有罪必罚原则持质疑或反对态度，认为刑事司法应当摒弃有罪必罚的理念。[1]由此可见，有罪必罚原则的法治价值没有在刑法理论中获得应有的重视。其四，学科壁垒相对明显。尽管围绕有罪必罚原则的研究涉及到了法哲学、刑法学、诉讼法学等多学科领域，但具体的研究内容并没有打破学科壁垒，存在"自说自话"的局限性。这就导致现有研究没有能够围绕有罪必罚原则形成跨学科的综合性知识体系，使有罪必罚原则的研究结论呈现碎片化的特征，研究成果缺乏系统性。其五，研究方法相对单一。目前相关研究大多囿于规范分析等传统研究方法，缺乏政治学、社会调查等研究方法，不能准确把握有罪必罚原则与政治决策之间的互动关系，对有罪必罚原则的动态运行效果把握不足，极易导致研究成果的实践指导性不强、说服力不足。

第三节　研究思路与方法

一、研究思路

本书通过考察有罪必罚原则的本体意义及法治价值，论述有罪必罚原则的宪法根据和《刑法》对有罪必罚原则的规定，分析我国提倡有罪必罚原则的现实依据及理论根据，进而从刑法的司法和刑事执行上探寻有罪必罚原则的贯彻机制。

首先，对有罪必罚原则的理论内涵进行解释。通过对中华法系的历史回顾，梳理出墨家与法家对有罪必罚思想的朴素思考，以印证有罪必罚原则在我国有着深厚的历史根基。从"有罪必罚"和"原则"两方面探讨当代刑法理论中有罪必罚原则的本体意义，并从法律之治和良法之治两方面论述有罪必罚原则的法治价值。通过对宪法和刑法的规范分析，指出我国宪法为有罪必罚原则提供了根据，而《刑法》第3条前段以成文法的方式明确规定了有罪必罚原则，进而为在我国提倡并贯彻有罪必罚原则奠定了基础。

其次，对在我国确立有罪必罚原则的现实依据及理论根据进行论述，为

---

[1]　参见张明楷：《犯罪的成立范围与处罚范围的分离》，载《东方法学》2022 年第 4 期；刘艳红：《刑法的根基与信仰》，载《法制与社会发展》2021 年第 2 期。

有罪必罚原则在我国刑法体系中的确立提供充分的依据和支撑。在此基础上，进一步分析有罪必罚原则与罪刑法定、适用刑法平等以及罪刑相适应等刑法基本原则之间的关系，以此证明在我国提倡并贯彻有罪必罚原则，不仅不会使刑法基本原则出现体系性混乱，反而有利于促进刑法基本原则功能的协调，推动刑事法治价值的实现。

最后，从刑法司法和刑事执行两方面对有罪必罚原则的贯彻机制进行论述。一方面，从司法理念、刑事追诉机制以及出罪防控机制等方面建构了有罪必罚原则的司法贯彻机制，并指出有罪必罚原则在司法贯彻中存在一定的例外情形；另一方面，从有罪必罚原则与刑事执行的一般关系、刑事执行理念以及刑事执行方式等方面探讨有罪必罚原则在刑事执行上的贯彻机制。

二、研究方法

在方法论上，本书遵循"从经验到理论"的方法论指导，超越对策法学、法解释学等规范法学方法，在关注理论体系价值的同时，重视社会经验的意义，强调刑法理论与刑法实践的关联性。

在具体研究方法上，综合运用文献分析法、规范分析法、政治分析法、社会调查法、比较研究法等多种研究方法，形成静态的刑法文本分析与动态的实证考察结合、横向比较与纵向镜鉴互补的多维研究样态。（1）文献分析法。主要运用于梳理刑法学研究中与有罪必罚原则相关的文献资源，为本书研究提供文献资料和论据支撑。（2）规范分析法。主要用于对有关有罪必罚原则之宪法根据和刑法规定的分析。（3）社会调查法。主要运用于对有罪必罚原则在实践中适用状况的分析，考察该原则在司法贯彻机制和执行机制方面的问题，同时为本项研究的其他内容提供翔实、可靠的一手资料。（4）比较研究法。主要运用于梳理与有罪必罚原则相关的西方刑法理论，并对域外刑事法治建设的成功经验进行比较与借鉴。

第一章

有罪必罚原则的内涵及法治价值

2014 年党的十八届四中全会提出要树立宪法法律权威，做到违法必究。就刑法而言，等于提出了有罪必罚原则。可见，有罪必罚原则在中国特色社会主义法治体系中，特别是在刑事法治领域中具有独特的意义。那么，中华法系中是否蕴含着对有罪必罚的一般思考？何为当代意义的有罪必罚？有罪必罚原则究竟是我国刑法的具体规则还是原则、是一般原则还是基本原则？有罪必罚原则承担着怎样的法治价值？这些是研究有罪必罚原则的前提和基础。

第一节　中华法系中的有罪必罚思想

"对于法律来说，一如语言，绝无断然决裂的时刻；如同民族之存在和性格中的其他的一般性取向一般，法律亦同样受制于此运动和发展。此种发展，如同其最为始初的情形，遵循同一内在必然性联系。"[1]刑法作为人类文明发展过程中的重要组成部分，一旦脱离了思想史的参照，便很难做到对其当代本体意义的准确认知。刑法历史样态的价值断然不可被忽视，毕竟现行刑法也只是历史上的刑法在当代时空条件下的折射与反映。因此在分析有罪必罚原则的理论内涵之前，有必要回顾历史上中华法系中所蕴含的有罪必罚思想。

从刑法思想史的角度来看，儒家、墨家、道家和法家的刑法思想最具代表性。然而，儒家主张国家制定法并非认定犯罪的唯一标准，刑罚并非犯罪

---

〔1〕［德］弗里德里希·卡尔·冯·萨维尼：《论立法与法学的当代使命》，许章润译，中国法制出版社 2001 年版，第 9 页。

的必然结果，并强调刑法的宽和性，进而主张刑罚对犯罪的非必定性。所以，很难在儒家思想中找到有罪必罚思想。道家秉承法律虚无主义的思想，认为法律对于国家的治理并无积极意义、国家不应当制定法律。所以，道家同样缺少对有罪必罚思想的思考。墨家的法律思想围绕"天志"思想展开，讲求法律要具有明确性、正当性和平等性，其中蕴含着有罪必罚思想。法家则奉行法的绝对权威性，排斥儒家的礼制思想，认为统治阶级必须通过法律来治理国家，蕴含着极为丰富的有罪必罚思想。因此，对有罪必罚思想的历史考察，主要从墨家和法家思想中提取。

一、墨家的有罪必罚思想

墨家学说的创始人是墨翟（又称墨子），其人身世不详，甚至"墨"也并非其姓。《墨子》一书记录了墨翟的言行和思想，是墨家思想的主要载体。"天志"是墨家思想全部政治哲学的基础，也是实现墨家政治抱负的重要保障。[1]墨家思想认为一切政治实践活动都必须顺应天意，并认为"顺天意者，兼相爱，交相利，必得赏；反天意者，别相恶，交相贼，必得罚"[2]。"天志"在墨家思想中所处的地位，决定了其对于法律、刑罚等问题的立场和看法。墨家思想十分强调法律在社会治理中的作用，其政治主张和政治理想都是基于"天志"提出的。例如，墨子将"兼相爱，交相利"看作"天志"的内在要求，为了实现这一目标、顺应天意，则必须依赖法律。[3]墨子一方面认为，法律应当是所有人的共同行为准则，强调法律对人们行为的约束功能，"天下从事者，不可以无法仪"[4]；另一方面认为，君王应当同百姓一样，以法律来治理国家，"今大者治天下，其次治大国，而无法所度，此不若百工辩也"[5]。无论是治理天下，还是治理国家，如果不依照法律行事，那不就是连工匠都不如了吗？此外，墨家思想认为君王治理国家的手段只能是法，礼不能成为与法并行的社会规范。因此可以说，墨家坚持的是一元化的社会治

[1] 参见盖立涛：《墨家天志思想探微》，载《世界宗教文化》2018年第4期。
[2] 《墨子·天志上》。
[3] 邴方：《墨子天志及其法律意义》，载《法学评论》2021年第2期。
[4] 《墨子·法仪》。
[5] 《墨子·法仪》。

理规范体系。归结起来，墨家思想的法律观主要体现在如下几个方面，并蕴含了对有罪必罚原则的初步思考。

一方面，墨家思想讲求法律的明确性。据历史记载，墨子是一位能工巧匠，十分擅长制作各类器具。他将法律比作工匠使用的圆规、绳子、悬垂等量具："百工为方以矩，为圆以规，直以绳，正以县。"[1]而这些量具的特性在于能为手工制作者提供明确的标准。法既然如匠人手中的圆规、绳子一样，那么它也能为人们的行为提供明确的参照标准。可见，从墨家讲求法律的明确性这一主张中可以提炼出有罪必罚的思想：法在作为"有罪"之判断依据时，必须尽量明确，应当保持法律规则的客观性，甚至应当像尺子、圆规一样，满足可量化的要求。墨家对法律明确性的要求反映了鲜明的形式法治思维，强调法律的客观性和确定性。按照这一思路，法律不仅需要通过成文化的方式对犯罪作出明确规定，还要规定相应确定的处罚措施。如果按照法律的规定，行为人的行为构成犯罪，那么司法者便应当对行为人进行惩罚。进言之，对犯罪人依照法律定罪处罚，是法律明确性机能的当然之义，而这正是有罪必罚要求的体现。

另一方面，墨家思想讲求法律适用的平等性。与儒家围绕"礼"所形成的等级制度不同，墨家反对人与人之间的不平等。墨子十分推崇"兼相爱"的思想，他认为"兼爱"是自然界基本价值所在，这种爱是自然界"正义"的体现，是以"天志"为基础的。[2]"兼爱"思想主张人与人之间的互爱互助，与孔子所主张的"仁爱"完全不同。孔子的"仁爱"思想是建立在"亲亲，尊尊"基础上的等级之爱，而墨子的"兼相爱"思想认为人与人之间是不分高低贵贱的，人与人应当在平等的基础上实现互爱互助。这样，君王与百姓之间的等级差异性便逐渐退隐了。按照"兼爱"思想的这种平等性要求，以君主和士大夫为代表的统治阶层必须与平民阶级平等地适用法律，两个阶层不存在高低贵贱之别，这一点与儒家的尊卑有序、"刑不上大夫"的礼治要求完全不同。显然，"兼爱"思想背后所折射出的有罪必罚思想，强调刑罚适用的平等性，具有鲜明的反特权主义色彩。墨家倡导的法律平等思想蕴含着

---

[1]《墨子·法仪》。

[2] 参见欧阳辉纯：《天志、兼爱和明鬼——墨子自然观的价值构建与审视》，载《自然辩证法研究》2016年第6期。

对法律适用的普遍性，任何违反法律的人都应当平等地受到法律的规制，既不允许任何人享有法律之外的特权，也不允许法律偏向特定的人。这便是说，凡是违法的人都应当受到法律的制裁、凡是犯罪的人都应当受到刑罚的处罚，而这正是对有罪必罚之惩罚必定性的表达。

由上可知，墨家的法律思想是围绕"天志"思想形成的。从其法律思想不难看出，墨家是主张有罪必罚的，并通过强调法律的明确性和平等性，使有罪必罚的思想得以实现。

二、法家的有罪必罚思想

春秋战国时期法家思想的代表人物主要有韩非子、商鞅等人。正如法家的名号，法家思想的核心内容在于"法"。法家奉行法的绝对权威性，排斥儒家的礼制思想，认为统治阶级必须通过法律来治理国家，这一观点深刻地反映在韩非子"以法为本"的理念中。"故先王以道为常，以法为本。"[1]法是人们一切行为的根本遵循。法家思想所提到的"法"与当代意义上的法并不相同。从内容上看，法家之"法"主要是指规定犯罪与刑罚规范的刑法。"人主之所以禁使者，赏罚也。"[2]在法家思想中蕴含着不少关于有罪必罚的理念。

首先，法家思想主张法律的客观性与公正性。与墨家明确性的法律观相似，法家同样强调法律内容的客观性和标准的明确性。韩非子将法律比喻做镜子。"摇镜，则不得为明；摇衡，则不得为正，法之谓也。"[3]也就是说，法律像镜子一样，有助于实现法律内容的客观性，便于人们通过对照法律来规范自己的行为。按照这一理念，统治者在制定法律时，不能仅凭个人的主观好恶来决定法律的内容，应当秉持客观中立的立场来确定法律规则。同时，在"以法为本"的法律权威性理念影响下，法家认为法律与公平、正义具有一致性。"故君子操权一正以立术……则是上下之称平。上下之称平，则臣得尽其力，而主得执其柄。"[4]此处的"平""正"等表述都是用来形容法的。

---

〔1〕《韩非子·饰邪》。
〔2〕《商君书·禁使》。
〔3〕《韩非子·饰邪》。
〔4〕《商君书·算地》。

法家认为法是国家的公器，反映的是国家利益而非私利。在法律公正无私的价值向度中蕴含的有罪必罚理念是，刑法内容当符合明确性的要求，在文义表达上尽量减少歧异；同时，在罪刑规范上应当坚持公平、平等的价值立场，使刑罚的适用具有平等性，而不可偏祖于特权。法家对法律客观性与公正性的理解蕴含着对有罪必罚理念的一般思考：一方面，既然法律是客观的，那么犯罪就是对法的客观性的否定；只有强调对犯罪人做到必罚，才能维护法律的客观性，否则法律将沦为可以被肆意适用的工具，成为君王推行主观意志的手段。另一方面，按照法律公正性的要求，违反法律的行为是对法律公正性的破坏。为了恢复和维护法律的公正性，必须对违法犯罪的人进行处罚，使其认识到法律的公正性是真实和可靠的。可见，法律的公正性与客观性都强调对犯罪人进行处罚，要求在罪与罚之间建立必定性的联系，这正是有罪必罚理念的当然之义。

其次，法家思想强调刑罚的必定性。法家在刑罚适用上坚持"信赏必罚"的基本理念，强调刑罚对犯罪的必定性。所谓"信赏必罚"，是指按照法律的规定，该赏赐的一定要赏赐，该惩罚的一定要惩罚。"民信其赏，则事功成；信其刑，则奸无端。"[1]在刑罚必定性上，法家尤为注意对士大夫阶层与平民阶层在适用刑罚上的平等性。韩非子认为，在法律面前士大夫等贵族阶层不能享有特权，提出"法不阿贵，绳不挠曲……刑过不避大臣"[2]。可见，法家思想中蕴含的有罪必罚思想十分看重刑法的实际运行效果，在刑法的适用过程中，不能因贵族等身份因素而削弱刑罚对犯罪的必定性。

最后，法家思想提倡重刑威吓主义。法家认为刑罚的程度要大于犯罪的程度，更偏向于使用严刑酷法来治理国家。韩非子认为："有重罚者必有恶名，故民畏。罚，所以禁也；民畏所以禁，则国治矣。"[3]统治者在治理国家的过程中，不必忌讳恶名，应采用重刑来应对犯罪。在重刑主义支配下，民众会本能地对刑罚产生恐惧感，进而不敢去犯罪，国家的治理目标也就达成了。法家对重刑主义的青睐还体现在轻罪重罚上。"故行刑重其轻者，轻者不

---

〔1〕《商君书·修权》。
〔2〕《韩非子·有度》
〔3〕《韩非子·八经》。

生则重者无从至矣。"[1]通过对轻罪使用重刑的方式来预防重罪的发生，是法家重刑主义背后的逻辑。法家的重刑主义理念具有朴素的一般预防思想，即以刑罚来遏制潜在犯罪的发生，为此刑罚之于犯罪必须具有必定性，否则重刑威吓的效果难以实现，这其中便蕴含着对有罪必罚之"必罚"的理论阐释。需要说明的是，这种重刑主义完全不考虑犯罪行为的具体情节，与现代罪刑均衡主义的要求背道而驰。

总之，法家"以法为本"的理念决定了法家极为倚重法在国家犯罪治理中的作用，并在关于法律的客观性、公正性、处罚必定性和重刑威吓的理论中蕴含着对有罪必罚理念的思考。

第二节　有罪必罚原则的理论内涵

在现代刑法话语体系和法治背景下，对有罪必罚原则内涵的理解，需要从"有罪必罚"和"原则"两方面展开。前者主要讨论有罪必罚之"有罪"和"必罚"的含义以及二者之间的关系；后者则重点分析有罪必罚属于何种法律要素，阐明其在刑法中的地位。

一、"有罪必罚"的内涵

（一）"有罪"的内涵

有罪必罚之"有罪"包含立法意义上的"有罪"和司法意义上的"有罪"两个层面。

立法意义上的"有罪"，是指立法者应当把具有刑法处罚必要性的行为及时确定为刑法上的犯罪。这里首先涉及哪些行为具有刑法的处罚必要性，进而应当将其确定为刑法上的犯罪，这关系到犯罪的本质问题。对犯罪本质的理解，在属于大陆法系的德国和日本，主要存在法益侵害说与规范违反说两种观点。法益侵害说主张，立法上"有罪"的基本理由在于行为侵害或者威胁了刑法所保护的法益。换言之，只有当某种行为侵害了刑法所保护的法益

---

〔1〕《商君书·说民》。

或者具有侵害刑法所保护法益的危险时，才能将该行为确定为刑法上的犯罪。与此不同，规范违反说强调，只有当某种行为违反了某种社会伦理规范时，才能将该行为规定为刑法上的犯罪。[1]然而，纯粹的规范违反说并不能为犯罪化提供可靠的立法根据，或者说不能成为犯罪化的唯一根据。"对规范的稳固最终服务于法益保护，如果没有这个目的，它将变得毫无意义。"[2]事实上，规范违反说只有借助法益侵害说，才能为犯罪化提供合理的根据。[3]英美法系国家的刑法理论在犯罪本质上坚持损害原理，如美国刑法学者指出，法律强制的适当理由永远都是预防对他人造成损害或者存在造成损害的风险，所以损害原理是立法者制定法律的道德指引。[4]这里的损害包括对个人的损害和对社会的损害。在我国，关于立法上"有罪"的理由，刑法理论一直坚持社会危害性说。"所谓社会危害性，即指行为对刑法所保护的社会关系造成或可能造成这样或那样损害的特性。"[5]从"损害"这一表述看，社会危害性说颇似英美法系国家刑法理论所提倡的损害原理；而从"造成或可能造成这样或那样损害"的表述看，社会危害性说又与法益侵害说如出一辙。而且，在我国也有学者将社会危害性等同于法益侵害性。[6]值得注意的是，近年来，我国部分学者主张用法益侵害说代替社会危害性说。[7]由此不难看出，法益侵害说是我国当前犯罪化立法的主要依据。按照法益侵害说，法益对刑法具有立法批判机能，只有具备法益侵害性的行为才能被规定为刑法上的犯罪行为。

将法益侵害说作为犯罪化的指导，把"具有法益侵害性"作为确定刑法

---

〔1〕 参见［日］曾根威彦：《刑法学基础》，黎宏译，法律出版社 2005 年版，第 93~95 页。

〔2〕 ［德］克劳斯·罗克辛：《对批判立法之法益概念的检视》，陈璇译，载《法学评论》2015 年第 1 期。

〔3〕 参见张明楷：《刑法理论与刑事立法》，载《法学论坛》2017 年第 6 期。

〔4〕 参见［美］乔尔·范伯格：《刑法的道德界限（第一卷）·对他人的损害》，方泉译，商务印书馆 2013 年版，第 11 页。

〔5〕 高铭暄、马克昌主编：《刑法学》，北京大学出版社、高等教育出版社 2022 年版，第 42 页。

〔6〕 参见张明楷：《刑法学》，法律出版社 2021 年版，第 114~115 页。从逻辑关系来看，我国刑法理论所说的社会危害性是对犯罪全部要件（包括客观方面的要件和主观方面的要件）的整合，而大陆法系国家刑法理论所说的法益侵害性仅就违法层面而言，且违法是客观的。在这个意义上，社会危害性与法益侵害说存在差异。当然，这种差异主要是由不同的犯罪论体系造成的。

〔7〕 关于如何用法益侵害说代替社会危害性说，详见苏永生：《法益保护理论中国化之反思与重构》，载《政法论坛》2019 年第 1 期。

上"有罪"的理由，并不等同于所有具有法益侵害性的行为都应当被规定为犯罪。刑法作为保障法，以其他部门法机能的充分发挥为前提。[1]为此，刑法在立法时应当保持必要的克制，对在立法上确定为"有罪"的行为，必须经过二次过滤，即先经过民法和行政法的过滤，最后才可能被确定为"有罪"。[2]显然，这是严格遵循刑法谦抑主义的"有罪"思维，为立法上确定"有罪"提出了一个基本要求：凡是民法和行政法没有规定为违法的行为，就不能由刑法确定为"有罪"。进言之，把民事违法或行政违法行为确定为刑法上的"有罪"，还必须受到刑事政策、犯罪的公共危害性、犯罪的客观性以及责任主义等要素的制约。[3]由此可见，立法者在进行犯罪化立法时需要按照谦抑主义的要求，恪守刑法"二次规范"的底线，只能将民事、行政违法行为中具有严重法益侵害性的行为确定为"有罪"。

从立法活动的实践逻辑看，立法意义上的"有罪"还需强调犯罪化立法的必定性和及时性。所谓犯罪化立法的必定性，是指立法者必须将具有严重法益侵害性的行为规定为刑法上的犯罪，否则会使法益面临的抽象危险转变为实害结果，甚至会造成重大的、不可恢复的法益损害后果。例如，滥用基因编辑技术存在着不可预知的重大风险，特别是不受控制的基因编辑行为可能会使婴儿带有生理上的缺陷并通过生殖过程被复制和被遗传，从而对整个人类的遗传物质产生不可逆转的毁灭性影响。[4]如果立法者不进行必要的犯罪化立法，规定相应的犯罪，待到滥用基因编辑技术的实害后果显现时，会使整个人类基因库遭到污染，对人类的生命、健康法益造成重大威胁，甚至产生不可挽回的重大损害。为此，刑法必须对滥用基因编辑技术的行为进行规制。正因如此，《刑法修正案（十一）》增设了非法植入基因编辑、克隆胚胎罪。这一立法举动说明了，立法上的"有罪"必须强调犯罪化立法的必定性，要求刑法在面对严重危害法益的情形时必须增设新罪，以尽量阻止法益侵害行为的发生，降低法益侵害行为带来的损失。

---

〔1〕 参见王充：《中国的刑法观：问题类型与立场选择》，载《法学》2022年第11期。
〔2〕 参见梁根林：《刑事法网：扩张与限缩》，法律出版社2005年版，第33~34页。
〔3〕 参见梁根林：《刑事法网：扩张与限缩》，法律出版社2005年版，第66~69页。
〔4〕 参见马永强：《基因科技犯罪的法益侵害与归责进路》，载《法制与社会发展》2021年第4期。

所谓犯罪化立法的及时性，是指立法者应当及时将具有严重法益侵害性的行为规定为刑法上的犯罪。"刑法的首要任务是，保护现实社会中重要且是最基本的价值或法益。"[1]为此，立法者必须根据社会发展的形势和犯罪治理需求及时将具有严重法益侵害性的行为规定为犯罪，以满足国民的法益保护需求。一方面，犯罪化立法的迟滞会使法益难以得到及时、有效的保护，削弱刑法的保护机能；另一方面，如果立法者不及时将具有严重法益侵害性的行为规定为犯罪，还会使国民认为刑法不能为自身的利益提供保护，从而产生并加剧对刑法的不信任感，动摇刑法的合法性。因此，立法者必须按照犯罪化立法及时性的要求，时刻关注各类新型法益侵害行为，并及时对其进行立法评估；当特定行为具备刑法处罚的必要性时，应尽快将其规定为刑法上的"有罪"。例如有资料显示，自 2011 年 7 月至 2014 年 9 月，我国境内先后发生了 21 起恐怖主义活动，合计造成 193 人死亡，514 人受伤。[2]恐怖主义活动严重危害了国家安全和国民的生命健康利益，损害了国民的法安全感。正是在"有罪"及时性要求的驱动下，2015 年的《刑法修正案（九）》及时完善了对恐怖主义犯罪的规定，不但修改了既有的 2 个犯罪，而且增设了 5 个新罪，扩大了刑法对恐怖主义行为的规制范围。

所谓司法意义上的"有罪"，就是把符合《刑法》明文规定的犯罪构成的行为认定为有罪，即"有罪"的司法认定。作出"有罪"的司法认定需要同时满足形式上的"有罪"和实质上的"有罪"两方面要求。司法机关首先需要根据《刑法》的明文规定，对行为是否符合构成要件作出判断，得出形式上的"有罪"结论；然后再根据行为的法益侵害性，对符合构成要件的行为是否属于实质上的"有罪"进行判断。不难看出，司法意义上的"有罪"认定遵循的是由形式到实质的刑法思考方式。通常来说，形式判断与客观判断、事实判断和一般判断相对应；实质判断则与主观判断、价值判断和个别化判断相对应。由此可以认为，从形式到实质的思考方式就是从客观到主观、从事实到价值、从一般到个别的思考方式。[3]由形式到实质的刑法思考方式

---

〔1〕 参见［日］西田典之：《日本刑法总论》，王昭武、刘明祥译，法律出版社 2013 年版，第 24 页。

〔2〕 参见屈耀伦：《风险社会下我国反恐立法和策略的检讨与完善》，载《北方法学》2018 年第 1 期。

〔3〕 参见苏永生、张冲：《"法德合治"原则与刑法思考方式——刑法适用论的思考》，载《河北法学》2020 年第 7 期。

在犯罪成立理论中得到了充分的贯彻和体现。一方面，在大陆法系古典"三阶层"犯罪论体系中，犯罪成立需要满足构成要件符合性、违法性和有责性的条件。其中，对构成要件符合性的判断就是司法机关根据刑法规定的构成要件对特定行为进行的形式判断，对违法性的判断则是基于行为的法益侵害性进行的实质判断；对构成要件符合性和违法性的判断属于客观判断，对有责性的判断则主要是主观判断。不难看出，按照"三阶层"的理论逻辑，司法机关的"有罪"认定遵循的是从形式到实质的递进顺序。另一方面，传统的"四要件"犯罪成立理论则认为，犯罪成立要同时满足犯罪客体、犯罪客观方面、犯罪主体和犯罪主观方面四个要件。在支持"四要件"的学者看来，司法人员在适用"四要件"进行定罪时应当遵循客观优先于主观的阶层式递进路径，[1]而这也体现了由形式到实质的刑法思考方式。可见，无论是德日的"三阶层"犯罪成立理论还是我国传统的"四要件"理论，都认为司法机关的"有罪"认定必须遵循由形式到实质的刑法思考方式。按照这一思考方式，司法机关必须首先根据《刑法》的明文规定作出形式的"有罪"认定，而不能将《刑法》明文规定为犯罪的行为认定为无罪。在确定为形式"有罪"的基础上，司法机关还需要进一步结合行为的法益侵害性进行实质的"有罪"判断，并存在行为达到了严重法益侵害程度时，得出实质"有罪"的结论。只有在形式"有罪"的基础上得出实质"有罪"的结论，司法机关才能最终作出"有罪"认定。

总之，对有罪必罚之"有罪"的理解需要从立法和司法两个层面来展开。立法意义上的"有罪"是指立法者应当及时将具有严重法益侵害性的行为确定为刑法上的犯罪；司法意义上的"有罪"是指司法机关以《刑法》的明文规定为前提，遵循从形式到实质的思考方式，将符合刑法规定构成要件的行为认定为犯罪。

(二)"必罚"的内涵

在刑法上，所谓"必罚"是指犯罪人必须受到刑法的处罚，承担相应的刑事责任。有罪必罚之"必罚"强调刑法处罚的必定性，不但要求处罚的一贯性，而且要求处罚的普遍性。对此，亦应当从立法和司法两个层面来分析。

---

〔1〕 参见黎宏：《我国犯罪构成体系不必重构》，载《法学研究》2006年第1期。

从立法上看，所谓处罚的一贯性，是指只要某种行为具有严重的法益侵害性，就应当及时规定为刑法上的犯罪，使其受到刑法的处罚。换言之，犯罪化要一贯地、不间断地进行，因此需要提高刑法立法的积极性。其现实意义主要在于阻止国民运用法外力量解决犯罪问题。也就是说，如果刑法不能将具有严重法益侵害性的行为纳入到规制范围内，便会为非正式制度的介入提供空间，被害人将不得不通过私力救济的方式来解决犯罪冲突。这极易导致个人报复的泛滥，从而损害刑法的秩序价值和权威性。正所谓，"在没有一个共同权力使大家慑服的时候，人们便处在所谓的战争状态之下"〔1〕。为此，国家在形成之初便垄断了对犯罪的惩罚权，使刑法成为了解决犯罪问题的主要甚至唯一的手段。所谓处罚的普遍性，是指刑法对其效力范围所及的人都具有约束力。也就是说，就某种刑法禁止的行为而言，凡是刑法效力范围所及的人实施了该行为，都应当受到刑法的处罚，而不能将处罚对象仅限于部分人。根据"有罪"的理论逻辑，行为具有严重的法益侵害性是决定该行为应当受到刑法处罚的实质条件。按照这一要求，刑法不能将与法益侵害性无关的主体身份要件作为免于处罚的依据，进而对一部分人进行处罚而对另一部分人不予处罚。例如，刑法不能根据行为人的经济状况设定差异化的处罚标准，而应当对富人与穷人规定同等的处罚措施和法定刑幅度。

从司法上看，所谓处罚的一贯性，即刑法的处罚必须紧随犯罪而来。我国学者指出："最基本的法律是连续的，在其生效的期间内一直适用；同时又是长期不变的，一般称之为'法统'。"〔2〕其中，所谓"在其生效的期间内一直适用"强调法律适用的一贯性或持续性，反对法律时而适用、时而不适用。这是法律的基本特点，也是法治的基本要求。这在刑法领域恰恰表现为有罪必罚，即只要有罪（属于发生法益侵害后果且涉嫌犯罪的行为），就必须运用刑法来惩罚，不能时而惩罚，时而不惩罚。司法上所谓处罚的普遍性，即反对针对不同的人选择性地适用刑法。有罪必罚之"必罚"所指的处罚必定性并非针对特定对象，而是适用于所有犯罪之人。历史上，无论是中华法系传统中的"一准乎法"，还是西方法律文化中的法律至上主义，都指向刑法适用

〔1〕　[英]霍布斯：《利维坦》，黎思复、黎廷弼译，商务印书馆1985年版，第94页。
〔2〕　段秋关：《中国现代法治及其历史根基》，商务印书馆2018年版，第124页。

的普遍性，要求刑法必须适用于所有犯罪人。例如，我国春秋战国时期的法家提出过，"法不阿贵，绳不挠曲……刑过不避大臣"[1]。在西方，贝卡里亚（Beccaria）指出："对犯罪最强有力的约束力不是刑罚的严酷性，而是刑罚的必定性。"[2]需要说明的是，在中国封建社会和西方刑事古典学派时期，犯罪的法律后果仅仅表现为刑罚，内容比较单一，故处罚的必定性也就是刑罚的必定性。但随着近代以来刑事实证学派的勃兴，现代刑法语境下的犯罪后果除了刑罚之外，还有非刑罚处罚的方法，而且单纯宣告有罪的处理也是对犯罪的一种处罚。所以，不能将有罪必罚之"必罚"局限于必须受到刑罚的处罚，定罪判刑、定罪免刑但判处非刑罚处罚方法以及单纯宣告有罪都属于对犯罪的处罚。[3]相应的，"必罚"是指犯罪之法律后果的必定性，即对犯罪人判处刑罚、非刑罚处罚方法或者单纯宣告有罪的必定性。

二、"原则"的内涵

从法律的构成要素以及法律原则的功能看，有罪必罚应当作为刑法的基本原则，并对刑法的立法、司法和刑事执行具有指导功能。

（一）从法律的构成要素看，有罪必罚是刑法的原则

按照法理学的通说理论，概念、规则、原则是构成法律的基本要素。[4]有罪必罚究竟属于刑法的概念还是规则，抑或是刑法的原则？对此，需要结合法律各要素的基本特点及内在关系来分析。

首先，从法律概念的特征看，有罪必罚显然不是刑法上的概念。法律概念是法律最小的"细胞"，法律规则、法律原则等要素必须借助于法律概念才能使其意义得以表达。一般来说，成文法中的法律概念通常是以单词或词组为表述载体的，如《刑法》第 93 条的"国家工作人员"、第 94 条的"司法工作人员"等。可见，对于法律概念，刑法的立法者通常需要以明确的成文

---

〔1〕《韩非子·有度》。

〔2〕［意］切萨雷·贝卡里亚：《论犯罪与刑罚》，黄风译，中国法制出版社 2002 年版，第 68 页。

〔3〕从我国刑法的规定来看，有罪必罚原则之"罚"既包括死刑、无期徒刑、有期徒刑、拘役、管制、罚金等刑罚制裁措施，也包括禁止令和职业禁止等非刑罚制裁措施，以及单纯宣告有罪。

〔4〕参见张文显主编：《法理学》，北京大学出版社、高等教育出版社 2011 年版，第 66 页。

法形式表达，甚至不吝笔墨地以下定义的方式规定在专门的条款中。但我国现行《刑法》中没有出现过"有罪必罚"的表述。即是说，不论在刑法规范还是刑法原则中，立法者都不曾将"有罪必罚"作为表达其意义的法律概念来使用。从这一点看，有罪必罚并不是刑法认可的法律概念。

其次，从法律规则的特征看，有罪必罚不属于刑法的规则。法律规则作为法律的基本构成单位，通常由行为模式和法律后果组成，能够为行为人提供具体的规范指引。尽管有罪必罚将"有罪"作为"必罚"的前提，将"必罚"作为"有罪"的结果，但"有罪"的含义过于宽泛，不属于具体的行为模式；而且，"必罚"的范围也过大，没有提供明确的法律后果类型。因此应当认为，有罪必罚没有创设任何行为模式和法律后果，故不属于刑法的规则。[1]

再次，从法律原则和法律规则的关系看，有罪必罚不属于刑法规则。就法律原则与法律规则的关系而言，美国著名法学家德沃金（Dworkin）曾作出过深入的分析。"原则具有规则所没有的深度——分量和重要性的深度。"[2]进言之，规则在适用时，要么全部有效，要么全部无效；而法律原则在出现适用冲突时，则必须互相衡量或平衡。[3]从有罪必罚的内在逻辑看，有罪必罚的适用并不是绝对的。如后文所述，有罪必罚以刑法的保护机能为理论依据，强调刑法处罚的积极性；[4]而司法机关在适用刑法时还必须考虑刑法的人权保障机能，实现保障机能与保护机能的平衡。因而在特定情况下，有罪必罚允许存在一定的例外情形。[5]而且，有罪必罚并非刑法适用的唯一依据，司法人员在对案件作出认定、裁量时，还必须考虑罪刑相适应、罪刑法定等其他刑法原则。这就说明，有罪必罚是被以一种"有深度""有分量"的衡量方式适用的，而非法律规则所提倡的"全部有效"和"全部无效"的二元对立状态。由此可见，有罪必罚不符合法律规则的适用逻辑。

---

〔1〕 同理，人们也不会把"无罪无罚"的罪刑法定理解为刑法规则。

〔2〕 ［美］罗纳德·德沃金：《认真对待权利》，信春鹰、吴玉章译，中国大百科全书出版社1998年版，第45~46页。

〔3〕 参见［美］迈克尔·D·贝勒斯：《法律的原则———个规范的分析》，张文显等译，中国大百科全书出版社1996年版，第13页。

〔4〕 参见本书第4章第2节。

〔5〕 对此，文本第6章第4节有专门论述。

最后，从法律原则的特征看，有罪必罚只能是刑法的原则。"法律原则是用来证立、整合及说明众多具体规则与法律适用活动的普遍性规范。"[1]不难看出，一方面，法律原则能够对其他具体的法律规则提供指导和统辖功能；另一方面，法律原则相对于法律规则具有明显的抽象性，通常需要对具体的法律规则进行概括、总结和归纳。法律原则作为法律体系的通用价值准则，具有更强的抽象性和更为宏观的指导意义，适用范围远大于法律规则。[2]由此可见，法律原则较之法律规则更为抽象，需要具体规则对其要求予以实现。从法律原则的这一特征看，有罪必罚显然是刑法的原则。从立法上看，有罪必罚之"有罪"强调立法者按照法益侵害性的实质标准进行犯罪化的立法，制定形式化的、具体的犯罪构成规范。刑法分则规定的个罪显然都属于"有罪"的范畴，是在"有罪"的立法批判机能指导下形成的具体规则。从司法上看，有罪必罚之"必罚"强调对犯罪处罚的一贯性与普遍性，而这需要通过一系列具体的刑事诉讼制度和刑事诉讼规则予以贯彻和体现。这恰恰说明了有罪必罚能够成为刑法规范的来源性准则，它相对于其他具体规则具有基础性、普遍性的指导意义，符合刑法原则的基本特征。

（二）从法律原则的功能看，有罪必罚是刑法的基本原则

法律原则分为基本原则和一般原则。基本原则能够指导和统辖全部法律规范，一般原则只能对部分法律规范发挥作用。具体来说，刑法的基本原则不仅要能对全部的刑法规范发挥指导功能，还必须对刑法运行的各个环节产生约束力。从这一点看，有罪必罚原则应当被定位为刑法的基本原则。

一方面，有罪必罚原则对刑法的立法活动具有指导功能。有罪必罚原则对刑法立法的指导功能，主要表现为两个方面：其一，有罪必罚原则要求立法机关应及时将严重侵害法益的行为规定为刑法上的犯罪。有罪必罚原则之"有罪"以法益侵害说为理论依据，按照该学说的理论逻辑，刑法承担着保护法益的重要任务，保护法益是刑法得以存在的重要前提。随着社会的进步和发展，法益的类型和总量会不断增加，因此刑法为了实现法益保护的目的，

---

[1] David M. Walker, *The Oxford Companion to Law*, Oxford Clarendon Press, 1980, p. 739.
[2] 参见舒国滢：《法律原则适用的困境——方法论视角的四个追问》，载《苏州大学学报》2005年第1期。

必须及时将各种严重侵害法益的行为纳入规制范围。即是说，法益具有推进犯罪化立法的功能，要求刑法为保护法益增设新罪。[1]由此，有罪必罚原则便可以通过法益的立法批判机能为促进刑法的犯罪化立法提供有力的理论支撑。其二，有罪必罚原则以法益侵害性原理为指导，具有划定刑法处罚范围的功能。法益的立法批判机能决定了其能够为刑法的处罚范围划定相对合理的边界。"法益概念要达到这样的目的：告诉立法者合法刑罚处罚的界限。"[2]进言之，从立法角度看，法益能够划定入罪处罚的界限，"如果立法者希望处罚某个行为，该行为必须损害法益或具有危害法益的潜在可能性，倘若行为只是损害道德感情，甚至其效果只是在感觉上的不舒服，立法者不得以刑罚制裁该行为"[3]。在法益侵害性原理的指导下，一方面，立法者应当将纯粹违反道德的行为排除在刑法之外，避免刑法处罚范围的扩大化；另一方面，立法者不得将纯粹伤害国民情感且没有对法益构成危害的行为列为处罚对象。就前者而言，法益侵害性原理有助于在立法上实现刑法处罚的合理性，避免刑法成为推广道德戒律的工具；就后者而言，立法者不能仅仅为了满足国民的法安全感而进行象征性立法。可见，有罪必罚原则能够基于法益侵害性原理为刑法的犯罪化立法提供明确、有效的标准，从而保障刑法处罚范围的妥当性。

另一方面，有罪必罚原则对刑法的司法活动具有指导功能。有罪必罚原则对刑法司法活动的指导功能，可以从两个方面来理解。其一，有罪必罚原则具有促进刑法适用的功能。有罪必罚之"有罪"强调把符合犯罪构成要件的行为认定为有罪，"必罚"强调处罚的必定性，显然对刑事司法具有指导功能。正是在有罪必罚原则的指导下，应当被定罪处罚的行为被认定为了犯罪、受到了刑法的处罚。进而言之，有罪必罚原则不但要求人民法院对犯罪分子依法作出有罪判决，而且要求判处的刑罚能够被付诸实践，使犯罪人承受由刑罚所带来的痛苦。因此，有罪必罚原则特别强调对包括刑事执行在内的整个刑事司法活动的指导功能，这也正是有罪必罚原则对刑法适用的促进功能

[1] 参见张明楷：《论实质的法益概念——对法益概念的立法批判机能的肯定》，载《法学家》2021年第1期。

[2] [德]克劳斯·罗克信：《刑法的任务不是法益保护吗？》，樊文译，载陈兴良主编：《刑事法评论》（第19卷），北京大学出版社2007年版，第147页。

[3] 许恒达：《法益保护与行为刑法》，元照出版有限公司2016年版，第2页。

所在。从程序法的角度来看，这种促进功能表现为司法机关应当积极推进刑事追诉活动，使"必罚"的结果尽快得以实现。公安机关、监察机关等负有侦查（监察调查）职权的机关应当对涉嫌犯罪的案件及时立案侦查（监察调查），检察机关应及时审查起诉，人民法院依法作出有罪裁判，执行机关对判处的处罚措施进行执行。从立案侦查（监察调查）到刑事执行，刑事司法的全部内容都应当围绕有罪必罚原则的要求展开，体现了有罪必罚原则对刑法司法活动的指导功能。其二，有罪必罚原则具有划定处罚范围的功能。有罪必罚原则以"有罪"作为"必罚"的前提，而对"有罪"的判断须坚持从形式到实质的刑法思考方式。司法人员首先需要根据刑法的规定，对行为是否符合构成要件进行形式判断；当行为符合构成要件时，再根据法益侵害性，对该行为是否具有实质意义上的处罚必要性作二次判断。对有罪的形式判断可以将司法人员最终的判断结论限定在刑法的语义范围内，避免出现超过文义限度的有罪类推；实质判断则可以使司法人员的有罪认定与刑法的法益保护目的保持一致，避免处罚范围的不当限缩。可见，通过这种由形式到实质的递进式判断模式，司法人员能够对行为是否属于"有罪"进行妥当、合理的界定，从而实现处罚范围在形式理性与实质理性上的合法性。

我国刑法通说理论指出，"所谓刑法的基本原则，是指贯穿于全部刑法规范、具有指导和制约全部刑事立法和刑事司法的意义，并体现我国刑事法治的基本精神的准则"[1]。"刑法的基本原则，是指刑法本身所具有的，贯穿于刑法始终，必须得到普遍遵循的，具有全局性、根本性的准则，是法治与宪法的基本原则在刑法中的具体表现，是各个部门法都必须遵循的共同准则在刑法中的特殊体现。"[2]由此看来，判断一个原则是否属于刑法的基本原则，要从三个方面着手：其一，必须是刑法所特有的；其二，必须具有全局性和根本性，贯穿于刑法的始终；其三，必须是刑法的立法和司法都遵守的原则。有罪必罚原则则恰好符合上述基本原则的属性。首先，不论从字面意思还是实质内容来看，有罪必罚原则显然是刑法特有的原则，毕竟只有刑法能够对"罪"与"罚"的内容作出规定；其次，"有罪"和"必罚"都是从

---

〔1〕 高铭暄、马克昌主编：《刑法学》，北京大学出版社、高等教育出版社2022年版，第22页。

〔2〕 张明楷：《刑法学》，法律出版社2021年版，第52页。

立法和司法两个层面展开的，即"有罪"和"必罚"既指导立法，也指导司法以及刑事执行，能够对刑法的适用作出全局性的指导，是刑法立法和司法都应当遵循的准则。所以可以认为，有罪必罚原则属于刑法的基本原则，不能将其仅仅理解为刑法的一般原则。

第三节　有罪必罚原则的法治价值

对于刑法而言，有罪必罚原则除了具有基本原则的特点和功能之外，更为关键的是，其具有重大的法治价值，是刑事法治的重要体现，承担着法治的基本使命。自亚里士多德（Aristotle）从形式和实质两个层面对法治作出建构以来，[1]人们始终是从法律之治和良法之治的角度来检视法治实践的，对有罪必罚原则法治价值的分析亦不例外。

一、有罪必罚原则与法律之治

（一）法律之治的理论内涵与基本要求

法治的首要含义就是"依法而治"（rule by law），即法律被视为政府行为的工具。[2]美国法学家塔玛纳哈（Tamanaha）的这一论断揭示了法律之治的基本特征。按照这一理解，法律是国家处理各种事务的手段，政府的一切行为都应当符合法律的要求。具体来说，一方面，法律是一切行为的最高准则，其他任何社会规范都不能超越法律；另一方面，国家必须依照法律的规定进行治理，不允许超越法律的规定行使公权力。从中可以推知，法律之治的要义在于法律的至上性，要求法律的效力具有最高性，任何组织和个人都必须服从。[3]据此可以认为，所谓法律之治，就是法律的统治，其内涵便是法律至上。

法律之治强调法律在国家和社会治理中的作用。为了承担这样的职能，

---

〔1〕　亚里士多德指出，法治包含两层含义：其一，法律应当得到人们的普遍遵守；其二，所遵守的法律应当是良好的。参见［古希腊］亚里士多德：《政治学》，吴寿彭译，商务印书馆1965年版，第199页。

〔2〕　See Brian Z. Tamanaha, *On the Rule of Law*: *History*, *Politics*, *Theory*, Cambridge University Press, 2004, p. 91.

〔3〕　参见段秋关：《中国现代法治及其历史根基》，商务印书馆2018年版，第155页。

法律本身还必须满足一定的基本要求。美国自然法学家富勒（Fuller）曾总结道，法治需要满足八种美德，即一般性、颁布、法不溯及既往、清晰性、不自相矛盾、不要求不可能的事、连续性、官方行为与公布规则的一致性。[1]罗尔斯认为，应当将"有规则的、无偏见的、在这个意义上是公平的执法"作为"规则的正义"。[2]这里的"规则正义"实际上就是指法律作为规则应当满足的正义要件。英国学者拉兹（Raz）将权威性作为法律之治的重要内容，强调指出："法律要求人们的忠诚与服从。任何法律制度都主张拥有权威。"[3]这些都属于法治的形式要件，即是说，只要具备这些要件，就可以认为法律之治已经存在和确立。不难看出，不同法学家认为的法律之治各有侧重，要求也不尽一致；但不可否认的是，法律之治的目的在于建立一种使人们能够服从的规则之治，服从法律是法律之治的根本目的，因此明确性等要求实际上是服务于法律适用的。法治的重要意义是基于规则之治的安定性，具备指引人们行动的能力，能够为社会成员提供稳定的预期和基本保障。[4]正是基于法治的安定性和指引性功能，法律之治才会被赋予明确性、公开性、规则正义、权威性这类形式要件。由于法律的安定性和指引功能必须在法律的适用过程中得到体现，因此法律之治的基本要求在于法律必须被严格地遵守，以确保法律规范的内容能够真正得到贯彻。

综上所述，法律之治的内涵是法律至上，强调法律作为行为规范的至高无上性，其要求集中体现为法律能够得到真正的遵循。

（二）有罪必罚原则是法律之治在刑事领域的集中体现

从法律之治的内涵和要求看，刑事领域的法律之治就是要强调刑事法律的至上性，集中体现为有罪必罚原则。对此，可以从立法和司法两个层面展开分析。

从立法上看，要实现法律之治，首先便需要立法者制定法律，并将其作为国家治理的最高依据。在刑事领域，法律之治首先便体现为立法者将具有

〔1〕 参见［美］富勒：《法律的道德性》，郑戈译，商务印书馆 2005 年版，第 55~90 页。

〔2〕 ［美］约翰·罗尔斯：《正义论》，何怀宏、何包钢、廖申白译，中国社会科学出版社 2009 年版，第 184 页。

〔3〕 ［英］约瑟夫·拉兹：《法律的权威》，朱峰译，法律出版社 2005 年版，第 1 页。

〔4〕 参见陈景辉：《法治必然承诺特定价值吗?》，载《清华法学》2017 年第 1 期。

严重法益侵害性的行为规定为犯罪。有罪必罚原则主张，刑法在刑事领域具有至高无上的地位，垄断着规定犯罪和刑罚的权力，其他任何社会规范都不得创设罪刑规范。进而言之，作为处罚依据的刑法必须是成文的，行政机关的政令或其他命令不能制定刑罚罚则。[1]因此，有罪必罚原则之"有罪"与"必罚"的内容只能由刑法规定。照此逻辑，法律是判断行为是否属于犯罪的唯一依据。一方面，道德、民间习惯等非正式制度不能规定犯罪。尽管非正式制度同样是重要的行为规范，在国家治理过程中发挥着重要作用，但如果这些制度绕开成文法的规定，径行将某种行为纳入犯罪的范畴，将违反一般的法治原则，对公民的人权构成重大威胁。另一方面，行政法规、司法解释等效力低于刑法的正式制度也不具有创设犯罪和刑罚的权力。在正式法律制度体系中，刑法的效力当然高于行政法规、司法解释等其他规范性文件，下位法不能超越上位法径行对犯罪与刑罚的内容作出规定，特别是不能作出与刑法相反或矛盾的规定。有罪必罚原则作为刑法的基本原则，只能由刑法予以确认并作出规定，即"有罪"与"必罚"的内容都只能由刑法确认。因而在立法上，有罪必罚原则要求立法者应当将严重侵害法益的行为规定为刑法上的犯罪，不能将犯罪问题留给其他社会规范来处理。所以，提出与贯彻有罪必罚原则、明确刑法作为规定犯罪与刑罚的唯一根据，是法律之治在刑事领域的集中体现。

从司法上看，法律之治要求制定的法律必须得到遵守和服从。"法律规定具有强制力乃是法律作为社会和平与正义的捍卫者的实质所在……如果一项有效的法律设定了义务或禁令，那么它就只能要求此义务达及的那些人服从它和依从它。"[2]法律的强制性体现在对法律规范的遵守上。在刑事领域，遵守刑法规范的主体不仅有普通国民，也包括司法机关。其中，后者对刑法义务的履行就体现了有罪必罚原则的要求。按照有罪必罚原则的要求，当法律把特定行为规定为犯罪，并且行为人实施了这一行为时，司法机关就应当按

---

〔1〕 参见张明楷：《外国刑法纲要》，法律出版社 2020 年版，第 19 页。
〔2〕 〔美〕E·博登海默：《法理学：法律哲学与法律方法》，邓正来译，中国政法大学出版社 2004 年版，第 347 页。

照法律的规定对其定罪处罚。[1]可见，有罪必罚原则要求司法机关严格依照刑法的规定定罪处罚，并对犯罪人进行追诉，执行判处的刑罚或非刑罚处罚措施，正是法律之治在刑事领域的集中体现。

（三）有罪必罚原则对于法律之治之价值的具体表现

有罪必罚原则是法律之治在刑事领域的集中体现，这一法治价值在刑法立法和司法的诸多方面有具体表现。

在立法上，有罪必罚原则对于法律之治的价值具体表现为两个方面：一方面，有罪必罚原则强调刑法立法的及时性，能够保障法律之治在刑事领域及时展开。法律之治强调法律的至上性，法律必须在多元社会规范中具有最高效力性，其他社会规范只得在其之下得到遵守。[2]这一理念体现在刑事领域，便是要求刑法应当被作为定罪处罚的最高效力依据，任何其他规范都不得逾越刑法创设或改变罪刑规范的内容。同时，有罪必罚原则要求刑法的犯罪化立法必须具有及时性。为此，立法者必须紧跟社会发展和犯罪治理的需求，将具有严重法益侵害性的行为及时规定为犯罪。正是在有罪必罚原则对立法及时性的要求下，《刑法修正案（十一）》对妨害传染病防治罪进行了修改，将传播采取甲类传染病防控措施的传染病或具有传播严重危险的行为纳入了刑法规制的范围。可见，有罪必罚原则强调刑法立法的及时性，有利于确保刑法在犯罪治理中的最高效力，使法律之治的要求在刑法领域得以及时实现，对维护刑法的法律之治价值具有重要意义。

另一方面，有罪必罚原则强调刑法立法的全面性，能够保障法律之治的全面展开。随着后工业时代的到来，我国的社会经济、科技水平不断发展，各类新兴领域不断形成，由此带来了包括数据侵权、兴奋剂违规、基因编辑在内的一系列新型违法犯罪问题。按照法律之治的要求，法律必须能够为国家治理和社会治理提供全面的法治供给，确保各个领域都能有法可依。具体来说，法律不能在社会治理领域出现缺位，应当以立法的形式为治理者提供

---

〔1〕 参见齐文远：《社会治理现代化与刑法观的调整——兼评苏永生教授新著〈区域刑事法治的经验与逻辑〉》，载《法商研究》2014 年第 3 期。

〔2〕 参见陈金钊：《多元规范的思维统合——对法律至上原则的恪守》，载《清华法学》2016 年第 5 期。

可靠、有力的治理工具。有罪必罚原则强调刑法对社会干预的积极性和广泛性，有利于确保所有具有严重法益侵害性的行为都能被纳入到刑法规制范围内，避免出现刑法漏洞。进而言之，在有罪必罚原则的要求下，刑法的立法者不仅要加强对传统领域自然犯的立法，更要注意加强对各种新兴领域法定犯的立法，紧跟犯罪治理形势和现实需求，适时扩大刑法的适用场景，从而推动刑法对犯罪治理领域的全面覆盖。随着刑法犯罪化立法在各个领域的全面展开，刑法的权威性和至上性也就得到了确立和巩固，从而推进法律之治在刑事领域的全面展开。

从司法的角度看，有罪必罚原则对于法律之治的价值，具体表现在两个方面：一方面，有罪必罚原则强调处罚的及时性，有利于保障处罚及时实现，强化刑法处罚的有效性。法律之治在刑事领域体现为刑法能够起到惩罚犯罪的功能，要求国家通过一系列的刑事诉讼活动使刑罚权得到快速、有效的运用。刑事诉讼是一项对历史事件的回溯和证明过程，随着时间的不断推移，证据极有可能面临灭失的风险，同时证人对犯罪事实的记忆也会逐渐淡化，从而增加查明案件事实的难度，进而影响国家刑罚权的有效适用。[1]显然，如果司法机关没有及时启动刑事诉讼程序、对犯罪人进行追诉，将面临犯罪人无法受到惩罚的法治风险，阻碍法律的有效实施，从而使法律之治的基本要求无法得到实现。而有罪必罚原则作为刑法的基本原则，对刑法的司法活动具有指导功能，对实现刑法处罚的有效性具有重要意义。具体来说，有罪必罚原则强调司法机关在刑事诉讼活动中要追求效率，高效地推动刑事追诉程序，这有利于降低刑事追诉的难度，提高刑法处罚的有效性。在有罪必罚原则的要求下，司法机关必须尽快对犯罪进行追诉，确保刑法处罚的及时实现，使刑法规范得到贯彻，从而实现法律之治的法治价值。另一方面，有罪必罚原则强调处罚的必定性，有利于保障处罚的有效展开，强化刑法处罚的实效性。法律之治的实现依赖于法律规范的适用和法律义务的履行，只有法律规范能够被适用，才能真正体现其法治价值。有罪必罚原则在司法上集中体现为刑法处罚的必定性，不但要求司法机关积极行使职权，对犯罪进行一

---

〔1〕　参见谢佑平、万毅：《法理视野中的刑事诉讼效率和期间：及时性原则研究》，载《法律科学（西北政法大学学报）》2003 年第 2 期。

贯地追诉，而且要求在适用刑法的过程中竭力排除非法律因素的干扰，对犯罪进行普遍地追诉，推动"必罚"的实现，进而突出刑法处罚的实效性、体现法律之治的基本要求，有助于在刑法领域实现法律之治。

综上所述，有罪必罚原则能够保障刑事领域的法律之治在立法和司法活动中及时、全面地展开，对实现刑事领域的法律之治具有重要价值。

二、有罪必罚原则与良法之治

（一）良法之治的理论内涵与基本要求

法律之治仅仅是法治的一部分内容。实际上，单纯的法律至上和法律决断主义并不一定会产生优于人治的效果。20 世纪中叶以来，西方法学家开始反思纯粹形式法治的局限性，新自然法学派由此兴起。在新自然法学派看来，人们需要对法治进行实质化的理解，以推进良法之治的建构。"实质法治国不仅要求政府接受法律的约束，法律还必须满足正当性的要求。"〔1〕这里的"正当性"，是指法治所应接受的特定价值。"法律只有在涉及价值的立场框架中才可能被理解。法律是一种文化现象，也就是说，是一种涉及价值的事物。"〔2〕可见，只有承载着特定价值理念的法律之治，才是良法之治；价值理念的注入，使得法律之治的形式侧面蒙上了浓厚的实质化色彩。从这一点看，所谓良法之治，实际上就是在形式法治基础上形成的实质法治。

作为实质化的法治理念，良法之治所主张的价值内涵并非是任意的。从学术史的视角看，良法之治是基于对"恶法亦法"这一形式法治观的批判而形成的。最初的实质法治理念旨在限制国家公权力的肆意性，避免公权力借助法律之名来侵害公民的私权利。〔3〕不难看出，这是一种公权与私权二元对立的思考方式。在这样的思考方式下，实质法治必然极力主张限缩公权力的适用领域，并扩大私权利的范围，由此在二者之间形成了此消彼长的紧张关系。按照这种理解，公权力是否得到限制，是衡量良法之治是否存在的最主要甚至唯一的根据。然而实际上，良法之治的根本要求不在于公权力是否得

---

〔1〕 Hartmut Maurer, *Allgemines Vewaltungsercht*, 12. Aufl., 1999, § 6 Rn. 6.
〔2〕 ［德］古斯塔夫·拉德布鲁赫：《法哲学》，王朴译，法律出版社 2013 年版，第 5 页。
〔3〕 参见冯雷：《二元法治观的价值困境及方法论应对》，载《北方法学》2020 年第 5 期。

到了限制，其追求的是对个人私权的保护和尊重，限制公权力仅仅是达成这一目的的一种手段而已。换言之，尊重和维护人的尊严才是法治的根本目标，法治精神的基本要求是每一个人都享有作为一个有责任心主体的尊严。[1]因而可以认为，良法之治并不一定要绝对地追求对公权力的限制，只要能够维护人的尊严和权利，公权力是可以被积极发动和运用的。总之，良法之治实际上就是实质法治，以服务特定的价值理念为目的，其基本要求在于实现对个人尊严和权利的尊重和保护。

（二）有罪必罚原则是良法之治在刑事领域的重要体现

从有罪必罚原则的内涵和理论逻辑看，该原则是良法之治在刑事领域的重要体现。

良法之治首先关注的是立法问题，有罪必罚原则恰恰从立法上为实现刑事领域的良法之治提供了重要途径。良法之治以人的尊严为前提和条件，而刑法意义上的良法之治，便是强调刑事立法的及时性与有效性，以达到惩治严重法益侵害行为与现象的目的。[2]进而言之，良法之治的根本要求反映在刑法当中，便是对公民生命、自由、财产等最重大、最基本利益的保护，即实现法益保护目的。当前大陆法系刑法理论的通说认为，刑法的任务就在于保护法益。[3]为了达成这一目的，首先需要进行积极的刑法立法，将严重侵犯或威胁法益的行为规定为犯罪，而这正符合有罪必罚原则的理论逻辑。有罪必罚原则之"有罪"在立法层面表现为犯罪化的立法，即以法益侵害说为根据，主张将具有严重法益侵害性或对法益有重大威胁的行为规定为犯罪。可以认为，有罪必罚原则正是基于犯罪化的立法态度，为实现法益保护的刑法目的提供了可靠的立法保障。从这一点看，有罪必罚原则能够为保护公民的个人自由、生命等利益提供保障，恰恰满足了良法之治的要求，是良法之治在刑事领域的重要体现。

---

〔1〕　参见［美］约翰·菲尼斯：《自然法与自然权利》，董娇娇、杨奕、梁晓辉译，中国政法大学出版社2005年版，第217页。

〔2〕　参见于鸿嵘、牛忠志：《论习近平法治思想对当代刑事法治的建构》，载《河北法学》2022年第3期。

〔3〕　参见［日］佐伯仁志：《刑法总论的思之道·乐之道》，于佳佳译，中国政法大学出版社2017年版，第5页。

从司法上看，有罪必罚原则同样是良法之治在刑事领域的重要体现。良法之治的基本要求就是保护公民的权利，遵循法治便是尊重人的尊严，并维护由人的尊严所衍生出的权利与自由。[1] 而要达成这一目标，则必须依赖法律的有效实施，对侵犯公民个人权利的行为进行制裁。有罪必罚原则在司法上不但要求司法机关按照刑法的规定认定犯罪并进行处罚，更为重要的是，"有罪"和"必罚"必须具有实质意义，即实现"有罪"和"必罚"的实质化。实质意义上的"有罪"是指将具有严重法益侵害性的行为认定为犯罪，实质意义上的"必罚"要求对法益做到真正保护，处罚侵害法益的行为。因此，实质意义上的有罪必罚原则是围绕刑法法益保护目的的有效实现展开的。为了达成法益保护的目的，有罪必罚原则主张司法人员在认定"有罪"时应当以法益保护为根据，对刑法规范作出实质解释。所谓实质解释，就是以法益保护为目的，在刑法语义范围内，对刑法的构成要件进行扩大解释，以实现刑法处罚范围的妥当性。[2] 不难看出，实质解释论以法益保护为解释向度和解释目标，是实质意义的有罪必罚原则的当然要求。通过对刑法规范的实质解释，司法机关更便于作出有利于法益保护的解释结论，从而使良法之治的价值在刑事领域得以体现。

综上所述，良法之治的根本要求是对人的自由、权利的保护。有罪必罚原则以法益保护理论为指导，强调刑法立法的积极性，主张实质解释论，有利于从立法和司法两方面推进法益保护目的的实现，使良法之治的要求在刑事领域得以体现。

（三）有罪必罚原则对于良法之治之价值的具体表现

有罪必罚原则是良法之治的重要体现，具体表现在刑法立法和司法两个层面。

在立法上，有罪必罚原则以法益保护目的为依托，使实质上的"有罪"和"必罚"得以展开，因而有利于促进良法的形成。一方面，实质意义上的有罪必罚原则有利于从内容上促成良法的形成。从实质层面看，有罪必罚原则之"有罪"是指将具有严重法益侵害性的行为规定为犯罪，即应当从法益

---

〔1〕 参见李桂林：《实质法治：法治的必然选择》，载《法学》2018 年第 7 期。
〔2〕 参见张明楷：《实质解释论的再提倡》，载《中国法学》2010 年第 4 期。

保护的目的出发进行刑法立法。随着社会的快速转型和高速发展，各类新型犯罪对国家、社会和个人带来的挑战愈加严峻，由此带来了刑法法益保护目的的变革。传统意义上的刑法以处罚侵犯个人法益的犯罪和实害犯为主，而随着风险社会对法益保护需求的变化，当下刑法致力于扩大法益保护的范围，不断增加对侵犯超个人法益或集体法益犯罪的规制，[1]并积极推进预备犯的正犯化、帮助犯的实行犯化，要求对严重威胁法益的行为采取更有力的规制手段。有罪必罚原则强调对法益的保护，主张通过犯罪化立法适度扩大刑法的规制范围。按照这一要求，立法者不仅需要增强对新型法益的立法保障，还需要对严重威胁法益的行为进行必要的早期化干预。这不仅符合当前法益保护目的的新趋势，更有利于增强刑法对法益保护的功能。近年来，我国刑法不断增加新罪，不但在危害人身权利等传统自然犯领域进行积极立法，[2]而且在体育竞技、生物科技等各种新兴领域推行犯罪化立法。[3]特别是新近颁布的《刑法修正案（十一）》，在立法理念上更加突出了刑法在维护国家安全、社会稳定和保障人民生命财产安全中的重要作用。[4]这些立法举动无不体现了有罪必罚原则的基本精神。可见，通过基于法益保护目的的犯罪化立法，有罪必罚原则能够使刑法的内容更加丰富、保护范围更加周延，有利于从内容上推动良法的形成。

另一方面，实质意义上的有罪必罚原则有利于从体系上促成良法的形成。从实质意义上看，"有罪"和"必罚"的外部法律关系必须具有协调性，即将某种行为确定为刑法上的犯罪时，必须充分考虑和尊重刑法谦抑主义，否则会造成法律体系的混乱。在现有的法律体系中，所有部门法都承担着一定的社会管理职能，刑法是众多社会管理法中的一个法律部门。与其他部门法不同的是，刑法属于"司法法"，以安定性为最高价值。[5]这决定了刑法具

---

〔1〕　参见刘艳红：《积极预防性刑法观的中国实践发展——以〈刑法修正案（十一）〉为视角的分析》，载《比较法研究》2021年第1期。

〔2〕　如《刑法修正案（十一）》增设的负有照护职责人员性侵罪等。

〔3〕　如《刑法修正案（十一）》增设的妨害兴奋剂管理罪，非法采集人类遗传资源、走私人类遗传资源罪等。

〔4〕　参见张义健：《〈刑法修正案（十一）〉的主要规定及对刑事立法的发展》，载《中国法律评论》2021年第1期。

〔5〕　参见何荣功：《社会治理"过度刑法化"的法哲学批判》，载《中外法学》2015年第2期。

有最后手段性的特征，只有当其他部门法难以承担社会管理职能时，才允许发动刑法。为此，有罪必罚原则之"有罪"与"必罚"只能在民法、行政法等部门法的规制范围内发挥作用，只能将严重违反民法和行政法的行为规定为犯罪。强调实质意义上的有罪必罚意味着，"有罪"必须与一般的民事违法、行政违法区别开来，"必罚"也必须与一般的民事法律责任、行政法律责任区别开来。由此，有罪必罚原则通过实质意义上的"有罪"和"必罚"廓清了刑法与其他社会管理法之间的界限。即是说，一般的民事、行政违法行为由民法和行政法规制，只有具有严重法益侵害性的行为才属于刑法的规制范围。从这一意义上讲，强调实质意义上的"有罪"与"必罚"，有利于推进刑法与其他部门法之间的协调，避免法律体系的混乱，从而促成良法之治的形成。

从司法的角度看，有罪必罚原则强调实质上的"有罪"和"必罚"，有利于促进良法的实现。良法之治的实现表现为公民的权利得到有效保护。为了达成这一目标，法律必须要得到有效实施。就刑法而言，良法的实现就是刑法规范能够产生实际的拘束力，起到制裁、预防犯罪的功能。因而，实质意义上的"有罪"与"必罚"绝不是停留在纸面上的刑法要求，而是必须具有较强的实践性品格、能够推动罪刑规范的有效适用，最终实现法益保护的目标。为此，有罪必罚原则要求司法机关在解释、适用刑法时应当坚持一定的准则。首先，在解释立场上，应当坚持实质解释论。实质解释论是以法益保护为中心展开的解释论机制，允许司法机关根据行为的处罚必要性，在刑法文义范围内对构成要件作一定的扩大解释，以确保解释结论满足刑法的法益保护目的。[1]良法之治的要求在于实现对人的权利的保护，而有罪必罚原则通过主张实质解释论的方法，能够有效解决成文法规范在应对犯罪事实上可能出现的供给不足问题，有利于减少刑法适用的漏洞，使司法机关的"有罪"认定更加贴近良法之治的要求。其次，在解释目标上，应当坚持客观解释。在刑法的解释目标上存在着主观解释与客观解释之分，前者主张司法者在适用刑法时应当尽量探求立法原意，而后者则要求司法者根据刑法文本所

---

〔1〕 参见张明楷：《实质解释论的再提倡》，载《中国法学》2010 年第 4 期。

呈现出的含义解释法条。[1]刑法的立法总会具有一定的滞后性，难以对未来的社会事实进行全面、准确的预测。毕竟立法者不可能将未来发生的一切应当被作为犯罪处理的行为类型化为构成要件。[2]成文法的局限性决定了，刑法的漏洞是不可避免的。在这种情况下，如果司法者在适用刑法时一味探求立法者的原意，便会削弱刑法的规制机能，极易使刑法滞后于社会事实，使法益不能得到及时、有效的保护。实质意义上的"有罪"和"必罚"要求刑法适用的结论必须能够对现实的法益起到有效的保护作用，对刑法的客观解释可以使刑法规范摆脱立法原意的限制，便于司法人员根据当前的社会事实对刑法文义进行解释。进而言之，坚持客观解释的目标，可以使固定的、成文的刑法规范适应不断变化的社会事实，有利于增强刑法的生命力，推动法益保护目标的实现。最后，在司法判断方法上，应当坚持案件事实、法律以及社会事实之间的互动。由于刑法用语的局限性、抽象性，刑法规范总会与案件事实和案件事实之外的社会事实之间形成紧张关系。进言之，法律规范与社会事实之间始终不能形成明确的、一一对应的关系，往往会产生一定的疏离感。为此，司法机关在适用刑法时，必须把案件放在一个有利于解决法律适用难题的环境中来进行解释，即司法人员在考虑案件法律结构的同时，还必须充分重视案件之外的社会结构和社会事实。唯有如此，才能作出既有利于本案的合理裁判，又能够提供解决类似案件的示范性解释结论。[3]因此，建立案件事实、法律事实以及社会事实之间的互动关系，可以缓和成文刑法规范与具体案件事实之间的紧张关系，有利于推动刑法规范的有效适用，便于实现刑法的法益保护目标。

本章小结

中华法系中蕴含着丰富的有罪必罚思想，集中体现在墨家和法家思想中。

---

〔1〕 参见李立众：《刑法解释的应有观念》，载《国家检察官学院学报》2015年第5期。

〔2〕 参见张明楷：《刑法分则的解释原理》（上），中国人民大学出版社2011年版，第210~211页。

〔3〕 参见苏永生：《在刑法规范与社会事实之间——宣扬恐怖主义、极端主义物品之司法判定问题研究》，载《河南大学学报（社会科学版）》2018年第1期。

墨家基于"天志"思想形成了朴素的法制观念，强调法律的明确性和平等性，具有鲜明的形式法治色彩；强调刑法处罚的普遍性，体现了有罪必罚之"必罚"的基本要求。法家的"以法为本"思想极为倚重法在国家犯罪治理中的作用，强调法律应当具有客观性、公正性，主张处罚的必定性，奉行重刑威吓主义；这其中蕴含着法律适用的平等性、刑法处罚的普遍性和必定性，体现了对有罪必罚理念的朴素思考。

有罪必罚原则之"有罪"包括立法意义上的"有罪"和司法意义上的"有罪"。立法意义上的"有罪"要求立法者及时将具有严重法益侵害性的行为规定为犯罪；司法意义上的"有罪"要求司法机关将符合犯罪构成要件的行为认定为犯罪，并根据刑法的规定处罚。有罪必罚原则之"必罚"强调刑法处罚的一贯性和普遍性。在立法上，处罚的一贯性是指只要某种行为具有严重的法益侵害性，就应当及时被规定为刑法上的犯罪，使其受到刑法的处罚；处罚的普遍性是指刑法效力范围所及的人都应当受到刑法的处罚。在司法上，所谓处罚的一贯性，即刑法的处罚必须紧随犯罪而来；处罚的普遍性，即反对针对不同的人选择性地适用刑法。有罪必罚既不是刑法的概念，也不是具体的刑法规则，而属于刑法的原则。有罪必罚原则对刑法的立法、司法和刑事执行具有全局性的指导作用，故应当是刑法的基本原则。

法治的价值包括法律之治和良法之治两个侧面。法律之治是对形式法治观的反映，强调法律的统治，以法律至上主义为内涵，其基本要求是法律必须得到严格的遵守。有罪必罚原则是法律之治在刑事领域的集中体现。从立法上看，有罪必罚原则强调刑法立法的及时性和全面性，能够保障法律之治在刑事领域及时、全面地展开；从司法上看，有罪必罚原则强调刑法处罚的及时性和实效性，有利于推进法律之治的有效实现。良法之治是对实质法治观的反映，以服务特定的价值理念为目的，其根本要求在于实现对个人尊严和权利的尊重和保护。有罪必罚原则是良法之治在刑事领域的重要体现。从立法的角度看，有罪必罚原则有利于从内容和体系上促成良法的形成；从司法的角度看，有罪必罚原则主张坚持实质解释论的立场，确立客观解释的目标，贯彻案件事实、法律事实和社会事实之间互动的司法判断方法，有利于促进刑法规范的有效适用，从而推进良法之治的实现。

第二章

有罪必罚原则的立法表达与功能

在中华法系的历史中，有罪必罚思想始终被作为刑法思想中的一项重要内容。例如，春秋战国时期的法家坚持"信赏必罚"的基本理念，强调刑罚对犯罪的必定性，提出"民信其赏，则事功成；信其刑，则奸无端。"[1] 然而遗憾的是，有罪必罚在封建大一统时期始终未成为正式的法律制度，没有获得立法上的承认，更不具有法定的约束力。[2] 在现代刑法语境下，有罪必罚不再仅仅是一种法治理念，而应当成为具有法定拘束力的刑法基本原则，在成文法中得到相应的体现。换言之，有罪必罚原则作为刑法的基本原则，不仅需要从法律的构成要素、法律原则的功能等方面进行论理证成，更需要得到宪法法律的规范性支撑。"法的东西要成为法律，不仅首先必须获得它的普遍性的形式，而且必须获得它的真实的规定性。"[3] 那么，我国宪法法律是否对有罪必罚原则进行了立法表达，哪些条款能够对有罪必罚原则提供立法依据？有罪必罚原则对刑法的立法指导功能有哪些？这是本章需要分析和讨论的问题。

第一节　有罪必罚原则的立法表达

将有罪必罚原则作为刑法的基本原则具有充分的合法性依据，集中体现

---

〔1〕《商君书·修权》。

〔2〕 例如，《大明律》中的刑事实体法条款就普遍地不适用于明朝皇家宗室人员，而且这些权贵阶层的成员可以通过"八议"等制度享受到额外的刑事程序上的优待特权，刑部、谏院等无权对其进行提审，只得将其交由皇帝处理。参见梁曼容：《明代宗室法律特权及其上下分野》，载《古代文明》2019 年第 2 期。

〔3〕 ［德］黑格尔：《法哲学原理》，范扬、张企泰译，商务印书馆 1961 年版，第 218 页。

在宪法对有罪必罚原则的要求提供了上位法根据，同时刑法以成文法的形式对有罪必罚原则的内容作出了明确规定。

一、有罪必罚原则的宪法根据

从宪法和刑法的关系看，"所有的刑法问题都可以从宪法角度来解释"[1]。对此，我国学者进一步指出，刑法的基本原则都可以在宪法中得到体现。[2]按照这一论断，有罪必罚原则作为刑法的基本原则，必须能够在宪法中得到具体的体现。事实上，《宪法》第28条、第5条第4款后段和第5条第5款就为有罪必罚原则提供了宪法上的根据。

（一）有罪必罚原则一般要求的宪法根据

《宪法》第28条规定："国家维护社会秩序，镇压叛国和其他危害国家安全的犯罪活动，制裁危害社会治安、破坏社会主义经济和其他犯罪的活动，惩办和改造犯罪分子。"该条规定从立法和司法两方面对有罪必罚原则的一般要求提供了宪法性根据。

一方面，《宪法》第28条对有罪必罚原则的立法要求提供了宪法根据。《宪法》第28条提出了国家打击犯罪的基本要求，强调国家承担对危害国家利益、社会利益以及个人利益犯罪进行惩罚的法定职能，其中蕴含着对有罪必罚原则的立法要求。保障国家及公民个人的安全是国家存在的重要目的，也是宪法赋予国家机关的法定义务。对于国家的保护义务，首先便需要立法者通过制定法律的方式将安全保护义务予以具体化；[3]具体到刑法上，便要求立法机关制定并完善刑法规范，推行犯罪化的立法，将严重危害国家利益、社会利益以及个人利益的行为规定为犯罪，为司法机关制裁和惩罚犯罪提供可靠的法律依据。有罪必罚原则以刑法的保护机能为理论根据，强调通过积极行使刑罚权的方式来惩罚犯罪，以达到保护法益的目的，反映在立法上便是要求立法者不断地将具有严重法益侵害性的行为规定为犯罪。换言之，犯罪化的立法活动能够使刑法规范的内容和体系得到丰富和完善，为司法机关

〔1〕［德］洛塔尔·库伦：《论刑法与宪法的关系》，蔡桂生译，载《交大法学》2015年第2期。
〔2〕参见张明楷：《宪法与刑法的循环解释》，载《法学评论》2019年第1期。
〔3〕参见王贵松：《论法治国家的安全观》，载《清华法学》2021年第2期。

打击和惩罚犯罪提供明确的适用准则，符合宪法对国家安全保护义务的基本要求。

另一方面，《宪法》第 28 条为有罪必罚原则的司法要求提供了宪法根据。根据《宪法》第 28 条的规定，国家承担着惩罚犯罪的基本职能，而这需要通过一系列的刑事司法活动来实现。为此，人民法院、人民检察院、公安机关等刑事司法机关应当积极地行使追诉权，在办理刑事案件时准确、有效地适用法律，确保刑法规定的各项罪名都能够得到准确适用。有罪必罚原则强调处罚的一贯性与普遍性，要求将所有符合犯罪构成要件的行为认定为有罪并予以处罚，以实现打击犯罪、惩办犯罪分子的目标。此外，有罪必罚原则作为刑法的基本原则，具有指导刑事司法活动的功能，要求通过立案侦查、审查起诉、审判等刑事司法活动，对犯罪进行积极追诉，以实现惩罚犯罪的目的。可见，《宪法》第 28 条规定的国家惩罚犯罪的职能，正需要通过贯彻有罪必罚原则来实现，表达了有罪必罚原则的司法要求。

（二）有罪必罚原则具体要求的宪法根据

《宪法》不仅对有罪必罚原则的一般要求提供了宪法根据，并且在第 5 条第 4 款后段和第 5 条第 5 款体现了有罪必罚原则的具体要求。

《宪法》第 5 条第 4 款后段规定："……一切违反宪法和法律的行为，必须予以追究。"可见，该段明确规定了"违法必究"的内容。所谓"违法"，是指违反法律的行为，具体到刑法领域，就是犯罪；所谓"必究"，是指对违法行为必须进行追究，反映在刑法中便是对犯罪必须进行处罚。由此看来，违法必究的宪法规定体现在刑法中便是有罪必罚。然而，学界对宪法中违法必究就是刑法有罪必罚的观点存在着质疑。例如，张明楷教授指出，违法必究不意味着有罪必罚，有罪不罚也是可以被允许的，有罪不罚与违法必究并不矛盾。[1]需要说明的是，张明楷教授所称的"有罪必罚"之"必罚"是指刑罚的处罚，即对犯罪人必须科处刑罚；而本书所指的有罪必罚之"必罚"不仅包括刑罚的处罚，还包括判处非刑罚处罚和单纯宣告有罪。所以，在这一意义上，有罪必罚实际上就是刑法上的违法必究。按照《宪法》第 5 条第 4 款后段的规定，任何构成刑法规定之罪的行为都应当受到处罚，即有罪必罚。

---

〔1〕　参见张明楷：《犯罪的成立范围与处罚范围的分离》，载《东方法学》2022 年第 4 期。

一方面，司法机关不能在一段时期内搁置刑法规范不用，只要发现犯罪行为就应当予以追诉，保持刑法适用的持续性和连续性；另一方面，司法机关不能选择性地适用刑法，对个别罪名搁置不用，或仅对一部分犯罪进行定罪处罚。不难看出，这些正是有罪必罚原则之处罚一贯性的具体要求。由此可见，《宪法》第5条第4款后段蕴含着刑法适用一贯性的意蕴，是对有罪必罚原则具体要求的宪法规定。

《宪法》第5条第5款规定："任何组织或者个人都不得有超越宪法和法律的特权。"这一规定在体现法治平等原则的同时，也集中表达了宪法对法律特权思想和特权行为的反对，集中体现了有罪必罚原则之处罚普遍性的要求。在我国封建大一统时期，刑法的适用是不平等的，"王子犯法与庶民同罪"只不过是人们的美好愿望而已。事实上，"官当""八议"等封建等级制度为特权阶层提供了刑法上的庇护所，使其在犯罪时能够免于刑法的制裁，即使受到追究也能享受相对较轻的处罚。[1]这种特权主义的现象显然是现代刑事法治所极力反对的。正因如此，我国将反对特权作为一项宪法性规定。有罪必罚原则要求刑法的处罚必须具有普遍性，强调司法机关在定罪量刑和追诉活动中不能考虑法律之外的因素，特别是不能受特权主义的干扰。因此，有罪必罚原则强调刑法处罚的普遍性，要求对所有的犯罪人一律平等地适用刑法。《宪法》第5条第5款明确了反对特权的基本立场，对有罪必罚原则之处罚普遍性的要求提供了宪法性依据。

二、有罪必罚原则的刑法表述

《刑法》第3条规定："法律明文规定为犯罪行为的，依照法律定罪处刑；法律没有明文规定为犯罪行为的，不得定罪处刑。"对于该条后段规定的是罪刑法定原则，在我国刑法学界早已形成了共识；而对于该条前段规定的含义，至今在学界存在较大争议，莫衷一是。笔者认为，《刑法》第3条前段强调了定罪和处罚的必定性，是对有罪必罚原则的刑法表述。

---

〔1〕 例如，在我国隋朝时期，"八议"被作为一种法定的减轻处罚情节。《开皇律》规定："其在八议之科，及官品第七以上犯罪，皆例减一等。"详见沈家本：《历代刑法考》（上册），商务印书馆2011年版，第37页。

（一）《刑法》第 3 条前段的学说辨析

在我国刑法学界，对《刑法》第 3 条前段有多种理解，形成了不同观点。第一种观点认为，《刑法》第 3 条前段规定的是罪刑法定原则。这是我国刑法理论的通说观点。按照该说的观点，我国在 1997 年全面修订《刑法》时，从完善刑事法治、保障人权的需要出发，废除了有罪类推制度，首次在刑法中规定了罪刑法定原则，而该原则便被规定在了《刑法》第 3 条中。[1]根据这一理解，《刑法》第 3 条的全文内容都是对罪刑法定原则的规定，并没有对前段和后段的内容作任何区分。

第二种观点认为，《刑法》第 3 条前段规定的是积极的罪刑法定原则。坚持该观点的学者对罪刑法定原则的意义提出了独到的见解，认为我国的罪刑法定原则包括积极与消极两个侧面，即《刑法》第 3 条前段规定的是积极的罪刑法定原则，后段规定的是消极的罪刑法定原则。积极的罪刑法定原则强调刑法的社会保护功能，而消极的罪刑法定原则强调刑法的人权保障机能。刑法从积极与消极两方面来规定罪刑法定原则，使我国的罪刑法定原则比西方国家的罪刑法定原则更全面和完善，内容也更加丰富。[2]不仅如此，有学者对积极罪刑法定原则与消极罪刑法定原则的划分作出了补充论证，指出西方国家的罪刑法定原则是从消极方面来限制刑罚权的适用，以避免国家滥用刑罚权侵犯人权的法治风险。然而，这并不等于说罪刑法定原则只有消极的意义。我国立法者在规定罪刑法定原则时突出了其积极方面的意义，这是由我国刑法的目的和任务决定的。[3]

第三种观点认为，《刑法》第 3 条前段规定的是定罪处刑的"依法性要求"。在坚持该观点的学者看来，绝不能将罪刑法定原则区分为积极侧面与消极侧面，更不认同将《刑法》第 3 条前段的规定解释为积极的罪刑法定原则。既然积极的罪刑法定原则强调通过惩罚犯罪来保护社会，那么按照这一逻辑，《刑法》第 3 条前段需要有"应当定罪处刑"的表述，但第 3 条并没有如此表

---

[1]　参见高铭暄、马克昌主编：《刑法学》，北京大学出版社、高等教育出版社 2022 年版，第 24 页。

[2]　参见何秉松主编：《刑法教科书》，中国法制出版社 1997 年版，第 63~68 页。

[3]　参见曲新久等：《刑法学》，中国政法大学出版社 2022 年版，第 11 页。

述，所以不具有积极功能，故不属于所谓积极罪刑法定原则的规范依据。[1]显然，在该论者看来，《刑法》第 3 条前段在文字表述上的重点是"依照"，即强调司法机关应当严格按照法律的明文规定来定罪处罚，突出的是法律在定罪处刑过程中的准据性作用。

第四种观点认为，《刑法》第 3 条前段规定的是消解罪刑法定原则的内容。提出这一观点的学者认为，罪刑法定原则源于西方启蒙时代的民主主义，以自由、人权为精髓，目的在于防范司法擅断。按照这一理解，罪刑法定原则不存在积极的侧面，其本身就是消极的，旨在强调人权保障功能。与此不同的是，《刑法》第 3 条前段要求通过惩罚犯罪来保护社会，强调刑法的社会保护机能，这就使规定在同一条中的罪刑法定原则的价值被弱化了，甚至形成了社会保护机能优先于人权保障机能的价值位阶。[2]

第五种观点认为，《刑法》第 3 条前段规定了法益保护原则。如有学者认为，《刑法》第 3 条后段在功能上与前段不同，旨在突出刑法的法益保护机能。[3]法益保护主义是大陆法系国家刑法理论中的重要内容，与责任主义、罪刑法定并列为刑法的三大基本原则。"对法益的拥护是刑法的任务，犯罪应该限定于对法益的加害行为。"[4]随着我国对德日等大陆法系国家刑法理论的学习和借鉴，法益保护主义逐渐进入到我国的刑法知识体系中，并得到了较为普遍的认同。在部分坚持法益保护原则的学者看来，刑法的社会保护机能是法益保护机能的同义语。因此，将《刑法》第 3 条前段的内容解释为法益保护原则，可以彰显刑法社会保护机能的价值和意义，进而满足刑法机能二元化的法治要求。[5]值得注意的是，该观点与第四种观点都承认《刑法》第 3 条前段内容能够反映刑法的保护机能，但该观点不认为保护机能会对罪刑法定原则的人权保障机能产生消极影响，反而认为其能够促进刑法法治意义的

---

〔1〕 参见张军等：《刑法纵横谈（总则部分）》，北京大学出版社 2008 年版，第 19 页。

〔2〕 参见刘艳红：《刑法的目的与犯罪论的实质化——"中国特色"罪刑法定原则的出罪机制》，载《环球法律评论》2008 年第 1 期。

〔3〕 参见张明楷：《刑法学》（第六版），法律出版社 2021 年版，第 58 页。

〔4〕 ［日］山口厚：《刑法总论》（第 3 版），付立庆译，中国人民大学出版社 2018 年版，第 4 页。

〔5〕 参见苏永生：《论我国刑法中的法益保护原则——1997 年〈中华人民共和国刑法〉第 3 条新解》，载《法商研究》2014 年第 1 期。

全部实现。

由上可见，在我国刑法理论中，对《刑法》第 3 条前段存在着不同理解。那么，这些观点是否正确解读了《刑法》第 3 条前段的规定，值得进一步分析。

第一种观点没有看到《刑法》第 3 条前段与后段在内容上的差异性。首先，从理论基础上看，罪刑法定原则的理论渊源是民主主义和人权主义，是为了对抗封建王权、反对刑罚权肆意扩张而提出的。为了坚持刑罚克制主义的基本立场，罪刑法定原则将"无罪"与"无罚"作为最终追求目标。《刑法》第 3 条前段强调的是"定罪处刑"，与罪刑法定原则限缩刑罚权的价值取向相反，因而不能被视为对罪刑法定原则的表达。其次，从刑法的思考方式看，罪刑法定原则旨在限制国家的刑罚权，特别是限制司法机关的司法量刑权，以实现对公民权利和自由的保障。[1]而《刑法》第 3 条前段强调的是刑罚权的积极适用，要求国家依照法律定罪处罚，显然是一种侧重社会保护的思考方式。《刑法》第 3 条前段与后段在刑法思考方式上是对立的，不可能承载同一个刑法基本原则，也就不可能是对罪刑法定原则的表述。再次，从法条表述方式看，《刑法》第 3 条在前段和后段之间使用了分号。分号的作用在于间隔两个具有独立意思的分句，即是说分号前后可以是两个内容完整但含义不同的语句。例如，《刑法》第 39 条第 1 款在列举被判处管制的犯罪人应当履行的 5 项义务时，便使用了分号，说明分号前后内容的含义并不相同，且都具有完整性。最后，从逻辑关系上看，《刑法》第 3 条前段和后段的含义具有差异性。《刑法》第 3 条前段和后段分别对"刑法规定"与"定罪处刑"的关系提出了两个不同的命题，其中前段将"刑法规定"作为"定罪处刑"的充分条件，即只要有刑法的规定，就应当作定罪处罚的处理；而后段将"刑法规定"作为"定罪处刑"的必要条件，即只有刑法有规定时，才能作定罪处罚的处理。可见，《刑法》第 3 条前段和后段中"刑法规定"与"定罪处刑"分别成立两个完全不同的逻辑关系。而且《刑法》第 3 条前段和后段不存在逆否命题的关系，[2]即不能根据前段内容推出后段的内容，或是根

---

〔1〕　参见陈兴良：《罪刑法定主义》，中国法制出版社 2010 年版，第 63 页。

〔2〕　在数理逻辑中，只有逆否命题和原命题之间是等价关系，如果两个命题不存在逆否关系，则不能认为两个命题同为真。

据后段推导出前段的内容。所以,《刑法》第 3 条前段与后段表达的并不是同一内容。

第二种观点的进步意义在于,看到了《刑法》第 3 条前段与后段在内容上的差异,进而针对前段内容提出了独到的见解。该观点将罪刑法定原则分为积极侧面与消极侧面,分别表征着刑罚权的扩张和限缩两个维度。但是,罪刑法定原则从来只是用于限制刑罚权发动的,即只有消极的一面,而无积极的一面。为了防范国家权力的任意行使,保障公民的自由、尊重人权,刑法必须对什么行为属于犯罪作出事先性的规定,司法机关只能在法律规定的范围内对犯罪进行处罚。[1]在日本学者看来,罪刑法定原则在产生之初就被赋予了防范刑法擅断主义、避免超过一般人预测范围行使刑罚权的功能,而且罪刑法定原则决不能被理解为"只要有法律的规定,就可以对任何行为科处刑罚"[2]。不难看出,日本学者认为罪刑法定原则只具有消极行使刑罚权的一面,而这一理解也符合我国刑法的理论与实践逻辑。一方面,我国刑法学界普遍认同罪刑法定原则有四项派生原则,即排斥习惯法、排斥绝对不定期刑、禁止有罪类推和禁止重罪溯及既往,[3]这四项派生原则无不以限制刑罚权为功能导向。既然由罪刑法定原则所引申的具体原则都在限制刑罚权,那么罪刑法定原则本身也不可能指向刑罚权的扩张。另一方面,从刑法的立法实践看,设置罪刑法定原则的目的只是为了限制刑罚权的发动。我国第一部刑法典并没有规定罪刑法定原则,反而是规定了类推制度。根据 1979 年《刑法》第 79 条的规定,刑法分则没有规定为犯罪的,司法机关可以比照分则中类似的条文定罪处刑。可见,当时的类推是指有罪类推,坚持的是扩张刑罚权的价值取向。在 1997 年全面修订《刑法》时,最高人民法院和最高人民检察院明确提出在刑法中规定罪刑法定原则,同时取消类推制度。[4]由此可见,罪刑法定原则与类推制度是互斥的,二者只能择其一。最终颁布的现行《刑

---

〔1〕 参见〔日〕大谷实:《刑法讲义总论》,黎宏译,中国人民大学出版社 2008 年版,第 47 页。

〔2〕 参见〔日〕野村稔:《刑法总论》,全理其、何力译,法律出版社 2001 年版,第 45~46 页。

〔3〕 参见高铭暄、马克昌主编:《刑法学》,北京大学出版社、高等教育出版社 2022 年版,第 24 页。

〔4〕 参见高铭暄:《中华人民共和国刑法的孕育诞生和发展完善》,北京大学出版社 2012 年版,第 173 页。

法》废除了类推制度、确立了罪刑法定原则，表明了罪刑法定原则与类推制度的价值取向是相反的，不可能具有扩张刑罚权的属性。从这两方面来看，我国刑法中的罪刑法定原则只有消极的一面，不存在所谓积极的罪刑法定原则。积极的罪刑法定原则的主张实际上是将两个互为矛盾的概念结合到了一起，既不符合罪刑法定原则的理论逻辑，也不符合刑法表达的语法逻辑。

第三种观点看到了《刑法》第 3 条前段与后段在内容上的差异性，而且没有将前段的内容解释为罪刑法定原则，是值得肯定的，但该观点对第 3 条后段给出的解释结论依然值得商榷。在坚持该观点的学者看来，既然前段内容中不存在"应当""必须"这样的强制性表述，其中就并不蕴含"积极性"的含义。然而，刑法本身就是强制法，只要刑法当中没有"可以"这样的酌定性表述或用语，那么其设定的规范就必须得到遵守。例如，《刑法》第 4 条规定的适用刑法平等原则，同样没有使用"应当"这类的表述，难道其中就没有设定司法机关平等适用刑法的强制性义务？答案显然是否定的。《刑法》第 3 条前段中没有"应当"之类的表述是刑法立法简约性要求的体现，而且缺少类似表述也不会引起语法上的错误或语义上的分歧。实际上，《刑法》第 3 条前段的内容不但指明了法律在定罪处刑过程中的准据性作用，而且包含了对司法机关的强制性要求，即司法机关必须依照法律对构成犯罪的行为人定罪处刑。该观点只看到了《刑法》第 3 条前段"依法性要求"的一面，而没有注意到刑法作为强制法的特性，其结论未免失之片面。

第四种观点从刑法机能论的视角展开分析，认为《刑法》第 3 条前段体现的是刑法的社会保护机能，因而所规定的内容不是罪刑法定原则或消极的罪刑法定原则，这一主张是值得肯定的。但问题在于，即使《刑法》第 3 条前段的规定体现了刑法的社会保护机能，也不会对罪刑法定原则的人权保障机能造成削弱。笔者在前文中已经指出，《刑法》第 3 条前段与后段之间并非对立关系，即前段和后段都有各自存在的意义和价值：前段处理的是刑法规定为犯罪的情形，而后段处理的是刑法没有规定为犯罪的情形，二者调整的是不同的法律事实。因此，前段与后段的内容不仅不会发生冲突，反而能够互相补充各自的局限性，使刑法能够对有罪和无罪的情形分别作出调整。所以，并不存在前段削弱后段功能的可能。换言之，《刑法》第 3 条前段和后段虽然体现了向度相反的刑法机能，但也不能就此认为提倡其中一个机能就会使另一个机能失效。正如我国刑法既规定了从重处罚的量刑情节，又规定了从宽处罚的量刑情节，尽管这两类量刑情节承担着不同的刑法价值，但没有人会认为从重处罚情节的存在会削弱从宽处罚情节的价值，或者相反。

第五种观点既否认《刑法》第 3 条前段规定的是罪刑法定原则，又看到了其背后体现的社会保护机能，而且不认为前段会对后段的意义构成否定，是值得肯定的。但这一观点的局限性在于对《刑法》第 3 条前段规定内容的解释不够彻底。《刑法》第 3 条前段与后段分别强调了刑法的保护机能和保障机能，表达了两种不同功能向度的社会机能。其中，刑法保障机能的体现是罪刑法定原则，强调通过限制刑罚权，特别是通过限制刑事司法权的方式来对公民的自由进行保护。刑法保护机能与保障机能的功能向度则相反，强调通过积极适用刑罚权的方式对犯罪进行惩罚。既然承认刑法的保障机能是与罪刑法定原则相对应的，那么就意味着刑法的机能与刑法的基本原则是两个不同的概念。进而言之，把《刑法》第 3 条前段解释为法益保护原则，实际上就是对刑法保护机能的重申和复述，将刑法的机能等同于刑法的基本原则了。该观点仅考虑了大陆法系刑法理论中刑法保护机能的价值，而没有结合《刑法》第 3 条前段"定罪处刑"的表述作进一步的解释，因而也就难以提炼出该机能所对应的基本原则，未能揭示出该段内容的真实含义。

综上所述，上述五种观点都没有准确提炼出《刑法》第 3 条前段的真实含义，所给出的解释结论都不够全面。

(二)《刑法》第 3 条前段的真实含义

笔者认为，《刑法》第 3 条前段规定的正是有罪必罚原则，或者说，把《刑法》第 3 条前段规定的内容解释为有罪必罚原则，才能体现该段的真实含义。[1]实际上，从对《刑法》第 3 条文义的客观解释、刑法典的制定背景、刑法的社会机能、刑法的合法性等方面来看，都应当将《刑法》第 3 条前段规定的内容解释为有罪必罚原则。

首先，从《刑法》第 3 条前段的文义看，应当将该段解释为有罪必罚原

---

〔1〕 而且应当注意的是，自现行《刑法》颁布以来，我国已经通过了 1 部单行《刑法》和 12 部《刑法修正案》，刑法修改的力度不可谓不大。但是，《刑法》第 3 条前段的内容丝毫没有改变，甚至历次刑法修正案草案都未曾对此规定提出过讨论。这就说明，《刑法》第 3 条前段并不是多余的，反而有重要的现实意义和法治价值。

则。任何解释必须从文义出发，而且解释刑法文义时必须坚持客观解释的立场。客观解释要求在法律适用中以法律文本为基准，找寻法律文本在适用时应有的客观意思。[1]一方面，从文义解释的角度看，"依照法律定罪处刑"首先强调的是"定罪处刑"，其次才是"依照法律"。也就是说，"定罪处刑"是目的，"依照法律"是方式。从刑法规范属于强制性规范的角度看，应当将这里的"依照法律定罪处刑"理解为"应当依照法律定罪处刑"。相应地，从"定罪处刑"和"依照法律"的逻辑关系来看，"依照法律定罪处刑"首先强调的是"应当定罪处刑"，其次强调"应当依照法律"。由此来看，《刑法》第 3 条前段突出的是定罪处刑的必定性，规定的是有罪必罚原则。另一方面，《刑法》第 3 条使用了"规定为犯罪""定罪处刑"的表述，即"罪"与"刑"是该段内容的核心词汇。按照文义解释的要求，对刑法规范的解释必须最大限度地尊重刑法的文义，以贴近原文的表述方式来提炼刑法规范的含义。"规定为犯罪"实际上可以解释为"有罪"，"定罪处刑"可以解释为"必罚"。因而，应当将《刑法》第 3 条前段的内容解释为有罪必罚原则。

其次，从现行《刑法》制定和颁布的背景看，应当将《刑法》第 3 条前段解释为有罪必罚原则。回顾我国现行刑法典的制定过程不难发现，尽管立法者最终规定了罪刑法定原则并且废除了类推制度，但当时也有不少声音支持保留类推制度。例如，1997 年全面修订《刑法》时公安部就提出，确立刑法的基本原则应当从犯罪斗争的现实需要出发，要有利于打击犯罪；考虑到我国刑事犯罪类型的多样化和数量上升发展的趋势，刑法立法应尽力做到没有遗漏，保证不放纵罪犯，否则就可以考虑不取消类推。[2]虽然公安部反对废除类推制度的观点最终没有被立法者采纳，但其提出的理由确实具有一定的合理性。一方面，我国当时正处于社会转型期，各类社会矛盾不断涌现，各种新型犯罪威胁着国家、社会和个人的安全。1996 年我国开启的第二次"严打"活动就足以说明，当时的社会治安状况并不令人满意。[3]在这一背景下，强调刑法严厉打击犯罪的功能，具有重要的现实意义。另一方面，当

---

〔1〕　参见黄硕：《刑法中主、客观解释之争及其走向》，载《政法论丛》2022 年第 6 期。

〔2〕　参见高铭暄、赵秉志编：《新中国刑法立法文献资料总览》，中国人民公安大学出版社 2015年版，第 1258 页。

〔3〕　参见卢建平主编：《中国犯罪治理研究报告》，清华大学出版社 2015 年版，第 45 页。

时立法机关的立法经验不足，公安部对当下《刑法》能否编织起严密的刑事法网的担忧不无理由。[1]在这种情况下，如果一味地强调对刑罚权的约束、突出刑法的人权保障机能，确实会对打击犯罪产生不利影响。因此，如何进一步强调打击犯罪的刑法任务、凸显刑法的保护机能，是当时立法者不得不慎重考虑的问题。从最终颁布的刑法典来看，显然立法者已经充分意识到刑法的人权保障机能与保护机能的平衡问题，并通过《刑法》第3条的规定体现，即前段旨在强调刑法的积极定罪处罚功能，后段确立了限制刑罚权的罪刑法定原则。有罪必罚原则正是以刑法的保护机能为理论基础，承担着打击犯罪、保护法益的功能。所以，从现行《刑法》的立法背景看，应当将《刑法》第3条前段解释为有罪必罚原则。

再次，从体现刑法社会保护机能的需要看，应当将《刑法》第3条前段规定的内容解释为有罪必罚原则。刑法的社会机能包括社会保护与人权保障，可以分别简称为保护机能和保障机能。这两大机能只有通过一定的刑法基本原则予以确认，才会发生法律拘束力，进而对刑法的立法、司法以及刑事执行活动产生约束。当下，我国刑法学界普遍承认刑法的基本原则是罪刑法定、适用刑法平等以及罪刑相适应原则，这三个基本原则主要体现了刑法的保障机能。罪刑法定原则只强调克制刑罚权的积极发动，完全体现的是人权保障机能；罪刑相适应原则反对轻罪重罚，同样具有明显的人权保障属性；适用刑法平等原则强调无论何人犯罪，都要平等地适用刑法，也蕴含着人权保障机能的要求。可见，在当前刑法的基本原则中，还没有哪一个原则能够被解释为承担了刑法的保护机能，或者说刑法的保护机能始终没有获得刑法基本原则层面的支撑，这显然会造成刑法保护机能与人权保障机能的失衡。既然《刑法》第3条后段和前段分别强调了刑法的人权保障机能和保护机能，那么在将《刑法》第3条后段规定的内容解释为罪刑法定原则的同时，就应当将前段规定的内容解释为有罪必罚原则，使刑法的保护机能得到相应的刑法基本原则的确认和支撑。

最后，将《刑法》第3条前段规定的内容解释为有罪必罚原则，完全符

---

[1] 1999年我国就颁布了第一部《刑法修正案》，增加了包括隐匿、故意销毁会计凭证、会计账簿、财务会计报告罪等多个罪名，从侧面反映出，现行《刑法》颁布不久就体现出了滞后性。

合刑法合法性的要求。刑法的合法性，是指刑法的正当性根据。美国学者将刑法的合法性区分为否定性的合法性与肯定性的合法性，前者强调法律保护公民抵抗攻击性的国家，后者则要求法律惩罚所有的犯罪。[1]对此，我国学者将其归结为刑法合法性的积极侧面与消极侧面，其中前者以罪刑法定原则为支撑，后者则需要通过有罪必罚原则来实现；只有同时提倡罪刑法定原则和有罪必罚原则，才能对刑事法治价值的内容作出完整的诠释。[2]按照这一主张，刑法只有在确保无辜之人免受刑罚的同时，对有罪之人进行惩罚，才能满足刑法的合法性要求。所以，只有确立并贯彻有罪必罚原则，对所有的犯罪都做到罚当其罪，才符合刑法法治的基本要求。有罪必罚原则与罪刑法定原则如同施加在同一物体上的大小相同、方向相反的一对相互作用力，使物体能够保持平衡。换言之，只有当有罪必罚原则与罪刑法定原则共同发挥作用时，才能保证刑法既不会肆意扩张，又不至放纵犯罪，最终使刑事法治的天平处于平衡状态。也正因为有罪必罚原则与罪刑法定原则之间有如此紧密的相关性，刑法才会将这两个基本原则放置在紧邻的位置。

综上所述，《刑法》第 3 条前段是对有罪必罚原则的刑法表述。即是说，有罪必罚原则在我国已经内化为了刑法的总则性要求，具有法定的约束力。如果背离有罪必罚原则的要求，对符合构成要件且实质上具有法益侵害性的行为出罪，便具有违法性。

第二节　有罪必罚原则的立法功能

既然我国宪法和刑法的相关规定已经明确表达了有罪必罚原则的内容和要求，确认了其作为刑法基本原则的合法性地位，那么有罪必罚原则就应当在刑法的立法、司法以及刑事执行中得到有效的贯彻和落实。刑法立法是刑法运行的首要环节，所以指导刑法的立法，是有罪必罚原则的首要功能。在立法上，有罪必罚原则强调立法者及时将具有严重法益侵害性的行为规定为犯罪，为司法者提供明确而有效的罪刑规范依据。所以，有罪必罚原则的立

[1]　George P. Fletcher, *Basic Concepts of Criminal Law*, Oxford University Press, 1998, pp. 206~207.
[2]　参见苏永生：《德国的刑法合法性原理之双重视角及其启示》，载《国外社会科学》2021 年第 2 期。

法功能主要表现为推动刑法立法的积极性、促进罪刑规范的明确性以及增强罪刑规范的可适用性。

一、推动刑法立法的积极性

有罪必罚原则主张刑法积极参与社会治理，强调通过积极行使刑罚权来实现预防和控制犯罪的目标。为此就应当要增强刑法立法的积极性，不仅应当保持刑法立法具有及时性，还应当实现刑法立法的惯常性。

（一）保持刑法立法具有及时性

所谓刑法立法具有及时性，是指立法者能够及时、敏锐地将各类严重侵害法益的行为规定为犯罪。当立法者发现特定行为产生严重的法益侵害后果或对保护法益形成紧迫、重大的危险时，就应当立即制定新的罪刑规范，不能拖延。刑法立法的及时性主要通过采用相应的立法模式来实现。从我国的刑法立法实践看，立法模式主要有法典化立法、制定单行刑法、制定附属刑法三种方式。为了保持刑法立法的及时性，需要根据不同情形，分别选择法典化、单行刑法和附属刑法等不同模式。

首先，通过刑法修正案来修改现行刑法对犯罪的规定和增设对前置法依赖较弱的犯罪。作为法典化模式下的立法方式，刑法修正案是近年来立法者使用最频繁的立法方式。自 1997 年刑法典出台至今，我国先后发布过 12 部刑法修正案，相当于平均每 2 年对刑法典进行一次系统性的局部修改。刑法修正案具有及时性与针对性强、立法程序相对简便的特点和优点，能够有效保障刑法立法的灵活性，有利于刑法对新型犯罪作出快速反应。[1]一方面，以修正案的方式对刑法已经规定的犯罪进行修改，有利于实现刑法立法的及时性。刑法修正案不是对刑法整体内容的调整和修改，而只是对刑法局部内容和个罪的调整，因而具有立法效率高的特点，毕竟立法机关不会出于修改某个具体罪名的需要而重新制定或颁布新的单行刑法或附属刑法。换言之，刑法修正案具有"船小好调头"的优势，用以修改既有罪名可以极大地降低立法成本、提高立法效率，符合刑法立法及时性的要求。另一方面，以修正案的方式增设对前置法依赖较弱的犯罪，是实现刑法立法及时性的有效途径。

---

〔1〕 参见赵秉志：《中国刑法立法晚近 20 年之回眸与前瞻》，载《中国法学》2017 年第 5 期。

通常来说，对前置法依赖较弱的犯罪大多是与前置法关联度较低的自然犯，其构成要件的内涵通常不需要由行政法来界定；同时，这类犯罪的数量较多、类型多元、分散在不同领域。如果在增设这类犯罪时采用附属刑法或单行刑法的立法模式，将会提高立法成本，进而使立法程序更加复杂，降低立法效率；而采用修正案的方式可以使多个罪名在同一个立法程序中进行审议，加快新罪的立法进度。例如，在《刑法修正案（十一）》的制定过程中，修正案草案仅规定了高空抛物、妨害安全驾驶等犯罪；但在草案征求意见期间，媒体曝光了陈春秀等多起冒名顶替上大学的事件。针对这一情形，立法机关在审议草案时补充增加了冒名顶替方面的犯罪。[1] 最终，《刑法修正案（十一）》增设了冒名顶替罪。这一立法过程充分体现了刑法修正案在增设新罪方面的灵活性，使刑法规范能够紧跟社会热点事件，有利于保持刑法的立法具有及时性。

其次，对法典化无法解决的立法问题，应通过单行刑法来完成。单行刑法是某一领域刑法规范的总和，具有系统性、一贯性和一致性的特征。[2] 对于无法或难以通过法典化进行规制的特定领域犯罪，以单行刑法的方式作出规定，可以有效实现刑法立法的及时性。单行刑法的优势在于能够有效解决刑法发展中的时效性问题，针对特殊、急迫事件进行刑法规制。[3] 以环境犯罪为例，该类犯罪在因果关系的认定以及侦查、起诉、审判等追诉程序上不同于传统类型的犯罪，具有显著的独立品格。[4] 如果在刑法典中兼顾该类犯罪的特殊性，立法者将不得不为其设置大量的特别条款，而这会引发分则罪状与总则内容、实体法与程序法之间的协调与衔接问题，从而增加在立法调研、立法论证方面的成本，迟缓整个立法进程，不利于刑法对特定领域的犯罪作出及时反应；而采用单行刑法的模式，可以将特定领域犯罪的实体法与程序法内容作出统一规定，使之剥离于刑法典，形成单独的总则与分则内容。

---

〔1〕 参见《刑法修正案（十一）草案二次审议稿修改完善涉未成年人犯罪等规定》，载中国人民网，http://www.npc.gov.cn/npc/c2/c30834/202010/t20201013_308042.html，最后访问日期：2023年1月30日。

〔2〕 参见李晓明：《再论我国刑法的"三元立法模式"》，载《政法论丛》2020年第3期。

〔3〕 参见童德华：《当代中国刑法法典化批判》，载《法学评论》2017年第4期。

〔4〕 参见苏永生：《环境犯罪的独立性和体系性建构》，载《中国地质大学学报（社会科学版）》2018年第5期。

进而言之，采用单行刑法对环境犯罪这类相对具有独立性的犯罪类型进行集约化处理，有利于降低立法成本，推动立法效率的提升，进而回应刑法立法及时性的要求。

最后，对前置法依赖程度较高的犯罪的立法，可以通过制定附属刑法的方式来完成。对前置法依赖程度较高的犯罪往往需要通过行政前置法来界定其构成要件，并以违反行政前置法为犯罪化的前提。在法典化的传统立法模式下，对高度依赖前置法的法定犯，立法者需要在行政法对特定违法行为作出规定后，再以修正案的方式增设新罪。按照这样的立法模式，这类犯罪的立法程序被分割为两个阶段，且增设新罪的立法活动始终是滞后于行政立法的，不符合刑法立法及时性的要求。例如，尽管我国早在 1995 年《体育法》第 34 条第 2 款就作出了在体育竞赛中禁止使用禁用药物的规定，但直至 2021 年《刑法修正案（十一）》，我国才正式规定了妨害兴奋剂管理罪，使兴奋剂违规行为的犯罪化立法晚于行政立法二十余年；而德国于 2015 年颁布了《反兴奋剂法》，以附属刑法的方式规定了兴奋剂违规的犯罪；[1] 其专门的反兴奋剂行政立法虽然较晚，但兴奋剂违规犯罪的立法却早于我国。在附属刑法的立法模式下，行政法可以对特定行为规定相应的罪状和法定刑，使行政违法行为和犯罪被规定在同一部法律中。进而言之，通过附属刑法的方式来增设对前置法依赖程度较高的犯罪，可以由一次立法活动同时对行政违法行为和犯罪行为作出规定，使犯罪化的立法与行政立法同步进行，有利于实现刑法立法的及时性。

综上所述，有罪必罚原则承担着刑法的保护机能，要求立法机关必须将具有严重法益侵害性的行为及时规定为犯罪。为了实现有罪必罚原则对立法及时性的要求，需要灵活适用法典化、单行刑法和附属刑法等不同立法模式，来完成修改罪名和增设新罪的立法任务。

（二）保持刑法立法的惯常性

所谓刑法立法的惯常性，是指刑法的立法应当是一个持续性的过程。"法

---

[1] 参见李鑫、苏永生：《妨害兴奋剂管理罪的教义学思考》，载《武汉体育学院学报》2021 年第 6 期。

的一切效力都是当时历史的总体状况的产物和缩影。"〔1〕法律作为社会的产物，具有鲜明的时代特征。当社会环境发生改变时，法律必须对其作出反应，以立法的方式对原有内容进行调整。进而言之，法律的时代性决定了任何法律都不是一成不变的，法律必须随着社会发展的需求变化不断修改。有罪必罚原则以刑法的保护机能为理论根据，强调对严重侵害法益的行为做到及时处罚；而随着社会的进步与发展，实践中总会出现各种新型的法益侵害行为，这就要求刑法的犯罪化立法必须具有持续性。进而言之，为了使刑法与社会发展需求保持一致，立法者必须进行不间断地立法，以保持刑法立法的惯常性。

一方面，立法者应当将立法调研作为一项常态化的工作，及时总结新型违法犯罪的特征、规律，并结合既有的刑法规范，对是否增设新罪展开论证。作为刑法的保护对象，法益的内容和范围也并非一成不变，在不同时期、不同时代背景下，人们对法益的理解也会有所差异。"人类生活共同认知的利益状态会随着时代背景的迁移而有所异动。"〔2〕换言之，由于社会中生活利益的不断变化，法益的总体数量和种类也会变化。〔3〕在社会经济的高速发展过程中，社会中利益的种类和数量会不断地增加，而新的法益总是与新的侵害行为相伴相生，进而会对立法者提出新的立法需求。2022年，党的二十大提出，完善以宪法为核心的中国特色社会主义法律体系，加强新兴领域的立法。对此，立法者应当时刻关注各种新兴领域的刑法立法问题，增强对新兴领域犯罪化立法的敏感性，持续推进刑法的立法准备工作。例如，随着近年来竞技体育的快速发展和商业化改革，在巨大的利益面前，实践中开始出现操控体育竞赛的行为，严重破坏了竞技体育的公平竞争秩序，由此产生了新的犯罪治理需求；然而，我国现行刑法规定的诈骗罪、受贿罪、赌博罪等罪名均无法为规制操控竞技体育的行为提供有效的刑法供给。〔4〕为此，立法者需要及

〔1〕［德］伯恩·魏德士：《法理学》，丁晓春、吴越译，法律出版社2013年版，第275页。

〔2〕黄荣坚：《基础刑法学》（上），中国人民大学出版社2009年版，第15页。

〔3〕参见［德］弗兰茨·冯·李斯特：《李斯特德国刑法教科书》，徐久生译，北京大学出版社2021年版，第6页。

〔4〕参见王桢：《罪名选择与路径转变：操控竞技体育比赛犯罪的刑法规制探究》，载《武汉体育学院学报》2020年第12期。

时、敏锐地捕捉到竞技体育这一领域新近产生的犯罪现象，根据犯罪治理的现实需求开展立法调研与立法论证工作，并及时启动立法程序，增设操控体育竞赛犯罪的新罪名。

另一方面，适时启动立法程序。有罪必罚原则强调刑法立法的适时性，要求立法者在面临紧迫、重大的犯罪治理需求，且刑法不能提供有效的规范供给时，应当尽快地启动立法程序，完成犯罪化的立法工作。从《立法法》等相关法律法规的规定看，当前我国并没有设置专门的快速立法程序，在一定程度上制约了立法惯常性的实现。对此有学者指出，我国有必要制定区别于传统常规立法程序的专门快速立法程序，并为其配置专门的立法程序启动环节，制定独立的全国人民代表大会常务委员会会议间隔期，以缩短整体的立法进程。[1]特别是党的二十大提出，要加强重点领域的立法，体现到刑法上就需要推进涉及重大法益的犯罪化立法。具体来说，为了满足立法惯常性的要求，在国家安全、重大公共安全等涉及国计民生的关键领域，有必要设置常态化的专门快速立法程序。立法机关应当按照这一专门立法程序，进行常态化的立法调研、立法论证工作，确保在这些领域一旦出现如公共卫生安全等新型重大犯罪时，能够尽快启动立法程序，完成增设新罪、修改旧罪的立法工作任务。

综上所述，有罪必罚原则强调刑法立法的惯常性，以此来避免国家利益、社会利益和个人利益遭到重大侵害。为此，需持续推进立法准备工作，要求对关键、重要领域设置并适用常态化的专门快速立法程序。

二、促进罪刑规范的明确性

罪刑规范是司法者对犯罪人定罪处罚的基本法律依据，其他刑法规范的适用也是以罪刑规范的适用为前提的。"在对犯罪行为构成要件和法律后果的规定上，刑法条文必须具有一个最起码的明确性。"[2]有罪必罚原则要求司法者积极有效地进行定罪和处罚活动，如果罪刑规范不明确，那么定罪判刑活动将缺少可供参照的具体标准，从而使司法者既无法作出"有罪"认定，也

---

〔1〕 参见赵一单：《论快速立法》，载《地方立法研究》2021 年第 5 期。

〔2〕 ［德］约翰内斯·韦塞尔斯：《德国刑法总论》，李昌珂译，法律出版社 2008 年版，第 20 页。

无法实现"必罚"。换言之，罪刑规范的非明确化会制约有罪必罚原则的司法实现，使有罪必罚原则的要求难以得到有效的贯彻。

《刑法修正案（八）》将《刑法》第 338 条重大环境污染事故罪规定的结果要件由"致使公私财产遭受重大损失或者人身伤亡"修改为了"严重污染环境"，随之，该条规定之犯罪的罪名也被修改为"污染环境罪"。尽管这一立法举动扩大了刑法的处罚范围，但修改后的污染环境罪并没有因此得到有效的司法适用，其中 2011 年全国仅出现 26 个既判案件。[1]造成污染环境罪适用率低的一个重要原因在于，"严重污染环境"这一核心构成要件具有模糊性，司法机关很难据此作出入罪的司法认定。[2]特别是在司法责任制方兴未艾的当下，一旦司法人员对模糊的构成要件作出错误的解释和认定，将面临严重的法律后果。因而，缺乏明确性的罪刑规范会在客观上降低司法人员适用个罪的积极性。为了解决污染环境罪司法适用难的问题，2013 年最高人民法院、最高人民检察院联合发布了《最高人民法院、最高人民检察院关于办理环境污染刑事案件适用法律若干问题的解释》，在第 1 条明确列举了"严重污染环境"的 14 种具体情形。随着构成要件内容的明确化，污染环境罪司法判决阙如的局面很快得到了根本性的扭转，该罪的司法适用进入到了活跃期。有学者统计，2014 年至 2017 年间，我国司法机关共计作出了 4731 件污染环境罪一审刑事判决，平均每年一千余件。[3]

不难看出，在犯罪构成要件缺乏明确性的情况下，刑法规范很难得到积极的适用，刑法的适用效果将受到严重的贬损，有沦为象征性立法的风险；而当罪刑规范得以明确化后，刑法的适用效果将得到明显的增强。有罪必罚原则强调刑法适用的有效性，主张司法机关根据刑法的规定对具有严重法益侵害性的行为做到积极地定罪处罚，以推动"有罪"的司法认定和"必罚"的司法贯彻。进而言之，有罪必罚原则的功用在于通过发挥刑法的保护机能，实现对犯罪行为的有效规制，而这必须建立在罪刑规范明确化的基础上。可

---

〔1〕　参见王树义、冯汝：《我国环境刑事司法的困境及其对策》，载《法学评论》2014 年第 3 期。

〔2〕　参见马聪：《我国污染环境罪刑法适用实证研究》，载《东岳论丛》2017 年第 5 期。

〔3〕　参见李梁：《环境污染犯罪的追诉现状及反思》，载《中国地质大学学报（社会科学版）》2018 年第 5 期。

见，有罪必罚原则对刑法规范具有实效性的要求，要求罪刑规范必须明确化。从我国立法和最高司法机关的司法功能来看，应当通过立法和制定、发布司法解释以及指导性案例两个途径来增强罪刑规范的明确性。

其一，通过立法来促进罪刑规范的明确化。增强罪刑规范的明确性需要通过刑法及其前置法的立法共同完成。一方面，刑法在规定犯罪时，应当科学合理地使用不同类型的罪状，尽量多使用叙明罪状，减少简单罪状和空白罪状。叙明罪状能够对犯罪的构成特征作出明确的描述，具有较强的理解可能性和可预测性，有利于降低刑法文义的模糊性。[1]具体来说，刑法的立法者应当尽量以列举的方式对构成要件的内容进行表述，以澄清其内涵。例如，经《刑法修正案（十一）》修改后的《刑法》第 338 条，列举了污染环境罪的四种适用最高法定刑的情形，进一步明确了该罪加重犯的构成要件。另一方面，对于刑法中法定犯的规范构成要件要素，行政前置法必须及时通过立法修正的方式明确其含义。在法定犯时代，规范的构成要件要素在刑法中的数量不断增加。规范的构成要件要素的特征在于用语具有较强的专业性，与日常生活用语的表述往往不一致，因此就需要相应的行政前置法对其含义予以明确和界定。例如，《刑法修正案（十一）》在《刑法》第 355 条之一新增了妨害兴奋剂管理罪，其中"运动员""兴奋剂""国内、国际重大体育竞赛"等多个规范的构成要件要素的内涵都需要通过相应的体育行政法来予以明确。[2]为此，针对刑法新增的法定犯，立法机关需要及时作出回应，为个罪的司法适用提供明确的前置法依据，以扫清刑法适用的障碍，满足有罪必罚原则对罪刑规范明确性的要求。

其二，以司法解释和指导性案例来提高刑法规范的明确性。追求刑法的明确性是刑法立法的基本品格，也是有罪必罚原则的重要要求。但是，出于刑法立法简约性和立法习惯的考虑，刑法的立法者不可能对所有的罪刑规范都作出十分细致的规定。特别是我国刑法在立法上采取了既定性又定量的模式，导致不少个罪规定了"情节严重""造成严重后果"等内涵模糊的构成

〔1〕 参见张建军：《实现刑法明确性原则的立法路径》，载《国家检察官学院学报》2014 年第 4 期。

〔2〕 参见李鑫：《妨害兴奋剂管理罪前置法的功能不足及补强》，载《上海体育学院学报》2021 年第 12 期。

要件要素，这类构成要件要素的内涵通常需要借助司法解释来得到明确。例如，2015 年《刑法修正案（九）》对《刑法》第 253 条之一作出了修改，规定了侵犯公民个人信息罪，并以"情节严重"作为入罪条件。[1] 2017 年，最高人民法院、最高人民检察院发布了《最高人民法院、最高人民检察院关于办理侵犯公民个人信息刑事案件适用法律若干问题的解释》，在第 5 条列举了"情节严重"的 10 种具体情形，使该罪构成要件要素的内涵得以明确。按照这一实践逻辑，每当新的刑法修正案出台时，最高司法机关都应当及时出台相关司法解释，对新罪中"情节严重"等模糊性构成要件要素作出界定，为该罪的司法适用提供保障。此外，指导性案例也对促进刑法规范的明确性具有重要的推动作用。作为一种法律解释机制，指导性案例所确立的裁判规则能够对法律规范进行细化和具体化，具有澄清法律规范内容、推动规范明确化的作用。[2] 具体来说，指导性案例中的"裁判要点"和"裁判理由"包含着对刑法规范的解释结论，是对刑法规范含义的澄清和界定。因此，最高人民法院可以通过发布指导性案例的方式，结合具体案件事实对个罪规范的内容进行准确的界定，从而推进刑法规范的明确化。

由上可见，有罪必罚原则的实现离不开罪刑规范的明确化，只有明确的罪刑规范才能为司法机关的有罪认定提供可靠的立法保障。为此，有罪必罚原则首先要求通过刑法和行政法的立法来推动罪刑规范的明确化，并以司法解释和指导性案例作为辅助手段，来增强刑法规范的明确性。

三、增强罪刑规范的可适用性

罪刑规范的可适用性，是指罪刑规范实际上得到适用的能力。有罪必罚原则极为强调罪刑规范的可适用性。如果某种罪刑规范无法得到适用，则有罪必罚将无从谈起，其所承载的法治价值亦将得不到实现。所以，罪刑规范的可适用性既是从立法上贯彻有罪必罚原则的关键，也是有罪必罚原则的内

---

〔1〕　2009 年《刑法修正案（七）》增设了《刑法》第 253 条之一，规定了出售、非法提供公民个人信息罪和非法获取公民个人信息罪。2015 年《刑法修正案（九）》取消了出售、非法提供公民个人信息罪的主体限制，并增加了"情节特别严重"的量刑档次，罪名由此被修改为了"侵犯公民个人信息罪"。

〔2〕　参见张建军：《案例指导制度对实现刑法明确性的作用》，载《法学杂志》2013 年第 9 期。

在要求。在我国刑法中，罪刑规范的无效，主要是指刑法规定的制裁措施难以得到有效的适用，集中体现在罚金这一法律后果规范的无效上。人民法院判处的罚金得不到有效执行直接制约了有罪必罚原则的实现。所以，从有罪必罚原则出发，增强法律后果规范的有效性，主要是指增强罚金刑的可适用性。

虽然罚金在我国刑罚体系中处于附加刑的地位，但随着近年来刑法的不断修正，罚金刑规定数量的不断增加，罚金在刑罚结构中呈现出明显的中心化趋势。[1]在罚金大受立法者和学界追捧的同时，其司法适用却一直处于尴尬的境地。一方面，司法机关广泛地适用罚金刑，以高适用率来回应立法者对于罚金的青睐；另一方面，罚金刑却一直保持较低的执行率。有学者曾指出，在2004年至2008年的5年时间里，福建省永春县人民法院刑事案件的罚金刑适用比例高达46.03%，而执行率仅有10.36%，形成了罚金刑高适用率与低执行率的鲜明对比。[2]此外，也有学者通过实证调研发现，自2014年以来，在A省X区人民法院罚金刑执行到位率最高的2018年，罚金刑的执行率也仅为30.14%。[3]可见，近二十年来，罚金刑的执行率并未得到显著提升。特别值得注意的是，近年来全国不少地区的人民法院开始推行财产性判项与减刑、假释的联动机制，将是否履行财产性判项作为减刑启动和裁量的重要依据，[4]其中财产性判项就包括罚金。这从侧面反映出罚金的执行难问题已经延伸到了监狱行刑领域，人民法院不得不通过犯罪人的减刑利益来迫使其履行包括罚金在内的财产性判项。由此不难看出，罚金刑的执行难问题已经成为了不争的事实，成为了罪刑规范可适用性方面的最大短板，严重阻碍了有罪必罚原则的司法实现。

对于罚金刑的执行难问题，有学者将其归咎于刑罚执行制度存在不足，并提出明确罚金执行机关、设置罚金替代措施、构建罚金缓交以及免交制度

---

〔1〕 参见苏永生：《变动中的刑罚结构——由〈刑法修正案（九）〉引发的思考》，载《法学论坛》2015年第5期。

〔2〕 参见王衍松、吴优：《罚金刑适用研究——高适用率与低实执率之二律背反》，载《中国刑事法杂志》2013年第6期。

〔3〕 参见自正法、练中青：《互联网时代罚金刑执行难的成因及其化解路径——基于A省X区法院的实证考察》，载《法治现代化研究》2020年第2期。

〔4〕 参见劳佳琦：《财产性判项与减刑假释的联动机制》，载《中外法学》2018年第3期。

等具体解决方案。[1]这些方案对于解决当下的罚金刑执行难问题、增强罚金刑的可适用性确实具有针对性，但笔者认为，仅仅从执行制度层面进行的探讨并没有触及到罚金执行难的根源。实际上，罚金刑执行难的根源在于立法出现了问题，即立法者在针对具体犯罪配置罚金时并未充分考虑法律后果规范的可适用性。刑法处罚措施以剥夺或限制犯罪人的权利为内容，其能否得到有效适用取决于犯罪人是否享有相应的权利。例如，每个犯罪人在被追诉前都享有人身自由，因此人民法院判处的徒刑能够被有效适用。但罚金刑以剥夺犯罪人的财产权为前提，但并不是每一个犯罪人都有足够的财产被用来剥夺，因此对经济状况较差的犯罪人科处罚金，极易导致罚金刑的执行难问题。为此，应当基于履行能力的考虑，从立法层面对罚金作出修改，以增强罚金的可适用性。

一方面，通过将财产犯罪的并科制罚金修改为选科制罚金来增强罚金的可适用性。按照并科制罚金的制度要求，人民法院在对犯罪人判处自由刑这类主刑的同时，还必须判处一定的罚金。这是由于行为人实施财产犯罪的目的是获取非法经济利益，按照等价报应的要求，必须对其科处与犯罪行为性质相同的刑罚制裁手段——财产刑。从抑制贪利型犯罪的一般预防角度看，"促使人们犯罪的力量越强大，制止人们犯罪的力量就应该越有力"[2]。但问题在于，这种理论上的合理性很难得到实践的认可。实践中，财产犯罪案件的犯罪人大多不具有良好的财产状况，不少犯罪人都是贫困犯。行为人正是出于经济上的窘迫，加上不劳而获的心理，才会实施盗窃、抢夺、侵占、诈骗、抢劫等财产犯罪。而由于这类犯罪人根本不具备履行能力，对这类犯罪人科处罚金很难达到报应或预防的目的。况且，按照《刑法》第 64 条规定，对犯罪人违法所得的一切财物必须予以没收。特别是在盗窃、抢劫所得的财物被没收后，犯罪人往往身无长物，再对其科处罚金不太现实。并科制罚金使人民法院在适用罚金刑时无法实际考虑被告人的执行能力，让判处罚金成

---

〔1〕 参见李天发：《论德国罚金刑执行及其对中国的启示》，载《首都师范大学学报（社会科学版）》2018 年第 3 期。

〔2〕 ［意］切萨雷·贝卡里亚：《论犯罪与刑罚》，黄风译，中国法制出版社 2002 年版，第 79 页。

为了一种脱离实际的无奈选择。[1]由此来看，对财产犯罪普遍设置并科制罚金缺乏现实上的合理性。当然，全面取消财产犯罪罚金的做法也不妥当，毕竟实践中还有不少具备履行能力、经济状况较好的财产犯罪人，特别是在近年来的电信网络诈骗、非法吸收公众存款等案件中，犯罪人的经济状况普遍较好，对其科处罚金并无不当。所以，为了使刑法规范能够应对丰富的社会事实，有必要提高刑法规范的灵活性，将并科制罚金修改为选科制罚金。如此一来，司法机关对是否适用罚金刑拥有高度的自由裁量权，能够根据犯罪人的经济状况等履行能力因素决定是否科处罚金，对提高罚金刑的可执行性具有重要意义。

另一方面，将犯罪人的经济状况规定为是否判处罚金以及判处多少罚金的裁量情节，以增强法律后果规范的可适用性。罚金刑的执行难问题集中体现在人民法院判处的罚金数额与犯罪人履行能力的脱钩。2000 年最高人民法院发布的《最高人民法院关于适用财产刑若干问题的规定》第 2 条规定，法院在判处罚金时应当考虑犯罪分子缴纳罚金的能力，但这一规定并没有得到刑法的认可。按照《刑法》第 52 条的规定，对犯罪人判处的罚金数额取决于犯罪情节。然而，犯罪情节应当是说明犯罪行为法益侵害性的客观要素，[2]显然不包括事后的履行能力。这说明，司法机关将履行能力解释为罚金的裁量情节并不符合刑法的规定，属于司法解释的"造法"。德国刑法确定的日额罚金制是将犯罪人的履行能力作为罚金裁量依据的立法例。根据《德国刑法典》第 40 条的规定，犯罪人每日缴纳罚金的数额取决于其经济能力。[3]这一做法值得借鉴。具体而言，我国刑法可以将犯罪人的履行能力明确规定为罚金的法定裁量情节，从而避免因判处罚金数额过高而导致裁判无法执行，进而增强法律后果规范的可适用性。

---

〔1〕 参见王琼：《罚金刑实证研究》，法律出版社 2009 年版，第 356 页。

〔2〕 参见石聚航：《侵犯公民个人信息罪"情节严重"的法理重述》，载《法学研究》2018 年第 2 期。

〔3〕 《德国刑法典》第 40 条规定了日额罚金制，规定法院在确定每一天限额罚金的金额时，应考虑犯罪行为人的个人经济状况。参见《德国刑法典》，陈子平编译，元照出版公司 2016 年版，第 27 页。

本章小结

《宪法》第 28 条规定了制裁犯罪、惩办犯罪分子的国家保护义务，对有罪必罚原则在立法和司法上的一般要求提供了宪法根据。《宪法》第 5 条第 4 款后段和第 5 条第 5 款分别规定了违法必究和反对特权的内容，对有罪必罚原则之处罚的一贯性和普遍性提供了宪法根据。对于《刑法》第 3 条前段的含义，学界存在着罪刑法定原则、消极的罪刑法定原则、依法性要求、消解罪刑法定原则和法益保护原则等不同看法。但这些理解都存在一定的不足和局限性，没有提炼出其准确的含义。从《刑法》第 3 条前段的文义、1997 年《刑法》的制定背景、刑法保护机能的立法需要以及刑法合法性的基本要求看，应当将《刑法》第 3 条前段规定的内容解释为有罪必罚原则。

作为刑法的基本原则，有罪必罚原则的要求必须在刑法的立法中得以体现，主张立法者及时将具有严重法益侵害性的行为规定为犯罪，为司法者提供明确而有效的罪刑规范。首先，有罪必罚原则要求增强刑法立法的积极性，实现刑法立法的及时性和惯常性。为此，一方面需要综合适用法典化、单行刑法和附属刑法等不同立法模式，来完成修改罪名和增设新罪的立法任务，以保持刑法立法具有及时性；另一方面，应当持续性地推进增设新罪的立法准备工作，按照犯罪治理需求及时启动专门的快速立法程序，以保持刑法立法的惯常性。其次，有罪必罚原则在立法上强调罪刑规范的明确性，以推动刑法规范的有效适用。为此，有罪必罚原则主张通过立法方式来推动犯罪构成要件的明确化，并以发布司法解释和指导性案例作为辅助手段，来增强罪刑规范的明确性。最后，有罪必罚原则要求增强刑法规范的可适用性，主张将财产犯罪的并科制罚金修改为选科制罚金，将犯罪人的经济状况规定为罚金的法定量刑情节。

第三章

在我国提倡有罪必罚原则的现实依据

从有罪必罚原则的内涵、法治价值以及宪法和刑法的立法表达看，有罪必罚原则不但是刑法的原则，而且是刑法的基本原则。但这只是法哲学、法理学、法教义学方面的分析结果。在我国刑法基本原则的理论中，有罪必罚原则作为刑法基本原则的独立性地位并未得到广泛的认同，甚至因为被规定在《刑法》第3条前段中，一度被视为罪刑法定原则的一部分。[1]事实上，从法政治学、法社会学等角度看，在我国提倡有罪必罚原则、明确其在刑法基本原则体系中的独立性地位具有充分的现实依据。

第一节　实现刑事领域"全面"依法治国

全面依法治国不仅指在国家治理的各个方面、各个领域贯彻法治的基本要求，同时还要求在特定领域实现法治的全面覆盖。进言之，在刑事领域也必须贯彻全面依法治国的各项要求；而在刑事领域实现"全面"依法治国，恰恰要求提倡有罪必罚原则，为有罪必罚原则在我国的确立提供了重要的现实依据。

一、实现刑事领域"全面"依法治国的基本要求

党的十八届四中全会指出，全面依法治国要求切实保证宪法法律的有效

---

〔1〕　参见曲新久等：《刑法学》，中国政法大学出版社2022年版，第11页。

实施。而且，法律的严格实施是全面推进依法治国的重点内容。[1]因此对全面依法治国之"全面"的理解应当围绕法律的严格实施来展开。具体来说，法律的严格实施包含两方面的内容：其一，要求公权力按照法律的要求行使，将权力关进制度的笼子里，避免公权力肆意发动；其二，要求法律义务得到遵守，主张国家机关积极履行法定职责，反对公权力的消极不作为。按照这一理解，在刑事领域严格实施法律，既要求对刑罚权进行必要的限制，又要求刑罚权得到有效的运用，使国家机关按照刑法的规定承担打击、制裁犯罪的职责，这两者共同构成了刑事领域全面依法治国之"全面"的基本内容。

一方面，实现刑事领域"全面"依法治国要求限制刑罚权。任何权力都具有天然的扩张性，如果不受到制约，便会造成公民私权的萎缩。对权力进行监督和制约是全面依法治国的重要内容，为此需要"把权力关进制度的笼子里"[2]。刑法的惩罚措施剥夺的是公民最基本、最重大的权利，对犯罪采取的是最严厉的制裁措施，刑罚权的肆意发动极易对公民的人权造成重大侵犯。"刑法是一种不得已的恶……对于刑法之可能的扩张和滥用，必须保持足够的警惕，不得已的恶只能不得已而用之。"[3]由此，限制刑罚权的肆意性成为了刑事领域实现全面依法治国的重要内容。为此，刑法理论提出了谦抑主义的理念，从立法和司法两方面对刑罚权进行限制。在立法上，刑法谦抑主义主张刑法应当恪守作为最后一道防线的保障法地位，要求立法者保持必要的克制，呼吁停止犯罪化的立法活动。[4]在司法上，刑法谦抑主义倾向于无罪认定的立场，要求司法者在适用刑法的过程中应当尽量突出刑法的人权保障机能，在解释刑法规范时应当坚持有利于被告人原则的立场。[5]从立法和司法两方面对刑罚权进行限制，可以避免刑罚权的滥用，对扩大并保障公民的自由和权利具有重要的法治意义。

另一方面，实现刑事领域"全面"依法治国要求积极发动刑罚权。人类

---

〔1〕　参见周佑勇：《全面推进依法治国总目标引领法治中国前进方向》，载《红旗文稿》2022年第9期。

〔2〕　习近平：《习近平谈治国理政》（第二卷），外文出版社2017年版，第129页。

〔3〕　陈兴良：《刑法的价值构造》，中国人民大学出版社2006年版，第9页。

〔4〕　参见孙国祥：《反思刑法谦抑主义》，载《法商研究》2022年第1期。

〔5〕　参见杨兴培：《反思与批评——中国刑法的理论与实践》，北京大学出版社2013年版，第42页。

社会的发展史告诉我们，在法律诞生之初，人们并不是要靠法律来限制公权力的，而是为了实现"定分止争"的作用。"在没有一个共同权力使大家慑服的时候，人们便处在所谓的战争状态之下。"[1]时至今日，人们也不得不承认，一系列社会越轨行为对公民权利造成侵害，其中最严重的便是犯罪。为了保障社会的安定、保护国民的基本权利，国家必须通过积极适用刑罚权的方式来对抗犯罪。特别是随着现代工业和科技的发展和进步，各种各样的风险走进了人们的生活，公权力必须以更加积极的姿态出现在世人面前，如何维护社会的整体性安全就成为了现代刑法的主要任务。[2]全面依法治国的根本目的是依法保障人民权益，对违法犯罪活动进行制裁和惩罚、使遭受到侵犯的权利得到救济，这些正是全面依法治国的题中应有之义。通过积极地发动刑罚权，可以使刑法有效地承担起打击犯罪的功能，从而实现法益保护的目的。从这一点看，刑罚权的积极发动是刑事领域全面依法治国的重要要求。在立法上，立法者要不断地进行犯罪化立法，及时将各类严重危害法益的行为纳入刑法的规制范围。在司法上，不仅需要司法人员在刑法适用过程中突出人权保障的理念，在不违反刑法文义的前提下，也需要尽量作出有罪认定；同时还需要司法机关积极行使对犯罪的追诉权，对涉嫌犯罪的案件及时进行立案侦查、审查起诉，并依法作出有罪裁判，付诸刑事执行。通过法治手段使人民的利益得到保护是全面依法治国的重要内容，"要把体现人民利益、反映人民愿望、维护人民权益、增进人民福祉落实到全面依法治国全过程"[3]。从立法和司法两方面提倡刑罚权的积极发动，可以使刑法承担起应有的法益保护功能，避免或减少犯罪行为对公民基本权利的侵犯，有助于维护好、实现好人民的利益。由此可见，积极发动刑罚权、惩罚犯罪是推动刑事领域全面依法治国的重要内容。

二、有罪必罚原则是实现刑事领域"全面"依法治国的重要内容

刑事领域"全面"推进依法治国之"全面"，既要对刑罚权予以必要的

---

〔1〕 ［英］霍布斯：《利维坦》，黎思复、黎廷弼译，商务印书馆 1985 年版，第 94 页。

〔2〕 参见郝艳兵：《风险社会下的刑法价值观念及其立法实践》，载《中国刑事法杂志》2009 年第 7 期。

〔3〕 中共中央文献研究室编：《习近平关于全面依法治国论述摘编》，中央文献出版社 2015 年版，第 29 页。

限制，又要求做到刑罚权的积极行使。对于前者，可以通过罪刑法定原则的确立与展开来推进；对于后者，则需要通过提倡有罪必罚原则来实现。罪刑法定原则和有罪必罚原则是刑事领域实现全面依法治国的两大支柱，缺一不可。换言之，只有提倡有罪必罚原则，明确其作为刑法基本原则的独立性地位，才能使刑事领域的依法治国具有全面性。具体来说，有罪必罚原则以刑罚权的积极行使为功能向度，能够从科学立法和公正司法两方面为实现刑事领域"全面"推进依法治国起到重要的支撑作用。

一方面，推进刑事领域的科学立法需要提倡有罪必罚原则。科学立法既是全面依法治国的重要内容，同时也能够为全面依法治国提供有力、可靠的制度保障。科学立法之"科学"的要求，既体现为所立之法能够对公权力进行有效的约束、扎牢制度的笼子，还体现为所立之法能够为公民的权利提供有力的法律保障。按照法治的基本精神，立法者不应单纯地控制或限制刑法的处罚范围，而应当合理划定刑法的处罚范围，使其与犯罪形势保持一致。[1]即是说，刑法的科学立法不仅具有消极的一面，同样还包含着积极立法的意蕴，强调进行犯罪化的立法。我国宪法赋予了国家对公民基本权利的保护义务，要求立法者成为保护义务的首要承担者，以积极作为的姿态介入私人生活。[2]从这一意义上讲，国家、社会和个人的法益需要通过可靠的刑法立法来得到保障。"国家有义务向公民提供保障安全的义务，包括为阻止伤害和惩罚不法而创设的义务。"[3]为此，应当通过刑法立法将严重侵犯各类法益的行为纳入到刑法的规制范围，为人民的权益提供有力的保障。有罪必罚原则正是通过积极主义的立法姿态对科学立法的这一要求作出了有力的回应。有罪必罚原则的思考方式是通过发动刑罚权来实现对犯罪的处罚，进而避免犯罪对国家利益、社会利益和个人利益造成损害。刑罚权的发动首先需要制刑，要求立法者通过创设犯罪并为之配置制裁措施的方式，将具有严重法益侵害性的行为纳入刑法的制裁范围。显然，在我国提倡并贯彻有罪必罚原则，能够对刑法

---

〔1〕 参见高铭暄、孙道萃：《预防性刑法观及其教义学思考》，载《中国法学》2018 年第 1 期。

〔2〕 参见王进文：《基本权国家保护义务的疏释与展开——理论溯源、规范实践与本土化建构》，载《中国法律评论》2019 年第 4 期。

〔3〕 [英] 安德鲁·阿什沃斯：《刑法的积极义务》，姜敏译，中国法制出版社 2018 年版，第 144 页。

的立法活动产生有效的促进作用，使立法者遵照有罪必罚的理论逻辑积极立法，为刑事领域科学立法的实现提供重要支撑。

另一方面，刑事领域公正司法的实现需要提倡有罪必罚原则。"所谓公正司法，就是受到侵害的权利一定会得到保护和救济，违法犯罪活动一定要受到制裁和惩罚。"[1]习近平总书记对公正司法的这一论断十分精准。一方面，司法公正要求实现对"权利的保障与救济"，另一方面还需要做到"制裁和惩罚犯罪"。通常来说，在提到刑法的正义性时，人们大多是从人权和自由保障机能的角度来考虑的。[2]刑法的人权保障机能主要是通过罪刑法定原则来实现的。按照罪刑法定原则的理论逻辑，司法机关的刑罚权应当被牢牢限制在刑法的语义范围内，并极力追求"无罪"和"无罚"的刑法适用结果。然而，仅仅提出罪刑法定原则，并不能说明公正司法的全部内涵，公正司法还内含着积极行使刑罚权的要求，即司法机关应当主动依照刑法的规定对犯罪行为予以追诉，而这正需要通过在我国提倡并贯彻有罪必罚原则来展开。有罪必罚原则强调法律后果的必定性，是对"制裁和惩罚犯罪"的有力回应。"权利的保障和救济"与"制裁和惩罚犯罪"同为公正司法的内在要求，处于并重的地位。通常来说，刑法的人权保障机能需要以罪刑法定这一刑法的基本原则作为依托，这就决定了"制裁和惩罚犯罪"的要求同样需要由刑法的基本原则来实现，这恰恰为在我国提倡有罪必罚原则提供了现实依据。实际上，将有罪必罚原则确立为我国刑法的基本原则，不仅能够对公正司法之"制裁和惩罚犯罪"的要求作出回应，还可以对罪刑法定原则的法治价值进行补充。换言之，在我国提倡并确立有罪必罚原则，不仅是公正司法的内在要求，更是推动全面实现刑事领域司法公正的重要举措。

综上所述，有罪必罚原则对实现刑事领域全面依法治国之"全面"具有重要的现实意义。一方面，有罪必罚原则为在刑事领域实现科学立法提供了重要保障，不但为积极的刑法立法提供了有力支撑，而且使刑事领域的科学立法具有了全面性；另一方面，有罪必罚原则是刑事领域公正司法的重要内容，为公正司法之"制裁和惩罚犯罪"的要求提供了重要支撑，进而使公正

---

〔1〕 习近平：《论坚持全面依法治国》，中央文献出版社 2020 年版，第 22 页。

〔2〕 参见刘艳红：《以科学立法促进刑法话语体系发展》，载《学术月刊》2019 年第 4 期。

司法也具有了全面性。

第二节　推进犯罪治理法治化

在全面推进依法治国的背景下，犯罪治理法治化应当被作为国家治理现代化的重要内容，这恰恰为在我国提倡有罪必罚原则提供了重要的现实依据。

一、推进犯罪治理法治化的基本要求

党的十九届四中全会提出了国家治理体系和治理能力现代化的重大命题，并将违法必究作为其中一项具体要求。[1]犯罪是最为严重的违法行为，所以违法必究当然包含对犯罪必须予以处罚的意蕴。按照这一理解，对犯罪的治理应当被视为国家治理体系的重要内容，国家治理体系和治理能力现代化必须以法治为依托。因此，我国的犯罪治理必须在法治的轨道上进行，实现犯罪治理的法治化。简言之，犯罪治理的法治化是指按照全面推进依法治国的总体要求对犯罪现象进行治理。具体而言，推进犯罪治理法治化有如下要求。

首先，犯罪治理法治化要求犯罪治理必须做到有法可依。科学立法是全面依法治国的重要环节，也是"新十六字方针"中的首要要求。既然犯罪治理要遵循全面依法治国的总体要求，那么要实现犯罪治理的法治化，首先需要做到有法可依。这不仅是犯罪治理法治化的重要保障，更是犯罪治理法治化的基本前提。当前，虽然我国已经形成了中国特色社会主义法律体系，总体上实现了有法可依目标，但是这并不等同于我国在犯罪治理上不再需要进行立法。党的二十大指出，要进一步完善中国特色社会主义法律体系，并加强新兴领域的立法工作。在新时代背景下，我国立法工作的重点应由数量转向质量，着重提高立法质量，为犯罪治理提供更高质量的刑法保障。近年来，各类新型犯罪不断涌现，特别是在信息网络、生物医药、体育竞技等领域出现了诸多严重违法行为，对犯罪治理现代化提出了新的挑战。面对这些新问题、新挑战，原有的刑法规范面临着规制不足的问题。在这种情况下，司法

---

〔1〕　党的十九届四中全会提出要健全社会公平正义法治保障制度，并将违法必究作为其中一项重要内容。

解释甚至承担起了一部分的立法功能。[1]这进一步说明了犯罪治理亟须推进高质量的刑法立法，特别是加强新兴领域立法。由此可见，犯罪治理法治化的首要要求便是完善刑法，只有强化新兴领域的刑法立法，才能为新型犯罪的有效治理提供有力的法律根据。

其次，犯罪治理法治化要求犯罪治理具有一贯性。法律的生命在于实施，如果法律得不到实施，那么法治的意义与价值将大打折扣；而法律的实施必须具有一贯性，不能时而实施、时而不实施。法律实施的间断性意味着在一定时期内，法律规范的要求没有得到实现，这会破坏法律实施的效果，进而背离法律之治的基本要求。犯罪治理法治化是依照法律进行的犯罪治理活动，是将法律付诸实践的过程。因此，法律实施的一贯性同样适用于犯罪治理领域，这要求犯罪治理过程中的各项犯罪治理手段必须具有持续性和一贯性。为此，应当反对运动型的犯罪治理模式。尽管运动型的犯罪治理模式能够在一定时期内使刑法规范得到有效实施，但同时也表明刑法规范在其他时段可能被搁置不用或实施效果欠佳。按照犯罪治理法治化的要求，必须确立常态化的犯罪治理模式，确保刑法得到全时段、全领域的实施和适用，以实现犯罪治理的一贯性。

最后，犯罪治理法治化要求制裁犯罪的普遍性。"平等是社会主义法律的基本属性，是社会主义法治的基本要求。"[2]刑法上的平等，意味着所有的犯罪人都应当受到刑法的处罚。所以，犯罪治理的法治化也就意味着制裁犯罪的普遍性。所谓制裁犯罪的普遍性，即凡是符合刑法规定的犯罪构成要件的行为，都必须被认定为犯罪，受到刑法的处罚；如果有的人实施了刑法禁止的行为而不受到处罚，则是对法治之平等价值的破坏，有违法治的基本要求。然而，实践中有法不依、有罪不罚现象依然存在，近两年出现的"孙某果案""巴图某和纸面服刑案"等案件便是这一现象的具体体现。有罪不罚、肆意出罪等情形的背后，往往隐藏着特权行为和特权思想。特权现象的存在，使犯罪处罚普遍性的实现面临着巨大的挑战，是我国犯罪治理法治化需要解决的问题。

---

〔1〕 相关论述可参见张明楷：《简评近年来的刑事司法解释》，载《清华法学》2014年第1期；张明楷：《〈刑法修正案（十一）〉对司法解释的否认及其问题解决》，载《法学》2021年第2期。
〔2〕 习近平：《习近平谈治国理政》（第二卷），外文出版社2017年版，第115页。

二、有罪必罚原则是推进犯罪治理法治化的有力举措

犯罪治理法治化要求有法可依，并需要通过坚持犯罪治理的一贯性和普遍性来落实，为在我国提倡并贯彻有罪必罚原则提供了基本的现实依据。

（一）确保犯罪治理有法可依需要提倡有罪必罚原则

有法可依是犯罪治理法治化的首要要求。科学的刑法立法可以为犯罪治理提供可靠的法律保障，确保犯罪治理能够在法治轨道上运行。按照犯罪治理有法可依的要求，哪些行为应当被确定为犯罪、哪些行为不能被确定为犯罪，必须通过立法得到明确，进而为犯罪治理者提供基本遵循。由此可见，有法可依同时强调犯罪化立法和非犯罪化立法，前者旨在为处罚犯罪提供依据，后者旨在避免将不具有法益侵害性的行为当作犯罪处理。在我国提倡有罪必罚原则，恰恰能够满足犯罪治理法治化对有法可依的基本要求。

有罪必罚原则具有丰富的理论内涵，其中立法意义上的"有罪"能够为犯罪化立法活动提供理论指导。有罪必罚原则之"有罪"以法益侵害说为根据，而法益具有立法批判机能，[1]所以有罪必罚原则为犯罪化立法提供了指导。按照法益的立法机能理论，"对过去认为没有必要保护的法益，随着保护要求的增大，就应当进行相应的新刑事立法。相反，在认为某个法益已经不值得刑法保护的时候，以保护这种法益为己任的犯罪规定就应当从刑法中删除"[2]。对此，我国学者指出，法益的立法批判机能既体现在要求刑法废除没有保护法益的犯罪，又要求为保护法益增设新罪。[3]由此，有罪必罚原则确立了以法益侵害性作为犯罪化立法标准。根据这一标准，立法机关应当将具有严重法益侵害性的行为及时规定为犯罪，并同时删除刑法中已经不具有严重法益侵害性的行为的规定。显然，有罪必罚原则能够从犯罪化和非犯罪

---

〔1〕　即便当前学界对法益的立法批判机能产生了质疑，但不可否认的是，我国刑法的犯罪化立法依然是以法益为主要依据的，宪法体系性要求、比例原则和危害原则等学说难以彻底取代法益的立法批判地位。相关论述详见贾健：《为批判立法的法益概念辩护》，载《法制与社会发展》2021年第5期。

〔2〕　[日]大塚仁：《犯罪论的基本问题》，冯军译，中国政法大学出版社1993年版，第14页。

〔3〕　参见张明楷：《论实质的法益概念——对法益概念的立法批判机能的肯定》，载《法学家》2021年第1期。

化两方面推动刑法的立法,有利于犯罪治理法治化"有法可依"的保障机制得到进一步强化。可见,犯罪治理有法可依的实现,依赖于有罪必罚原则的理论逻辑。换言之,在我国提倡有罪必罚原则,就意味着立法者必须按照有罪必罚的理论逻辑来推进刑法的立法,从而为犯罪治理法治化之有法可依的要求提供有力的刑法保障。

综上所述,犯罪治理法治化需要以有法可依作为保障,而有罪必罚原则要求以严重的法益侵害性为标准进行刑法立法,强调把具有严重社会危害性的行为规定为犯罪,将不具有严重法益侵害性的行为进行非犯罪化的处理,为实现犯罪治理有法可依提供了保障。

(二) 保持犯罪治理的一贯性需要提倡有罪必罚原则

犯罪治理法治化要求犯罪治理具有一贯性。对此,可以从立法和司法两个层面来分析。随着经济的高速发展和社会的快速转型,法益的类型会不断地增加,法益的内容也会日益丰富。犯罪是对法益造成严重侵害或威胁的行为,新的犯罪类型总会伴随着新的法益而出现,这就为犯罪治理的一贯性带来了挑战。为此,有罪必罚原则要求立法者一旦发现某种行为具有严重的法益侵害性,就应当及时将其规定为刑法上的犯罪。进而言之,立法者必须对各类新型法益侵害行为及时作出反应,不断推进犯罪化立法。有罪必罚原则强调持续性的犯罪化立法,反对间隔性的刑法立法,从而为实现犯罪治理的一贯性提供可靠的立法保障,并确保刑法的规制范围能够始终满足犯罪治理的立法需求、避免出现处罚漏洞。显然,犯罪治理在立法上的一贯性要求决定了应当在我国提倡有罪必罚原则。

在司法上,犯罪治理一贯性的基本要求是,只要发现符合刑法规定的犯罪构成的行为,就必须适用刑法定罪处罚,反对刑法适用的间断性。这实际上强调的是刑法规范的有效性,且以实效性为根据。"一个在事实上完全没有实效的法律,即便在理论上是一个有效的法律,但人们却不会把它当作是一个有效力的法律。"[1]有罪必罚原则通过将行为确定为有罪和对行为进行处罚来确保刑法规范的实效性。按照这一要求,司法机关不能肆意排除或中断刑法规范的适用。在发生符合刑法规定之犯罪构成的行为后,司法机关必须及

---

〔1〕 周安平:《常识法理学》,北京大学出版社 2021 年版,第 163 页。

时适用刑法对犯罪人进行处罚，不得选择性地适用刑法。显然，要保持犯罪治理的一贯性，就必须提倡有罪必罚原则，实现有罪必罚。或者说，在犯罪治理法治化的视域中，犯罪治理的一贯性为在我国提倡有罪必罚原则提供了重要的现实依据。

犯罪治理的一贯性是一个与犯罪治理模式紧密相关的问题。具体而言，犯罪治理的一贯性反对运动型的犯罪治理模式，提倡常态化的犯罪治理模式。在我国，运动型犯罪治理模式始于1983年的"严打"。此后，这种政治决策引导下的运动型犯罪治理模式得到了延续。2006年开始的"打黑除恶"专项行动、2018年开始的"扫黑除恶"专项行动等，都是这种犯罪治理模式的体现。但值得注意的是，近年来，运动型犯罪治理模式有被常态化犯罪治理模式取代的趋势。例如，2021年12月通过的《反有组织犯罪法》以立法形式明确了扫黑除恶常态化工作方针，为常态化的犯罪治理模式提供了有力的法治保障。[1]可见，常态化犯罪治理模式已经得到了立法上的确认，我国的犯罪治理模式正在逐步实现由运动型向常态化的转型。从我国的犯罪治理实践看，犯罪治理模式的转型过程就是逐步推进和贯彻有罪必罚原则的过程；或者说，只有提倡有罪必罚原则，才能完成从运动型犯罪治理向常态化犯罪治理的有效转型。由此不难看出，正是犯罪治理的一贯性推动了有罪必罚原则的实践，为在我国提倡有罪必罚原则提供了重要的现实依据。

（三）实现犯罪制裁的普遍性需要提倡有罪必罚原则

当权力超越制度的底线时，其合法性将不复存在，权力也将异变为特权。古今中外，特权一直是法治的强敌，极易对法治构成威胁。如果特权思想得不到彻底根除、特权行为得不到有效制约，犯罪制裁普遍性的要求便很难得到实现，犯罪治理法治化也将难以实现。在中国历史上的封建大一统时期，刑法适用上的特权几乎成为了一种常态化现象。例如，隋朝在开皇元年制定新的律法，确立了"官当"制度，规定"犯私罪以官当徒者，五品已上，一官当徒二年；九品已上一官当徒一年"[2]。按照这一制度，犯罪人如果有官

---

〔1〕参见莫洪宪、罗建武：《扫黑除恶常态化研究——以〈反有组织犯罪法〉实施为重点》，载《中国人民公安大学学报（社会科学版）》2022年第2期。

〔2〕沈家本：《历代刑法考》（上册），商务印书馆2011年版，第442页。

职在身，可以按照不同品级的官衔来抵消相应的刑罚。尽管已是现代社会，但依然不得不警惕特权对现代法治可能带来的消极影响。要在刑事领域排除特权行为对法治的负面影响、实现犯罪制裁的普遍性，就必须提倡有罪必罚原则。

有罪必罚原则的基本机制是，不论何人，只要实施了刑法规定的犯罪，就得接受刑法的惩罚。显然，有罪必罚原则与特权是完全对立的，是消除特权的利器。就立法而言，有罪必罚原则反对在刑法中设立特权性规定。所谓特权性规定，主要表现为刑法将一些与法益侵害性无关的因素作为定罪量刑的依据，对一部分人规定较低的处罚标准，而对另一部分人规定较高的处罚标准。根据《刑法》第 383 条第 3 款的规定，犯贪污罪的，在提起公诉前如实供述自己罪行、真诚悔罪、积极退赃，避免、减少损害结果的发生，可以从轻或减轻处罚。对此有学者指出，刑法仅将认罪认罚作为贪污罪的减轻、从轻量刑情节，而没有普及到其他财产犯罪上，有违适用刑法平等的原则。[1]有罪必罚原则强调刑法处罚的普遍性，要求刑法不能对具有特定身份的人规定专门的实体性从宽处罚情节，因为这会使有罪必罚原则之"必罚"无法得到贯彻，形成针对特定行为人的刑法处罚漏洞。为此，刑法必须排除这类针对特定行为人的"优惠"规定。由此可见，在我国提倡有罪必罚原则，能够为在立法上排除特权性规定提供依据，推动犯罪制裁普遍性的实现。

就司法而言，不论是"有罪"还是"必罚"，都强调普遍性，反对只对一部分犯罪人定罪处罚，而不对另一部分犯罪人定罪处罚。党的十八大以来，按照党中央的统一决策部署，我国开展了一场高强度的反腐败斗争，并取得了重大的成就。[2]反腐败斗争所取得的重大成就说明，制裁犯罪的普遍性得到了进一步维护。由此不难看出，正是通过对有罪必罚原则的强调，使得制裁犯罪具有了普遍性；同时也表明，在犯罪治理法治化的视域中，正是通过落实制裁犯罪的普遍性有力地推动了有罪必罚原则的实践，为在我国提倡有罪必罚原则、明确其作为刑法基本原则的独立性地位提供了重要的现实依据。

---

〔1〕 参见周光权：《论刑法与认罪认罚从宽制度的衔接》，载《清华法学》2019 年第 3 期。

〔2〕 参见孙国祥：《反腐败刑事政策时代转型的逻辑与法治化思考》，载《社会科学辑刊》2021年第 5 期。

第三节　强化刑法的权威性和实效性

刑法的权威性与实效性作为评价刑法适用效果的重要指标，是现代刑事法治的重要内容。强化刑法权威性与实效性的法治需求，为在我国提倡有罪必罚原则提供了重要的现实依据。

一、强化刑法权威性和实效性的意义及要求

2014 年党的十八届四中全会提出"坚决维护宪法法律权威"。可见，维护宪法法律权威已经成为了全面推进依法治国的一项重要内容，也是我国法治建设的应有之义。刑法作为关涉公民生命、自由等重大利益的基本法律，是中国特色社会主义法律体系的重要组成部分。所以，维护与强化刑法的权威，对全面依法治国具有重要的现实意义。

英国学者拉兹将法律的权威性解释为对法律的服从，指出："法律要求人们的忠诚与服从。任何法律制度都主张拥有权威"[1]。按照这一理解，树立刑法的权威主要是指对刑法的遵守和服从。从守法的义务主体看，对刑法规范的遵守包含两方面的含义：一是国家机关对刑法的遵守；二是公民对刑法规范的遵守。就前者而言，司法机关应当按照刑法规范的要求定罪处罚；就后者而言，公民不得触犯刑法的禁止性规范，不得实施犯罪行为。尽管这两者共同构成了刑法权威性的重要内容，但刑法的权威性更多的是通过司法机关对刑法规范的遵守来达成的。行为人实施犯罪行为虽然构成了对刑法规范的违反，不符合刑法权威性的要求，但如果司法机关能够及时依法处罚犯罪，就可以认为刑法的权威得到了保障。进而言之，司法机关对犯罪活动的追诉行为能够修复被破坏的刑法权威。反之，如果司法机关不按照刑法规范履行职责，那么不但被犯罪所破坏的刑法权威得不到恢复，而且有罪不罚的行为本身也会对刑法权威的整体性构成破坏。因此，对刑法权威造成最大威胁的是司法机关不依法履行定罪处罚职责的行为。由此来看，强化刑法的权威性，重在要求司法机关必须按照刑法的规定对构成犯罪的行为予以定罪处罚。

---

[1]　[英] 约瑟夫·拉兹：《法律的权威》，朱峰译，法律出版社 2005 年版，第 1 页。

按照强化刑法权威性的基本要求，司法机关必须积极适用刑法规范。"法律不是为了法律自身而被制定的，而是通过法律的执行成为社会的约束。"[1]刑法的适用力关系到刑法的实效性，这是刑法法治化一项重要的价值评价指标。刑法规范的实效性要求刑法分则制定的罪名都能够得到有效运用，当发生符合刑法规定的构成要件的行为时，司法机关必须予以积极地定罪处罚，反对有罪不究。然而，从刑法的具体实施效果看，我国刑法依然存在着实效性不强的短板，主要表现为个别罪名的适用效果不佳，出现了"象征性立法"和"选择性司法"的现象。象征性立法的显著特征在于，立法者为了应对重大的社会问题，会在未经深思熟虑的情况下进行扩张性的刑事立法，而忽视立法的成效性，致使刑法出现执行力不足的问题。[2]象征性立法的罪名在司法实践中的适用率通常非常低，几乎不能产生实用性的效果，仅具有满足社会公众情绪性价值的象征意义。[3]例如，在《刑法修正案（八）》施行之前，《刑法》第338条规定的原重大环境污染事故罪就曾一度沦为象征性立法的典型罪名。有学者统计，2001年至2010年全国环境污染刑事既判案件数量仅有37件，平均每年只有个位数的既判案件。[4]重大环境污染事故罪的极低适用率，显然不符合正常的实践逻辑。这就表明，重大环境污染事故罪自确立以来几乎处于被搁置的状态，使该罪仅具有保护生态环境的宣示性、象征性意义。所谓选择性司法，是指有的罪名虽然具有较高的适用率，但实际上并没有普遍的适用性，只适用于特定主体。例如，2011年《刑法修正案（八）》将《刑法》第338条规定的犯罪修改为了污染环境罪。虽然修改后的污染环境罪摆脱了象征性立法的批评，但却暴露出了选择性司法的问题。由于环境污染犯罪是工业化的产物，生产企业往往是实施此类犯罪的主要主体。但有学者做过统计，在2014年到2017年间，全国污染环境罪的案件数量高达4731件；但从犯罪的主体身份看，以自然人为主体的案件有4721件，

---

〔1〕　[英]洛克：《政府论》（下篇），叶启芳、瞿菊农译，商务印书馆1964年版，第138页。

〔2〕　参见古承宗：《刑法的象征化与规制理性》，元照出版有限公司2019年版，第70页。

〔3〕　参见刘艳红：《象征性立法对刑法功能的损害——二十年来中国刑事立法总评》，载《政治与法律》2017年第3期。

〔4〕　参见焦艳鹏：《我国环境污染刑事判决阙如的成因与反思——基于相关资料的统计分析》，载《法学》2013年第6期。

以单位为主体的案件仅有 10 个。[1]这足以说明，司法机关尽量对自然人适用污染环境罪，而较少对单位主体进行追诉，致使对污染环境罪的适用成为了选择性司法。不论是象征性立法还是选择性司法，其背后必然存在着一定的犯罪黑数、存在一部分犯罪人没有被追究刑事责任，显然不符合刑法实效性的要求。

综上，在全面推进依法治国的时代背景下，强化刑法的权威性和实效性具有重要的现实意义。刑法权威性的基本要求在于司法机关必须按照刑法的规定积极地对构成犯罪的行为定罪处罚；刑法的实效性则要求刑法规定的犯罪必须得到全面、有效的适用，即司法机关不得对刑法规定的犯罪搁置不用或选择性地适用。

二、有罪必罚原则是强化刑法权威性的基本方式

"法律呈现的是一套权威性标准系统，要求所有适用它的人都承认其权威。"[2]强化司法机关的守法义务是强化刑法权威性的基本要求，表现在刑法领域，是指司法者不但应当将刑法规范理解为对不符合犯罪构成要件的行为"不得"定罪处罚，而且应当将刑法规范理解为对符合犯罪构成要件的行为"应当"定罪处罚。

案例一：[3]

附带民事诉讼原告人孙某 1，男，1968 年 7 月 12 日出生，汉族，住新乡市。

被告人杨某，新乡市卫滨区人民法院法警大队副大队长，因涉嫌非法搜查犯罪，于 2016 年 6 月 17 日被新乡市公安局胜利分局取保候审。

被告人秦某，新乡市卫滨区人民法院法警大队法警，住新乡市，因涉嫌非法搜查犯罪，于 2016 年 6 月 17 日被新乡市公安局洪门分局取保候审。

---

〔1〕 参见李梁：《环境污染犯罪的追诉现状及反思》，载《中国地质大学学报（社会科学版）》2018 年第 5 期。

〔2〕 ［英］约瑟夫·拉兹：《法律的权威》，朱峰译，法律出版社 2005 年版，第 28 页。

〔3〕 考虑篇幅，本书将与案情无关的信息进行了删减，全部内容参见河南省新乡县人民法院刑事附带民事判决书（2017）豫 0721 刑初 42 号。

2013 年 3 月 28 日上午，新乡市卫滨区人民法院工作人员在与孙某 1 沟通民事诉讼案件情况的过程中发生冲突，孙某 1 将新乡市卫滨区法院的工作人员打伤，新乡市卫滨区人民法院依法决定对孙某 1 司法拘留 15 日。该法院法警杨某、秦某等人押送孙某 1 到新乡市第一人民医院进行入拘留所前体检。体检完毕后，被告人杨某、秦某等人依法押送孙某 1 到新乡市拘留所执行拘留。在车辆行驶至新乡市拘留所门前附近时，被告人杨某授意停车，并安排秦某等人对孙某 1 进行搜查。被告人秦某采用掏兜方式从孙某 1 衣服内搜出现金 1300 余元。搜查完毕后，被告人杨某、秦某等人将孙某 1 送至新乡市拘留所执行拘留。

人民法院经审理后认为，被告人杨某、秦某作为司法警察，在对被拘留人执行拘留的过程中，对被拘留人进行人身搜查，情节显著轻微，危害不大，不认为是犯罪。公诉机关指控二被告人的犯罪罪名不能成立。判决如下：

一、被告人杨某无罪。

二、被告人秦某无罪。

从裁判文书的内容看，法院是根据《刑法》第 13 条"但书"做出的出罪结论，但却没有结合案件事实对被告人的行为为何符合"但书"的规定做任何解释，只是在陈述事实后径行抄写了"但书"的规定，缺少了足够的出罪说理。特别是，《刑法》第 245 条第 2 款将"司法工作人员滥用职权"作为非法搜查罪的从重处罚情节，即是说，"被告人作为司法警察，在对被拘留人执行拘留的过程中，对被拘留人进行人身搜查"这一案件事实非但不能作为出罪理由，反而应当作为从重处罚的依据。法官在这份裁判中没有对行为人的行为是否符合"但书"进行论证，反而强调被告人的司法工作人员身份，这极易给公众造成一个印象：被告人是因公职身份而被做无罪处理的。在笔者看来，本案中的被告人不具备任何出罪事由，其行为应当构成犯罪，该无罪裁判的合法性十分可疑。[1]如果司法机关将《刑法》明文规定的行为作无罪

---

〔1〕根据 2006 年最高人民检察院发布的《最高人民检察院关于渎职侵权犯罪案件立案标准的规定》的规定，对司法工作人员明知是与涉嫌犯罪无关的人身、住宅非法搜查的，应当予以立案。本案中，杨某和秦某是在押送孙某 1 去执行行政拘留的过程中进行的搜查，因而明知孙某 1 不涉嫌犯罪，故其行为达到了立案追诉的标准。

认定，那么公众难免会对无罪判决的合法性产生怀疑。这不仅会威胁到司法的公信力，也会对刑法的权威性产生危害。从这一点看，在我国提倡有罪必罚原则对强化刑法的权威性具有重要的现实意义。

一方面，从凸显司法机关守法义务的刑法权威性要求看，需要在我国提倡有罪必罚原则。法律的权威性是以法律的实效性为前提的，缺乏实效性的法律是不可能具有权威性的。[1]按照这一理解，刑法的权威是否得到了尊重和实现，取决于司法机关是否积极履行了刑法规定的义务，是否积极承担了对犯罪的追诉职责。如果公安机关有案不立、有案不查，检察机关有罪不诉或人民法院肆意作出无罪裁判时，就可以认为司法机关没有履行应有的刑法义务，损害了刑法的权威性；反之，当各追诉机关积极履行法定义务，从立案侦查到审查起诉，从审判阶段到交付执行，对犯罪进行追诉时，便可以认为刑法的权威性得到了实现和强化。显然，为了凸显司法机关的守法义务、强化刑法的权威性，需要在我国提倡有罪必罚原则，明确其作为刑法基本原则的独立性地位。具体而言：其一，有罪必罚原则强调对犯罪的处罚必须具有必定性，其中蕴含着司法机关必须对犯罪进行有效追诉的基本要求，有助于推动司法机关积极履行法定职责。其二，明确有罪必罚原则作为刑法基本原则的独立性地位，这意味着有罪必罚原则的各项要求能够对刑法的司法活动产生法定拘束力，有利于为司法机关提供指引和规制，确保各追诉机关按照《刑法》和《刑事诉讼法》的规定依法履行职权，对涉嫌犯罪的案件积极立案侦查、审查起诉并依法作出有罪裁判。由此可见，为了推动国家机关履行守法义务，进而积极承担追诉犯罪的职责，就必须贯彻有罪必罚原则。

另一方面，从推动刑罚权积极行使的刑法权威性要求看，需要在我国提倡有罪必罚原则。刑法的权威性意味着刑法规范具有法定的约束力，要求刑法规范能够得到真正的遵守。从法律义务的实现方式上看，义务有积极义务与消极义务之分：[2]消极义务是指守法主体不实施法律禁止的行为，如公民不实施犯罪、国家机关不滥用刑罚权等；积极义务则是指守法主体必须按照法律的要求实施特定的行为。前文已经指出，强化刑法的权威性主要在于国

---

〔1〕　参见李桂林：《司法权威及其实现条件》，载《华东政法大学学报》2013年第6期。
〔2〕　参见张文显主编：《法理学》，北京大学出版社、高等教育出版社2011年版，第97页。

家机关履行守法义务，而这里的守法义务主要是指积极义务，要求国家机关积极履行法律规定的职责。在刑法领域，积极义务主要是对司法机关提出的，旨在要求司法机关按照刑法的规定，积极适用刑罚权、对犯罪人定罪处罚。有罪必罚原则之"必罚"强调刑罚权适用的积极性及坚持对犯罪处罚的必定性和一贯性。按照这一要求，司法机关必须积极行使一系列的追诉职权来追究犯罪人的刑事责任。司法机关的追诉权包括立案侦查权、审查起诉权、审判权和执行权，是刑罚权的重要内容。不难看出，有罪必罚原则推进刑事追诉进程的过程，就是积极适用刑罚权的过程。在我国提倡有罪必罚原则，可以使该原则的各项要求获得法定的拘束力，司法机关怠于行使刑罚权的做法将被视为违法、相关责任人将受到处罚和制裁。可见，为了强化刑法的权威性，需要推动刑罚权的积极适用，而这正需要通过在我国提倡有罪必罚原则来实现。

总之，强化刑法的权威性，不但要凸显司法机关的守法义务，而且要推动刑罚权的积极行使，而这正需要通过提倡并贯彻有罪必罚原则来实现。有罪必罚原则对强化刑法的权威性具有重要的积极意义，这决定了在我国提倡有罪必罚原则具有充分的现实依据。

三、有罪必罚原则是强化刑法实效性的可靠手段

刑法的实效性是指刑法实施能够达到预期的效果，即刑法规范的目的能够得以实现，是刑法有效性的外化。习近平总书记指出："坚持以法为据、以理服人、以情感人，努力实现最佳的法律效果、政治效果、社会效果。"[1]这一论断指出了法律实施应当同时实现法律效果、政治效果和社会效果，这三种效果就是法律实效性的具体体现。刑法作为部门法，在适用过程中同样应当努力实现"三个效果"。强化刑法的实效性，实际上就是追求刑法之法律效果、政治效果和社会效果的实现，为在我国提倡有罪必罚原则提供了重要的现实依据。

首先，强化刑法适用的法律效果需要提倡有罪必罚原则。法律效果就是法所产生的社会现实状况，以法律和事实的归纳推理和类比推理等逻辑演绎

---

〔1〕 习近平：《论坚持全面依法治国》，中央文献出版 2020 年版，第 259~260 页。

方式为主要内容，侧重于对法条规范的准确适用。[1]照此逻辑，刑法的法律效果追求的是法的安定性与权威性，以严格的法条主义和形式化的司法逻辑推演为主要内容。[2]可见，刑法的法律效果是形式法治的产物，要求司法机关在适用刑法时必须以刑法规范为根本依据，反对任何突破刑法规范的做法。刑法法律效果的实现离不开有罪必罚原则。有罪必罚原则不仅追求法律至上的价值理念，更强调刑法对犯罪与刑罚的垄断性权力，要求司法者只能根据刑法的规定来定罪处罚，并严格按照刑法规范和教义学的原理作出司法裁判。换言之，司法机关提出的任何出罪事由都必须具有可靠的刑法规范依据，并能够经受刑法教义学体系的逻辑验证，这对实现刑法规范的有效适用、推动刑法法律效果的实现具有重要的积极作用。一方面，在有罪必罚原则的要求下，司法机关必须积极适用刑法规范、对构成犯罪的行为及时定罪处罚，有利于刑法个罪摆脱来自象征性立法的批评。另一方面，有罪必罚原则强调规则之治的价值，要求"有罪"和"必罚"只能在刑法的框架内实现，强调凡是符合刑法规定的构成要件的行为都应当被定罪处罚，反对人为因素对刑法适用的干扰，能够有效避免选择性司法现象的出现。从这一点看，为了强化刑法适用的法律效果，必须在我国提倡有罪必罚原则。

其次，强化刑法适用的政治效果需要提倡有罪必罚原则。法律适用之政治效果的实现，是指司法活动要贯彻落实总体国家安全观，保障国家政治安全、社会安定，特别是维护宪法法律的权威。[3]具体到刑法上，政治效果的实现集中体现在刑法对各类法益的维护和对宪法法律权威的维护上。一方面，提倡有罪必罚原则有利于实现对安全法益的保护。总体国家安全观涵盖了从传统安全到非传统安全、从外部安全到内部安全、从国土安全到国民安全等一系列安全价值，与有罪必罚原则的立法逻辑具有一致性。有罪必罚原则之"有罪"以法益侵害说为理论根据，主张将具有严重法益侵害性的行为规定为

---

〔1〕　参见阴建峰：《论法律效果与社会效果的统一———以贯彻宽严相济刑事政策为中心》，载《河南社会科学》2011 年第 2 期。

〔2〕　参见徐岱、白玥：《论中国特色法治体系下刑法观念的冲突与均衡》，载《社会科学战线》2020 年第 9 期。

〔3〕　参见胡田野：《论"三个效果"有机统一的司法理念与裁判方法》，载《中国应用法学》2022 年第 3 期。

刑法上的犯罪，有助于实现刑法的法益保护功能。例如，《刑法修正案（十一）》正是在有罪必罚原则的指导下进行的立法实践，在很大程度上回应了总体国家安全观的要求。具体而言：新增的非法引进、释放、丢弃外来入侵物种罪，是对生物安全的回应；非法采集人类遗传资源、走私人类遗传资源材料罪，是对人类生物遗传资源安全的保护；对污染环境罪罪状的修改，则体现了对生态环境安全的保护；等等。另一方面，有罪必罚原则具有重要的法律之治价值，有利于维护和强化宪法法律的权威性。有罪必罚原则强调刑法在刑事领域的至上性和刑法适用的有效性，反对人为因素对刑法适用的干扰。加强刑法适用的有效性，要求刑法分则的罪名都应当得到普遍适用，反对搁置部分罪名或有选择性地适用罪名，对强化刑法的权威具有重要意义。在我国提倡有罪必罚原则，能够使刑法的权威性获得有力的法律支撑。从这一点看，在我国提倡有罪必罚原则是贯彻刑法之政治效果的当然之义。

最后，强化刑法适用的社会效果需要提倡有罪必罚原则。"法律的终极原因是社会的福利。未达到其目标的规则不可能永久地证明其存在是合理的。"[1]法律的适用不仅要在法教义学的体系内实现逻辑自洽，更需要关注法律与社会事实之间的互动关系，实现必要的社会效果。法律的社会效果侧重于社会公众对法律适用的可接受性，如果依据法律作出的裁判不能为公众所接受，势必引发公众对法律的不信任感和恐惧感。[2]刑法的适用同样需要追求特定的社会效果，使社会公众能够认同司法人员根据刑法作出的裁判。刑法社会效果的达成主要依赖于司法机关作出公正的裁判，在避免无辜者被追诉的同时，确保有罪之人能够得到应有的惩罚和制裁。有罪必罚原则强调对犯罪处罚的一贯性和普遍性，并坚决反对任何形式的选择性司法，要求所有的有罪之人都应受到刑法的处罚。在有罪必罚原则的要求下，肆意出罪、有罪不罚等情形均能够得到有效的遏制，从而加深公众对依法定罪处罚和法律面前人人平等的理解，进而强化刑法适用的社会效果。

---

〔1〕 ［美］本杰明·卡多佐：《司法过程的性质》，苏力译，商务印书馆1998年版，第38页。
〔2〕 参见俞小海：《刑法解释的公众认同》，载《现代法学》2010年第3期。

第四节　增强公民的刑法规范意识

重视公民对刑法的服从与信心，既是现代法治国建设的重要目标，也是对社会公众追求刑法实施效果的应有回应。[1]增强公民刑法规范意识的法治主张，为在我国提倡有罪必罚原则提供了重要的现实依据。

一、增强公民刑法规范意识的意义及要求

国民缺乏对刑法的广泛认同，就不会形成对刑法的规范意识；此时通过刑法执行的犯罪制裁只能是"压制"，而不可能是"治理"。所以，通过一国的文化传统和具体的司法实践来强化国民的刑法规范意识，不仅具有重要的现实意义，也是全面推进依法治国背景下法治文化建设的重要实践。全民守法作为全面推进依法治国的重要内容，对形成法治社会具有基础性和支撑性的功用。[2]刑法是中国特色社会主义法律体系中的重要组成部分，全面推进依法治国的各项目标应当在刑法领域得到全面贯彻。因此，在刑事领域推进全民守法目标的实现，是全面推进依法治国的应有之义。推进全民守法，首先要做到的是增强全体公民的法治意识。[3]而全民守法的目标在刑法领域的实现，则依赖于全体公民对刑法的广泛认同，这就需要增强国民的刑法规范意识。反之，如果全体公民没有较强的刑法规范意识，就不会产生对刑法的广泛认同，全民守法的目标也就无法在刑法领域得以实现，进而也就难以在刑事领域全面推进依法治国。

增强公民的刑法规范意识，应当从刑法的立法和司法两方面来展开。换言之，增强公民的刑法规范意识对刑法的立法和司法均提出了要求。

从立法上看，要增强公民的刑法规范意识，就得把具有严重法益侵害性的行为及时规定为刑法上的犯罪，满足公民惩罚犯罪、保护自身合法权益的基本需求。当公民看到立法者在积极地进行刑法立法时，便会认识到刑法之

---

〔1〕　参见黄明儒、王振华：《规范意识强化：也论刑法的公众认同》，载《法律科学（西北政法大学学报）》2017年第1期。

〔2〕　参见李林：《建设法治社会应推进全民守法》，载《法学杂志》2017年第8期。

〔3〕　参见卓泽渊：《习近平法治思想的理论体系》，载《行政管理改革》2021年第7期。

于公民利益的保护机能，从而强化对刑法的认同感。反之，如果立法者对严重危害国家利益、社会利益，特别是对严重危害公民个人利益的行为无动于衷时，公民便会对刑法的合法性产生质疑，从而损害公民的刑法规范意识。近年来，我国刑法的立法实践对增强公民的刑法规范意识起到了积极的推动作用。例如，《刑法修正案（十一）》增设了妨害安全驾驶罪、冒名顶替罪等诸多罪名，对具有严重法益侵害性、人民群众反响强烈的社会热点事件作出了回应。[1]刑法通过增设新罪的方式，满足公民惩罚犯罪的心理需求，加深了公民对刑法的信任感和法安全感，从而使公民的刑法规范意识得以强化。

从司法上看，增强公民的刑法规范意识，需要刑法规范得到有效实施。司法是增强公民刑法规范意识的主要方面，其集中表现为司法机关代表国家积极主动地追究犯罪。主要包括以下三个方面的具体要求。

一是通过惩罚犯罪来保护公民的生命、健康、财产等合法利益。刑法规范意识的形成和强化依赖于刑法规范得到真正、有效地实施，特别是刑法规定的处罚措施能够得到有效适用。从刑法的性质看，刑法承担着社会保护的机能，旨在通过惩罚犯罪来实现对国家利益、社会利益和公民利益的保护。[2]通过惩罚犯罪的活动，刑法能够承担起保护公民利益的功能。当公民的利益得到有效保护，公民惩罚犯罪、保护自身合法权益的需求得到满足时，便会形成对刑法的认同感和信任感，从而强化刑法的规范意识。

二是通过刑法的积极适用为公民的社会活动提供一个相对精确的预期。法律承担着行为指引的功能，告知公民哪些行为可为、哪些行为不可为。[3]只有当法律能够为公民提供准确的行为预期时，才能让公民对法律产生信任感。但是，由于成文法内容的抽象性和文字表述的局限性，公民不可能仅通过法律文本获得确定的行为预期。特别是大多数人的生活是远离犯罪的，没有多少人会去专门地学习刑法知识，因而很难理解刑法规范的真实含义。事实上，公民对刑法的认知主要依赖于具体的司法活动。人们对于行为的稳定预期离不开法律系统内部的信息冗余，即需要储存经总结判例而形成的意见，

---

〔1〕 参见陈庆安：《〈刑法修正案（十一）〉的回应性特征与系统性反思》，载《政治与法律》2022 年第 8 期。

〔2〕 参见陈兴良：《刑法的价值构造》，中国人民大学出版社 2006 年版，第 155~156 页。

〔3〕 参见张文显主编：《法理学》，北京大学出版社、高等教育出版社 2007 年版，第 84 页。

形成可供反复调取和运用的"知识记忆"。[1]也就是说，公民主要是通过观察刑法的运行实践来判断自己的行为是否合法。当司法机关对特定行为进行处罚时，公民便会知晓该行为是为刑法所禁止的，从而在社会活动中形成一个相对精确的预期。司法机关对犯罪进行追诉的活动，就是积极适用刑罚权的活动。由此看来，刑法的积极适用能够为公民提供准确、具体的行为指引，从而强化对刑法的认同感。

三是通过有效惩罚犯罪形成公民的安全感。刑法规范意识的重要内容是公民的安全感，只有当公众认为刑法能够为公民提供有效、可靠的保护，避免其生命、财产等重大权利遭受侵害时，才会对刑法产生认同和信任。犯罪是最严重的侵权行为，不仅会对被害人的重大利益造成严重侵犯，而且会增加社会的不安全感。一方面，故意杀人、故意伤害等严重侵犯个人生命、身体法益的犯罪，会对公民的安全感造成重大的威胁。另一方面，在风险社会的背景下，国民基于各类恐慌而产生的不安全感也值得刑法予以保护。[2]保障安全价值的实现是刑法的一项重要功能，[3]为此刑法有必要通过惩罚犯罪来保障国家和社会的整体安全。有效惩罚犯罪不仅可以使犯罪人受到应有的惩罚，削弱或剥夺其再犯能力；同时也会对潜在犯罪人产生震慑作用，减少犯罪的发生，有利于提升全社会的安全感。可见，刑法能够通过惩罚犯罪的方式使社会公众获得安全感，进而加深和强化公众的刑法规范意识。

总之，增强公众的刑法规范意识是全面依法治国之全民守法的当然逻辑，不仅要求刑法把具有严重法益侵害性的行为及时规定为犯罪，还要求通过积极适用刑法的方式来保护各种利益，并为公民提供相对精确的行为预期和稳定的安全感。

二、有罪必罚原则是增强公民刑法规范意识的有效途径

增强公民的刑法规范意识离不开有罪必罚原则，或者说，为了增强公民的刑法规范意识，必须提倡有罪必罚原则。

---

〔1〕　参见陈璇：《刑法教义学科学性与实践性的功能分化》，载《法制与社会发展》2022年第3期。
〔2〕　参见吕英杰：《风险刑法下的法益保护》，载《吉林大学社会科学学报》2013年第4期。
〔3〕　参见高铭暄、孙道萃：《总体国家安全观下的中国刑法之路》，载《东南大学学报（哲学社会科学版）》2021年第2期。

刑法立法是增强公民刑法规范意识的前提，没有良好的刑法立法，增强公民的刑法规范意识则是无稽之谈。对公民而言，良好的刑法立法能够为保护自身合法权益提供根据；同时，良好的刑法立法也能够实现对国家利益和社会利益的保护，从而对公民自身利益做到间接保护。所以，有效保护国家利益和社会利益的刑法立法，在很大程度上也是保护公民自身利益的刑法立法。不论是通过刑法立法来直接保护公民的自身利益，还是通过制定保护国家利益和社会利益的刑法来间接保护公民的自身利益，都离不开有罪必罚原则在刑法领域的有效贯彻。有罪必罚原则之"有罪"以法益侵害说为理论根据，认为犯罪的本质在于其行为对法益的严重侵害性，而刑法的任务在于保护法益。在现代刑法理论中，法益通常被划分为个人法益和集体法益两种类型。[1]前者主要包括财产、自由、生命等与公民直接相关的具体利益；后者则主要是指安全、秩序这类抽象利益。按照有罪必罚原则的理论逻辑，立法者必须将所有具有严重法益侵害性的行为规定为犯罪，并为其配置最为严厉的制裁手段。一方面，有罪必罚原则主张将严重侵犯个人法益的行为直接规定为犯罪；另一方面，有罪必罚原则主张将能够还原为个人法益的集体法益纳入到刑法的保护范围，以增强对公民个人利益的保护力度。所以，只有将有罪必罚原则确认为我国刑法的基本原则，使之剥离于罪刑法定原则的语境，才能够为刑法的立法活动提供明确的指引，便于立法者通过刑法立法来实现刑法的法益保护目的。这样可以增强刑法对公民个人利益的保护力度，为强化公民的刑法规范意识提供可靠的立法前提。

如果说刑法立法为强化公民的刑法规范意识提供了前提，那么刑法司法则是增强公民刑法规范意识的重要保障。如果立法者制定的刑法得不到有效实施，那么刑法的法益保护目的也将落空，公民的利益也将难以得到保障。正因如此，增强公民的刑法规范意识离不开有罪必罚原则。具体而言，增强国民的刑法规范意识对有罪必罚原则的需要，主要表现在如下两个方面。

其一，增强公民的刑法规范意识，需要通过贯彻有罪必罚原则来发挥刑罚的安抚功能。公民刑法规范意识的形成和强化，建立在刑罚对公民的安抚功能上。犯罪是对法益造成严重侵害的行为，通常会对被害人的利益造成严

---

[1] 参见马春晓：《现代刑法的法益观：法益二元论的提倡》，载《环球法律评论》2019年第6期。

重损害。为了平息被害人的情绪，刑罚需要发挥安抚功能，通过惩罚犯罪人的方式来满足被害人朴素的报应心理。[1]慰藉、满足被害人的报复心理，能够对包括被害人在内的全体公民产生正面的示范效应，使人们认识到刑法的公正性，促使公民放弃非法的私力救济手段，愿意通过司法途径来解决犯罪矛盾，从而强化公民的刑法规范意识。刑罚安抚功能的实现，需要以刑法规范得到有效适用为基础，而这正是有罪必罚原则的当然要求。一方面，有罪必罚原则以刑罚权的积极适用为功能向度，要求司法机关积极行使追诉职权，有利于推动刑法规范的有效、及时实现，从而使犯罪人及时受到刑法的处罚，抚慰被害人的报复心理。另一方面，作为刑法的基本原则，有罪必罚原则不仅能够约束刑事司法活动，同时对刑事执行活动具有指导功能，能够形成对刑法全部运行环节的规制，使刑罚的内容得到最终、有效的落实，推动安抚功能的效果达到最大化。在我国提倡有罪必罚原则并承认其作为刑法基本原则的独立地位，意味着司法机关必须按照有罪必罚之"必罚"所强调的普遍性和一贯性的要求对犯罪人进行惩罚，使刑罚权的积极适用获得刑法上的合法性依据，从而使刑罚的安抚功能得到法律层面的支撑。简言之，刑法规范意识的强化建立在刑罚安抚功能的基础上，而这离不开有罪必罚原则。

其二，增强公民的刑法规范意识，需要通过贯彻有罪必罚原则强调刑法处罚的确定性。刑法规范意识的形成依赖于刑法能够对所有的犯罪人一视同仁。"当人们知道这些原则和规则将被一视同仁地适用于所有人身上时，他们就情愿使自己的要求服从于这些规范和规则。"[2]换言之，只有当刑法能够对犯罪做到普遍处罚时，才能获得国民的认同。关于这一点，完全可以从刑法的运行实践中得到验证。有学者通过"动态因果模型"的实证研究发现，刑罚的确定性能对犯罪产生稳定而显著的威慑效力，而仅仅依赖重刑的适用率则未必能够起到遏制犯罪的效果。[3]危险驾驶罪的司法实践为此提供了有力的证明。2011年通过的《刑法修正案（八）》增设了危险驾驶罪，将"醉驾"行为纳入到了刑法的规制范围，而且将危险驾驶罪的主刑设置为拘役，即危险驾驶罪属于典型的轻罪。自2011年至2021年，因酒驾、醉驾肇事导

---

[1]　参见邱兴隆：《刑罚理性泛论——刑罚的正当性展开》，中国检察出版社2018年版，第11页。
[2]　[美]罗斯科·庞德：《通过法律的社会控制》，沈宗灵译，商务印书馆1984年版，第26页。
[3]　参见吴雨豪：《刑罚威慑的理论重构与实证检验》，载《国家检察官学院学报》2020年第3期。

致的伤亡事故较 2001 年至 2010 年同期减少了两万余起。[1]这足以说明，遏制犯罪的关键不在于处罚的苛厉性，而在于处罚的确定性，即有罪必罚。即使很轻缓的刑罚，只要能做到有罪必罚，就能够收到良好的犯罪治理效果。对犯罪的约束效果实际上取决于刑罚的必定性，而非严厉性。[2]从近年来"开车不喝酒，喝酒不开车"观念的流行以及代驾行业的兴起和发展来看，禁止"醉驾"的刑法规范意识明显得到了加强。"刑罚的目的就是惩罚犯罪人，以证实社会中被破坏的规范联系是正确的。"[3]有罪必罚原则尤为强调犯罪与处罚之间的必定性联系。特别是，有罪必罚原则要求对犯罪做到普遍处罚，反对在一段时期内进行处罚而在一段时期内不进行处罚，不允许选择性地执法或司法。通过在我国提倡有罪必罚原则，可以建立犯罪与处罚之间的稳定联系，能够确保犯罪行为得到有效追究，使国民认识到一切犯罪行为都会受到刑法的规制和处罚，这样才会使其认同并愿意遵守刑法规范，从而强化公民的刑法规范意识。

综上所述，在我国提倡有罪必罚原则，明确其作为刑法基本原则的独立性地位，对推动刑法规范的有效实施、增强公民的刑法规范意识具有重要的现实意义。

本章小结

按照刑事领域全面依法治国的要求，刑罚权既需要得到必要的限制，又应当被积极地行使。对刑罚权的必要限制主要通过罪刑法定原则来实现，而对刑罚权的积极适用则需要通过有罪必罚原则来贯彻。有罪必罚原则是实现刑事领域全面依法治国之"全面"的重要支柱。一方面，有罪必罚原则是刑事领域科学立法的重要支柱，能够为积极的刑法立法提供有力支撑，使刑事领域科学立法具有全面性；另一方面，有罪必罚原则还能为公正司法之"制

---

〔1〕 参见梁根林：《刑事政策与刑法教义学交互审视下的危险驾驶罪》，载《中国法律评论》2022 年第 4 期。

〔2〕 参见 [意] 切萨雷·贝卡里亚：《论犯罪与刑罚》，黄风译，中国法制出版社 2002 年版，第 68 页。

〔3〕 周光权：《刑法学的向度——行为无价值论的深层追问》，法律出版社 2014 年版，第 288 页。

裁和惩罚犯罪"的向度提供重要支撑，使公正司法具有全面性。

推进犯罪治理法治化是国家治理现代化的重要内容，要求对犯罪的治理必须有法可依，保持犯罪治理的一贯性，实现犯罪制裁的普遍性。有罪必罚原则强调实质意义上的"有罪"，把行为的法益侵害程度作为犯罪化与非犯罪化的标准，能够为犯罪治理提供有力的立法保障。有罪必罚原则强调犯罪治理的一贯性，反对间断性的刑法立法、排斥运动型司法，为犯罪治理的一贯性提供了制度支撑。有罪必罚原则强调对犯罪制裁的普遍性，反对特权性规定、排斥选择性司法，有助于实现犯罪制裁的普遍性。所以，从犯罪治理法治化的要求看，应当在我国提倡有罪必罚原则。

在全面依法治国的时代背景下，强化刑法的权威性和实效性具有重要的现实意义。刑法权威性的形成，重在司法机关按照刑法的规定处罚犯罪；而刑法规范实效性之实现，要求刑法分则制定的罪名都能够得到有效运用，当发生符合刑法规定的构成要件的行为时，司法机关必须积极地予以定罪处罚，不得有罪不究。这为在我国提倡有罪必罚原则提供了现实依据。强化刑法的有效性，需要通过有罪必罚原则来凸显司法机关的守法义务，进而推动刑罚权的积极行使；强化刑法的实效性，则需要通过有罪必罚原则来实现刑法适用的法律效果、政治效果和社会效果。

增强公民的刑法规范意识是全面依法治国的重要内容。增强公民的刑法规范意识不仅要求立法者把具有严重法益侵害性的行为及时规定为犯罪，还要求司法机关通过积极追诉犯罪的方式来保护公民的切身利益，并为公民提供相对明确的行为预期和可靠的法安全感。公民刑法规范意识的增强，需要通过提倡有罪必罚原则来强化积极的刑法立法和司法，增强刑法对公民个人利益的保护力度，发挥刑罚的安抚功能、实现处罚的确定性，这为在我国提倡有罪必罚原则提供了重要的现实依据。

第四章

在我国提倡有罪必罚原则的理论根据

在我国提倡有罪必罚原则，除了需要具有重要的现实依据之外，还应当具备充分的理论根据。从我国当前指导刑法运行的理论现状看，宪法法律至上理念、刑法的保护机能、积极主义刑法观以及刑罚的正当化根据，为在我国提倡有罪必罚原则提供了坚实的理论基础。

第一节　宪法法律至上理念

2017 年党的十九大提出，树立宪法法律至上、法律面前人人平等的法治理念。宪法法律至上理念的提出，为在我国提倡有罪必罚原则提供了有力的理论支撑。

一、宪法法律至上理念的理论维度

所谓宪法法律至上，是指宪法法律在国家治理过程中，相对于其他社会规范具有至高无上的地位，具备绝对的权威性。[1]具体来说，宪法法律至上主要包括宪法法律必须得到普遍服从和国家机关应当依法履行职责两个基本维度。

（一）宪法法律必须得到普遍服从

在亚里士多德关于法治的经典论述中，法律能够获得普遍服从被作为法

---

〔1〕　参见顾功耘：《宪法法律在治国理政中的定位反思》，载《法学》2013 年第 1 期。

治的第一层含义。[1]在我国，宪法法律至上不仅是现代法治的基本精神，更是新时代背景下习近平法治思想对现代法治基本价值的重大创新。作为党和国家明确提出的法治主张，习近平法治思想对宪法法律至上理念的重大创新首先体现在对宪法法律至上理念内涵的精准概括上，即强调宪法法律必须具有最高权威性，全体公民、社会组织和所有国家机关都必须以宪法和法律作为行动准则。[2]由此可见，包括国家机关在内的所有社会成员都应当服从宪法法律的规定，是我国法治语境下宪法法律至上理念的基本要求。

为了实现对宪法法律的普遍服从，一方面需要宪法法律明确对所有人的法定拘束力，确立适用于所有主体的一般性、普遍性的行为准则。"在任何程度上，法律面前平等和法律规范的一般性都是法律的本质。"[3]也就是说，宪法法律必须具有普遍性，对所有人一视同仁，不允许存在宪法法律之外的特权。只有将宪法法律视作针对全体社会成员的共同行为准则，而非针对个别人的命令，才能确保所有成员都能够遵守并履行宪法法律设定的义务。对此，美国法学家富勒在论及法律至上原则时指出，宪法必须宣布"私人的法律"和"特殊立法"无效。[4]另一方面，任何违反宪法法律的行为都必须受到追究。宪法法律对国家机关和公民拘束力的实现需要以相应的制裁性规范作为保障，只有使违反宪法法律的人承担相应的法律责任，才能使对宪法法律的普遍服从获得可靠的保障。为此，《宪法》第5条第4款确立了违法必究的立场，不仅彰显了宪法法律必须获得普遍遵守的基本要求，更进一步强化了宪法法律的权威性和有效性。由此可见，在我国，宪法法律至上理念蕴含着宪法法律必须得到普遍服从的基本要求，反对任何形式的特权主义，并坚持违法必究的基本立场。

（二）国家机关应当积极履行宪法法律赋予的职责

在现代法治国家的治理逻辑下，国家机关履行法定职责对维护宪法法律

---

〔1〕参见［古希腊］亚里士多德：《政治学》，吴寿彭译，商务印书馆1965年版，第199页。

〔2〕参见江必新：《习近平法治思想对法治基本价值理念的传承与发展》，载《政法论坛》2022年第1期。

〔3〕［德］拉德布鲁赫：《法学导论》，米健、朱林译，中国大百科全书出版社1997年版，第67页。

〔4〕参见［美］富勒：《法律的道德性》，郑戈译，商务印书馆2005年版，第56页。

的至上性尤为重要。美国法学家卢埃林（Llewellyn）将"法"分为"纸面上的法"和"实际的法"，并认为后者才是真正的法，前者只不过是"死法"。[1]"实际的法"是指能够得到有效执行和适用的法律。为此，现实主义法学家十分关注法的实践运行效果，认为如果法律规范不能得到实践，等同于不存在法律。在他们看来，只有"行动中的法"才是真正的法律，一切不能归于实践的规范均不具有法律的基本属性。这里所谓"行动中的法"，主要是指国家机关对法定职责的履行，即按照法律的规定履行相应的国家义务。对此，美国法学家弗兰克（Frank）则进一步指出，法全部是由法院判决构成的，人们要想知道法律是什么，就必须研究司法程序和法律活动，而不是研究纸面上的规定，即应该关注法律的"现实"而不是概念。[2]从这一观点可以看出，法律是否真正有效，主要取决于国家机关是否履行法定职责。按照弗兰克的观点，法院作出判决的过程便是适用法律的过程，即遵照法律的规定履行法定义务的过程。在这个意义上，国家机关积极履行法定职责，是法律至上理念的集中体现。

在我国，宪法法律至上理念尤为强调国家机关对法定职责的积极履行。从形式上看，宪法法律不但为国家机关行使公权力划定了边界，而且为国家机关规定了相应的职责。这就意味着，国家机关必须积极履行宪法法律设定的职责，否则就违反了宪法法律的规定，进而会使宪法法律至上理念的要求落空。作为良法善治的根本所在，我国宪法体现的是人民的理性和智慧。[3]从实质上看，我国宪法法律是对人民意志的反映，所以在我国，宪法法律至上理念实际上是人民至上理念在法治领域的具体体现。正因为如此，党的十八届四中全会指出，要把坚持人民主体地位确定为实现全面推进依法治国总目标所必须坚持的基本原则之一。由此看来，国家机关不履行法定职责不但违反了宪法法律，会使宪法法律至上理念落空，更为重要的是对人民意志的违反，会使人民至上理念落空。即是说，在我国强调国家机关应当积极履行宪法法律赋予的职责，不但是践行宪法法律至上理念的主要途径，而且具有根本性的现实法治意义。

---

〔1〕 参见张文显：《二十世纪西方法哲学思潮研究》，法律出版社 2006 年版，第 115 页。

〔2〕 参见张文显：《二十世纪西方法哲学思潮研究》，法律出版社 2006 年版，第 115~116 页。

〔3〕 参见秦前红：《宪法至上：全面依法治国的基石》，载《清华法学》2021 年第 2 期。

在行为方式上，国家机关违反宪法法律的行为包括积极的违法和消极的违法。所谓积极的违法，是指国家机关以积极、作为的方式违反宪法法律的规定；所谓消极的违法，是指国家机关以消极、不作为的方式违反宪法法律的规定。为了确保国家机关能够积极履行宪法法律赋予的法定职责，一方面，在理念上需要强调公权力行使的积极性。尽管对国家权力进行限制被视作现代法治的一项基本要求，但这并不是现代法治的全部内容。宪法法律对公民的权利作出了详细而明确的规定，并规定了国家机关对公民基本权利的保护义务。[1]而对公民权利的保护，不仅需要对公权力进行必要的限制，同时还需要公权力以积极、作为的方式打击各类侵犯公民个人权利的行为。这也就意味着，强调公权力的积极行使是宪法法律至上理念的重要内容。另一方面，在制度上要建构和完善针对国家机关消极履行法定职责的制裁与责任机制。当国家工作人员怠于行使法定职责，存在有案不立、有罪不诉、有罪不判等违法情形时，相关责任主体必须要承担相应的法律后果，以便为国家机关积极履行法定职责提供有力的制度保障。

二、宪法法律至上理念对有罪必罚原则的理论支撑

宪法法律至上理念包含的两方面基本维度，均为在我国提倡有罪必罚原则提供了重要的理论根据。

一方面，宪法法律至上理念反对特权，强调宪法法律必须获得普遍服从，为在我国提倡有罪必罚原则提供了理论根据。"法律呈现的是一套权威性标准系统，要求所有适用它的人都承认其权威。"[2]宪法法律的权威性决定了，宪法法律必须获得普遍的服从，任何形式的特权都不会被允许。或者说，宪法法律获得普遍的服从要通过坚决反对特权得以实现。这不仅仅是一种法治理念，而且在宪法中得到了确认。《宪法》第5条第5款规定："任何组织或者个人都不得有超越宪法和法律的特权。"是否允许特权的存在，是区分法治与人治的重要标准。具体而言，凡是允许特权存在的国家和社会，一定是人治国家和人治社会；凡是能有效反对特权的国家和社会，则是法治国家和法治

---

〔1〕　参见陈征：《基本权利的国家保护义务功能》，载《法学研究》2008年第1期。
〔2〕　［英］约瑟夫·拉兹：《法律的权威》，朱峰译，法律出版社2005年版，第28页。

社会。所以，强调宪法法律必须获得普遍服从、坚决反对特权，就成为了全面推进依法治国的核心要义。这一点反映在刑法上，就是要求提倡有罪必罚原则，以强调定罪处罚的普遍性，坚决反对刑事领域特权现象的存在。

有罪必罚原则强调定罪处罚的普遍性，要求凡是符合刑法规定的犯罪构成的行为都要被定罪处罚，反对肆意出罪，这是宪法法律获得普遍服从这一要求在刑事领域的具体展开。肆意出罪是司法机关滥用司法权或者不积极行使司法权的重要表现，背后隐藏的正是特权思想。所以，反对肆意出罪，就是反对司法领域的特权，要求司法机关对所有犯罪人一律按照刑法的规定定罪处罚。换言之，宪法法律至上理念以特权作为最大的敌人，要求定罪活动必须遵照法律规定，而这正需要通过提倡并贯彻有罪必罚原则来实现。所以，宪法法律至上理念就成为了在我国提倡有罪必罚原则最为重要的理论根据。

另一方面，宪法法律至上理念强调国家机关积极履行法定职责，为在我国提倡有罪必罚原则提供了重要的理论根据。国家机关积极履行法定职责是宪法法律至上理念的基本要求，任何国家机关都有义务履行宪法法律赋予的职责，不得怠于行使职权。宪法法律至上理念的这一要求在《宪法》和《刑事诉讼法》中得到了充分的体现。《宪法》第 28 条规定，国家镇压叛国和其他危害国家安全的犯罪活动，制裁危害社会治安等各类犯罪活动。为了贯彻制裁犯罪的宪法要求，《刑事诉讼法》第 1 条将保证刑法实施、惩罚犯罪作为该法的一项基本任务。在宪法的指导下，刑事诉讼法设置了一系列的刑事诉讼程序，并赋予了司法机关追诉犯罪的法定职责。例如，《刑事诉讼法》第 176 条规定，人民检察院应当对犯罪事实清楚，证据确实、充分的犯罪嫌疑人依法提起公诉，追究其刑事责任。可见，宪法法律至上理念要求司法机关必须履行刑事追诉的法定职责，积极行使追诉职权，及时惩罚和制裁犯罪，体现在刑事领域，就是要求提倡有罪必罚原则。

有罪必罚原则强调定罪处罚的必定性，是国家机关积极履行法定职责在刑事领域的展开。有罪必罚原则作为刑法的基本原则，对刑法的司法活动具有重要的指导作用，要求立法上的"有罪"和"必罚"必须在司法上得到实现。"规定犯罪与刑罚的刑法，其作用只有通过刑事诉讼法才能实现。"[1]如果没有

---

[1] [日]田口守一：《刑事诉讼法》，张凌、于秀峰译，法律出版社 2019 年版，第 4 页。

外界力量的介入，成文的法律规范是不可能对现实生活产生任何实际意义的。因此，刑法规范欲从纸面走向实践，就必须依赖特定的制度，以确保法律意义上的拘束力转化为实践意义上的确定力。具体来说：其一，有罪必罚原则强调刑法运行的积极性，要求司法机关应当采取积极主动的追诉姿态，不能把刑法谦抑主义作为不追究犯罪和司法怠惰的借口。其二，有罪必罚原则强调刑法运行的一贯性，对于任何应当定罪处罚的行为，司法者都必须积极有效地予以定罪处罚。"法律是使人类行为服从于规则之治的事业"。[1]坚持法律的统治，就不能把法律当作纯粹的管理工具，必须反对时而根据法律来惩罚犯罪、时而在行为构成犯罪的情况下又不根据法律来作出惩罚。显然，有罪必罚原则从刑法运行的积极性和一贯性两方面对司法机关积极行使追诉职权提出了要求，而这正是国家机关积极履行法定职责这一宪法法律至上理念的基本要求在刑法领域的具体体现。

第二节　刑法的保护机能

一、刑法保护机能的理论逻辑

"国家制定刑罚法规的必要性，是以对刑罚及刑罚法规所一般具有的机能寄予希望为前提的。"[2]受不同刑法观及法治价值取向的影响，刑法总会被赋予特定的机能或功能。中外刑法学界关于刑法机能的种类众说纷纭、莫衷一是，归结起来大致有规制机能、保障机能、保护机能、秩序维持机能、保全与教育机能等。[3]其中，保护机能是现代刑法多元机能体系中的最大公约数，立法者总会通过赋予刑法以保护机能，使国家、社会和个人免遭犯罪的侵害。甚至在我国学者看来，刑法的首要机能是保护机能，人权保障机能等其他刑法机能是由保护机能所派生出来的。[4]所谓刑法的保护机能，是指刑法规定

---

〔1〕　〔美〕富勒：《法律的道德性》，郑戈译，商务印书馆 2005 年版，第 124~125 页。

〔2〕　〔日〕西原春夫：《刑法的根基与哲学》，顾肖荣等译，中国法制出版社 2017 年版，第 60 页。

〔3〕　参见张小虎：《刑法机能探究》，载《社会科学》2004 年第 4 期。

〔4〕　参见何秉松主编：《刑法教科书》，中国法制出版社 1997 年版，第 18 页。

对一定行为科处刑罚，并且通过对所发生的犯罪现实地科处刑罚来防止犯罪实施，发挥保护法律利益或者价值的机能。[1]不难看出，刑法的保护机能集中体现在立法和司法两方面，既要求立法者制定相应的罪刑规范为惩罚犯罪提供依据，同时还要求制定的刑法规范能够得到有效的适用，真正发挥惩罚犯罪的作用。

随着现代刑事法治理念的勃兴，禁止国家滥施刑罚权成为了刑法学理论的共识，因此刑法还必须承担起必要的人权保障机能。从功能向度上看，刑法的保护机能与刑法的保障机能在运行逻辑上正好相反。按照刑法保障机能的理论逻辑，立法者应当事先对犯罪与刑罚的内容作出明文规定，确保国家刑罚权不至于超过法律的界限，从而限制国家刑罚权的发动、保障犯罪人的自由。[2]不论从立法还是司法上看，刑法的保障机能都是通过制约刑罚权来保障人权的；与此不同的是，刑法的保护机能则要求刑法必须得到积极、有效的适用，通过刑罚权的积极行使来惩罚和制裁犯罪，从而达成保护法益的目的。进而言之，保障机能侧重于保障无辜者免遭刑罚的不当干预，以维护自由价值为取向；保护机能侧重于保障法益免遭犯罪行为的侵犯，以保障安全价值为目的。由于刑法的保护机能与保障机能在作用方向上是相反的，二者始终处于此消彼长的关系中。"刑法之保护功能与保障功能，互为消长。当刑法愈扩大保护之利益、价值之范围时，将会相对地愈缩小保障功能之范围。亦即保护功能愈强，保障功能将愈弱；反之，保障功能愈强，则保护功能将愈弱。"[3]尽管如此，刑法的运行既离不开保护机能，也离不开保障机能的作用。事实上，刑法的合法性需要由保护机能与保障机能两者共同来维持，缺少其中任何一个都不足以说明刑法的全部法治意义。

强调刑法的保护机能，旨在实现对法益的保护。犯罪是对法益造成严重侵害或重大危险的行为，所以，正是出于法益保护的目的，立法者才设置了一系列罪刑规范。"所有刑法规范均是以对重要法益的积极评价为基础的，它们是人类社会在共同生活中必不可少的，因此需要通过国家强制力，借助刑

---

〔1〕 参见黎宏：《刑法的机能和我国刑法的任务》，载《现代法学》2003 年第 4 期。

〔2〕 参见 [日] 大塚仁：《刑法概说（总论）》，冯军译，中国人民大学出版社 2003 年版，第 26 页。

〔3〕 陈子平：《刑法总论》，元照出版有限公司 2017 年版，第 10 页。

罚来加以保护。"〔1〕《刑法》第 2 条明确了刑法的目的就是保护不同类型的法益，为刑法的保护机能提供了立法上的依据。从类型上看，法益可分为个人法益和集体法益两种。其中，集体法益主要表现为国家法益和社会法益。就刑法而言，集体法益只有在能够还原为个人法益的情况下才能受到刑法的保护。〔2〕由此来看，刑法的保护机能最终是以保护个人法益为归依的。

二、刑法保护机能对有罪必罚原则的理论供给

从刑法的立法、司法以及刑事执行来看，刑法的保护机能为在我国提倡有罪必罚原则提供了重要的理论根据。

首先，刑法的保护机能要求通过刑法立法来实现对法益的保护，从立法论上为有罪必罚原则提供了有力的理论根据。刑法的保护机能强调通过惩罚犯罪来保护法益，即保护个人利益、社会利益和国家利益。〔3〕而将严重危害社会的行为规定为犯罪，是刑法保护机能得以实现的首要环节。〔4〕为了实现法益保护的目的，立法者需要建构严密的刑法规范体系，对一切严重侵害刑法法益的行为作出禁止性规定，并设置相应的刑事制裁措施。换言之，只有积极推进刑法的立法，把严重侵害法益的行为及时规定为刑法上的犯罪并设置相应的制裁措施，才能使法益得到刑法的有效保护。由此不难看出：一方面，刑法的保护机能是以立法为前提的，只有完善的刑法立法才能为刑法保护机能的有效发挥提供保障；另一方面，刑法保护机能的发挥过程也是一个刑法的立法过程。刑法的立法包括两方面内容：一是确定哪些行为应当受到刑法的否定性评价，并以此为基础设置犯罪构成要件；二是针对那些已经确定为应当受到刑法否定性评价的行为设置法律后果，确定制裁措施。显然，根据刑法保护机能进行的刑法立法活动，正是有罪必罚原则之立法层面内涵的展开，是有罪必罚原则对刑法立法之基本要求的贯彻。有罪必罚原则强调立法者以法益保护理论为指导，主张将严重侵害法益的行为及时规定为犯罪，

---

〔1〕　[德] 汉斯·海因里希·耶赛克、托马斯·魏根特：《德国刑法教科书》，徐久生译，中国法制出版社 2017 年版，第 11 页。

〔2〕　参见 [日] 平野龙一：《刑法的基础》，黎宏译，中国政法大学出版社 2016 年版，第 79 页。

〔3〕　参见陈兴良：《本体刑法学》，中国人民大学出版社 2017 年版，第 35~38 页。

〔4〕　参见逢锦温：《刑法机能研究》，法律出版社 2014 年版，第 98 页。

为刑法保护机能的实现提供了刑法基本原则层面的保障。换言之，为了实现刑法的保护机能，应当在我国提倡有罪必罚原则。

其次，刑法的保护机能要求通过司法机关积极惩罚犯罪来实现对个人利益、社会利益和国家利益的保护，从刑法适用论上为有罪必罚原则提供了理论根据。从刑法机能的运行逻辑看，刑法的保护机能是通过积极适用刑法规范来实现的，而应然状态的刑法规范必须通过司法机关的适用才能发挥实然的规制效果，进而使个人利益、社会利益和国家利益受到保护。进而言之，刑法的保护机能是通过惩罚犯罪来实现的，"其方法是对已实施的犯罪要保持较高的破案率，不顾情面地对犯罪行为进行追诉"[1]。为此，在刑法的保护机能下，刑罚权必须保持积极主动的姿态，采取"违法必究""有罪必罚"的立场。[2]有罪必罚原则强调刑法处罚的必定性，并要求通过一系列的刑事追诉活动予以贯彻。显然，为了从司法上贯彻刑法的保护机能，必须提倡有罪必罚原则；或者说，刑法保护机能的司法适用是通过贯彻有罪必罚原则来实现的。由此可见，为了实现刑法的保护机能，应当在我国提倡有罪必罚原则，强调对所有符合刑法规定的犯罪构成的行为予以定罪处罚。

最后，刑法的保护机能要求通过执行机关有效地执行刑事判决来实现对个人利益、社会利益和国家利益的最终保护，从刑事执行论上为有罪必罚原则提供了理论根据。刑法对法益的保护是通过惩罚犯罪来实现的，这里的惩罚绝不仅仅是指刑法将特定行为评价为犯罪并配置制裁措施，或者仅仅是人民法院作出有罪裁判，而是使有罪裁判进入刑事执行阶段。作为刑法适用的最后一个环节，行刑决定着刑法的保护机能能否得到最终的实现。因此，刑法的保护机能必须延伸到刑事执行领域。按照刑法保护机能的要求，法院判处的刑事制裁措施必须得到最终的实现；否则，不但惩罚犯罪的功能会落空，而且通过惩罚犯罪对个人利益、社会利益和国家利益保护的目的也会落空。有罪必罚原则强调人民法院判处的刑事制裁措施必须得到执行，法院判处的刑罚得不到执行、肆意减刑等都不符合有罪必罚原则的要求。所以，刑法保护机能在刑事执行领域的最终实现，必须依赖于有罪必罚原则；反过来说，

---

〔1〕 〔德〕汉斯·海因里希·耶赛克、托马斯·魏根特：《德国刑法教科书》，徐久生译，中国法制出版社 2017 年版，第 3 页。

〔2〕 参见周少华：《罪刑法定与刑法机能之关系》，载《法学研究》2005 年第 3 期。

也只有提倡有罪必罚原则、明确有罪必罚原则作为刑法基本原则的法律地位，才能使刑法的保护机能通过有效的刑事执行得以最终实现。

第三节 积极主义刑法观

一、积极主义刑法观的理论向度

自 1979 年《刑法》施行以来，我国的刑法立法一直走的是犯罪化的道路。特别是近十年来，我国刑法立法进入了"活性化"时期。[1]刑法立法的"活性化"整体上体现为频频通过刑法修正案，并以增设新罪名、扩大刑法的制裁范围以及加重处罚为具体表现。频繁的立法活动促使人们对刑法进行了深度思考，特别是犯罪化立法活动的正当性问题引起了学界的普遍关注。正是在这一背景下，学者们提出了积极主义刑法观的概念。[2]所谓积极主义刑法观，即对刑罚权的扩张持赞同态度，并主张刑法应当更加积极地介入社会生活。[3]积极主义刑法观对我国近年来刑法立法的合法性和合理性进行了说明与证成，是基于立法实践而提出的刑法价值观。根据积极主义刑法观的内在逻辑，不论立法还是司法，刑法都必须保持积极的态度，及时、有效地回应社会现实的需求。对积极主义刑法观理论向度的梳理，需要从立法和司法两方面展开。

（一）积极立法的理论向度

积极主义刑法观是针对我国近年来的刑法立法实践提出的，所以首先内含着积极立法的理论向度。具体而言，这种理论向度主要包括如下三方面的内容。

其一，犯罪化的理论向度。积极主义刑法观强调对社会领域的积极干预需要通过犯罪化的立法来实现，即主张扩大刑法的规制范围。积极主义刑法

---

〔1〕 参见张明楷、陈兴良、车浩：《立法、司法与学术——中国刑法二十年回顾与展望》，载《中国法律评论》2017 年第 5 期。

〔2〕 除"积极主义刑法观"的概念外，学界还有"积极刑法观""预防（性）刑法观"等概念。这些概念只是在文字表述上有差异，在内涵和外延上没有太大区别。

〔3〕 参见付立庆：《积极主义刑法观及其展开》，中国人民大学出版社 2020 年版，第 15 页。

观在刑法的治理机制中坚持预防性思维，主张通过刑法来防控社会风险，防止社会风险变为实际损害。在预防性思维的指导下，积极主义刑法观呈现出扩张化、犯罪化的立法取向。这种理论向度得到了我国近年来刑法立法实践的验证。自 1997 年《刑法》颁布以来，我国刑法立法基本上采取的是犯罪化的立法取向。一方面，对已有犯罪进行犯罪化的修改，主要表现为扩大了原有罪名的处罚范围。1997 年《刑法》颁布以来，历次刑法修正案通过扩大个罪的行为类型、行为对象、行为主体以及前置法的范围，使既有犯罪的处罚范围不断扩大。另一方面，增设了诸多新罪。从 2011 年通过的《刑法修正案（八）》到 2020 年通过的《刑法修正案（十一）》，我国刑法不断对个罪进行调整，虽废除了一部分罪名，但总体来看，刑法典的整体罪名数量依然呈现出明显的上升趋势。具体而言，《刑法修正案（八）》颁布后，我国刑法中的罪名由原来的 413 个上升为了 451 个；[1]《刑法修正案（九）》颁布后，我国刑法中的罪名数量上升到了 468 个；《刑法修正案（十一）》颁布后，我国刑法中的罪名数量达到了 483 个。不难看出，自《刑法修正案（八）》颁布以来，在积极主义刑法观的引导下，我国刑法增设新罪的步伐不可谓不快。这正是积极主义刑法观所内含的犯罪化理论向度的体现。

其二，刑法对社会生活进行广泛、早期化干预的理论向度。积极主义刑法观的关键词在于"积极"，即"积极"是积极主义刑法观的要义所在。积极主义刑法观之"积极"主要体现在刑法对社会生活的干预态度上。随着风险社会的到来，各类新型矛盾和风险不断涌现，集中表现为恐怖主义犯罪、有组织犯罪、信息网络犯罪、环境犯罪等新型犯罪的出现。这些犯罪在犯罪形态、犯罪手段和犯罪领域等方面都呈现出与传统犯罪不同的新型特征，如危害性大、波及范围广等，极大地威胁着国家、社会和公民个人的安全。为了消除公民的畏惧感、彰显刑法的安全价值，国家不得不采取更为积极的立法姿态来应对这些新型犯罪。一方面，刑法的干涉领域逐渐扩大，即开始进入各类新兴领域，集中体现为法定犯种类和数量的增加。近年来，我国在生物安全、竞技体育、生态环境等领域制定、颁布了大量行政法律法规，以期推进对新兴领域的法治化治理。伴随着频繁的行政法立法，刑法的规制领域

---

〔1〕 参见张国轩：《我国刑法罪名数量的演变和构成》，载《中国刑事法杂志》2012 年第 2 期。

也得以扩展。例如,《刑法修正案(十一)》增设了妨害兴奋剂管理罪,非法植入基因编辑、克隆胚胎罪等罪名,使刑法介入到了竞技体育、尖端医疗科技等新兴领域。另一方面,刑法对社会风险的防范呈现早期化的特征。在犯罪化的立法活动中,大量增设抽象危险犯,共犯的正犯化、预备行为的实行行为化成为了积极主义刑法观的主要表现。[1]由此,刑法"二次规范"的属性开始发生动摇,对民法、行政法领域的渗透不断加强,与其他部门法之间的界限开始变得模糊。[2]例如,《刑法修正案(八)》增设了危险驾驶罪、拒不支付劳动报酬罪等罪名,将传统的行政违法和民事违法行为升格为了犯罪。总之,在积极主义刑法观的引导下,刑法的制裁范围不断扩张,表现出明显的治理早期化特征,对社会生活的干预在广度与深度上都有所加强。

其三,加强刑法制裁力量的理论向度。积极主义刑法观不仅体现为扩大已有犯罪的处罚范围和增设新罪,而且体现在刑罚配置上,即立法者倾向于采取重刑主义的手段来强化公民的守法意识。[3]自1997年《刑法》颁布以来,我国刑法立法在处罚力度上一直在做"加法"。首先,提高一部分犯罪的法定刑。法定刑的升高一直是近年来刑法修正的重要内容,如2023年通过的《刑法修正案(十二)》为对单位行贿罪增加了"处3年以上7年以下有期徒刑,并处罚金"的法定刑,使该罪的最高法定刑由3年有期徒刑上升为了7年有期徒刑,等等。其次,设置新的制裁措施。在《刑法修正案(八)》颁布之前,我国刑法的制裁体系主要采取的是以刑罚为主导的"单轨制"模式。[4]近年来出台的刑法修正案则不断推进非刑罚制裁措施的设置,丰富了刑法制裁体系的内容。例如,《刑法修正案(八)》针对缓刑和管制增设了禁止令;《刑法修正案(九)》增设了职业禁止令。最后,严格限缩缓刑、减刑、假释等量刑制度和行刑制度的适用条件。一方面,缓刑的适用条件得到了细化。《刑法修正案(八)》将"犯罪情节较轻""有悔罪表现""没有再犯罪的危险"确定为适用缓刑的条件,进一步严格了缓刑的适用标准。另一方面,减刑、假释

---

〔1〕　参见姜涛:《中国刑法走向何处去:对积极刑法立法观的反思》,载《国家检察官学院学报》2021年第5期。

〔2〕　参见孙国祥:《新时代刑法发展的基本立场》,载《法学家》2019年第6期。

〔3〕　参见王俊:《积极刑法观的反思与批判》,载《法学》2022年第2期。

〔4〕　参见敦宁:《后劳教时代的刑事制裁体系新探》,载《法商研究》2015年第2期。

等刑罚变更制度的适用条件更为严苛。例如，《刑法修正案（八）》增设了限制减刑制度，规定被判处死缓并限制减刑的罪犯的最低服刑年限不得少于25年；但在《刑法修正案（八）》颁布之前，被判处死缓的罪犯在减为无期徒刑后，实际执行的最低年限仅为15年。再如，《刑法修正案（八）》缩减了假释的适用范围，因放火等犯罪被判处10年以上有期徒刑的罪犯不得适用假释。减刑、假释条件的严苛意味着我国刑法呈现出了宽严相济刑事政策之"严"的一面，而这正是对积极主义刑法观理论向度的反映。

（二）积极司法的理论向度

积极主义刑法观虽然是针对我国刑法立法而提出来的概念，但从其本身的理论逻辑和我国近年来的刑法司法情况来看，积极主义刑法观还内含着积极司法的理论向度。这种理论向度主要通过如下几个方面得以展开。

首先，强调对刑法进行客观解释。积极主义刑法观尤为强调刑法在国家治理中的重要性，反对刑法借助"最后手段性"的理由一味退让，而是强调刑法的独立品格，坚持当为则为的立场。[1]这一点反映在刑事司法活动中，便是要求司法者在适用刑法的过程中应当竭力发掘现行刑法的潜能，最大限度地实现犯罪治理功效，减少甚至避免处罚漏洞的出现。为此，积极主义刑法观在刑法适用中必然导向客观解释的解释目标。客观解释强调刑法的独立性，要求司法者按照社会客观需要来解释刑法规范，探求和阐明法律内在的意义和目的。[2]客观解释的优势在于，可以在尊重刑法规范的前提下，最大限度地使刑法满足社会事实的发展需要，以强化对犯罪的规制能力。进而言之，在客观解释的指导下，司法者可以将社会事实与刑法规范相对应，按照现实社会的需求对刑法用语的真实含义进行解释，并根据一般的正义理念将具有刑法处罚必要性的行为认定为犯罪。[3]如此一来，固定、成文的刑法规范能够与变动、发展的社会事实保持一致，从而有利于增强刑法对法益保护的主动性，使积极主义刑法观之"当为则为"的处罚积极性主张在刑法适用中得到贯彻和体现。

---

〔1〕 参见付立庆：《积极主义刑法观及其展开》，中国人民大学出版社2020年版，第86页。

〔2〕 参见董邦俊：《刑法解释基本立场之检视》，载《现代法学》2015年第1期。

〔3〕 参见张明楷：《刑法分则的解释原理》（上），中国人民大学出版社2011年版，第33页。

其次，强调对刑法进行实质解释。积极主义刑法观在刑法适用过程中的积极性还体现在对实质解释立场的坚持上。成文法固有的局限性决定了法律规范不可能涵盖所有的社会事实，而没有进入刑法视野的具体事实极易造成刑法的处罚间隙。积极主义刑法观强调刑罚权适用的主动性，主张通过刑法适用解释尽可能地消除刑法规范供给不足的问题。[1]为此，积极主义刑法观只能选择实质解释的解释立场。实质解释以刑法处罚的合理性和必要性为出发点，强调实现刑法处罚内容的适当性。[2]刑法的处罚适当性既要求将不具有处罚必要性的行为认定为无罪，也要求在不突破刑法文义的前提下，将具有刑法处罚必要性的行为认定为犯罪，而后者正是积极主义刑法观的当然之义。

最后，强调犯罪追诉的积极性。积极主义刑法观旨在使刑法以积极、主动的姿态参与到社会治理机制中去，发挥刑法的保护机能，以实现刑法治理的有效性。为了达成这一目的，必须建立一套可靠的刑事追诉机制，以确保刑法规定的罪名得到真正的适用。在司法层面贯彻积极主义刑法观的要求，要依赖可靠的刑事追诉机制，通过立案侦查、审查起诉和审判等环节，使刑法文本上的罪名落实到实践当中。为此，积极主义刑法观极为强调追诉犯罪的积极性，不仅要求侦查机关对涉嫌犯罪的案件及时予以立案侦查、检察机关对移送案件及时提起公诉，更要求突出人民法院审判的积极性。具体来说，审判人员在适用刑法的过程中，需要以法益保护为目的，根据刑法的处罚必要性在刑法文义范围内对刑法规范作客观解释和实质解释，尽量作出有罪认定，以避免刑法处罚间隙的出现，防止刑法在犯罪规制能力上的失效。

二、积极主义刑法观对有罪必罚原则的理论支持

从积极主义刑法观所内含的理论向度看，积极主义刑法观为在我国提倡有罪必罚原则提供了重要的理论支持。

一方面，积极主义刑法观的积极立法向度为在我国提倡有罪必罚原则提供了理论支持。积极主义刑法观关于刑法积极参与社会治理的主张首先体现

---

[1] 参见付立庆：《积极主义刑法观及其展开》，中国人民大学出版社2020年版，第87页。

[2] 参见苏彩霞：《实质的刑法解释论之确立与展开》，载《法学研究》2007年第2期。

在立法层面，有学者甚至以"积极刑法立法观"作为积极主义刑法观的代称。[1]在传统的消极刑法观看来，刑法的立法应当坚持谦抑主义的立场，毕竟"只有在国民看来实质上值得处罚时才能科处刑罚"。[2]而积极主义刑法观则主张犯罪化的立法向度，强调只要特定行为具有严重的法益侵害性，就应当被纳入刑法的规制范围。积极主义刑法观的关键词是"积极"，凸显了刑法对社会干预的主动性、积极性，与"严而不厉"之"严"（即刑事法网严密）的刑事政策思维具有一致性。[3]按照刑事法网严密性的要求，刑法要在立法上推行犯罪化，将一切值得刑法处罚的行为规定为犯罪。随着信息网络技术的更新迭代，诸如虚拟财产、个人信息、个人数据等越来越多的新型利益开始走进人们的生活，保护这些新型利益成为增设新罪的重要依据。据此，刑法以新增罪名的方式将新型利益纳入保护范围。例如，为了保护公民个人信息权，《刑法修正案（九）》增设了侵犯公民个人信息罪。有罪必罚原则的立法逻辑是，凡是具有严重法益侵害性的行为，都应当被规定为刑法上的犯罪。换言之，按照法益保护主义的理论逻辑，犯罪化立法的正当化根据在于对法益的有效保护，即只要存在需要为刑法所保护的法益，刑法便可以将其作为保护对象。[4]由此可见，积极主义刑法观内含的立法理论向度，恰恰从立法上为有罪必罚原则提供了支撑；或者说，积极主义刑法观所内含的积极立法向度，正是通过提倡和贯彻有罪必罚原则来实现的，为在我国提倡有罪必罚原则提供了理论支持。

另一方面，积极主义刑法观的积极司法向度也为在我国提倡有罪必罚原则提供了理论支持。在积极主义刑法观的指导下，司法机关应当积极、能动地解释刑法，并尽可能地作出有罪的认定。[5]进而言之，积极主义刑法观的司法理论向度强调司法权的积极行使，需要司法人员扩充性地解释刑法，克服成文法规范的局限性，减少刑法处罚漏洞。为此，积极主义刑法观在解释

---

[1] 参见周光权：《积极刑法立法观在中国的确立》，载《法学研究》2016年第4期。

[2] [日]前田雅英：《刑法总论讲义》，曾文科译，北京大学出版社2017年版，第5页。

[3] 参见付立庆：《论积极主义刑法观》，载《政法论坛》2019年第1期。

[4] 参见张明楷：《增设新罪的观念——对积极刑法观的支持》，载《现代法学》2020年第5期。

[5] 参见王俊：《积极刑法观的反思与批判》，载《法学》2022年第2期。

目标上提倡客观解释、在解释立场上主张进行实质解释，以便实现追诉犯罪的积极性。有罪必罚原则的司法逻辑是，凡是符合刑法规定的犯罪构成的行为，都应当被定罪处罚，这要求司法机关积极追究犯罪行为。同时，有罪必罚原则强调对刑法进行客观解释和实质解释，以充分实现"有罪"和"必罚"。显然，积极主义刑法观所内含的积极司法向度，恰恰从司法上为有罪必罚原则提供了支撑。换言之，积极主义刑法观所内含的积极司法向度，正是通过提倡并贯彻有罪必罚原则来实现的，为在我国提倡有罪必罚原则提供了理论支持。

第四节　刑罚的正当化根据

一、刑罚正当化根据的理论内涵

刑罚的正当化根据是说明刑罚正当性的理论。当前，关于刑罚的正当化根据，主流观点是并合主义，其核心要义是"因为有了犯罪，而为了没有犯罪才科处刑罚"[1]。具体来说，当前的刑罚正当化根据包含报应、预防以及报应与预防的有机结合三个方面的内容。

（一）对犯罪的报应

实现对犯罪的报应是刑罚正当化根据的首要内容。报应将刑罚视为国家对犯罪的报复，其脱胎于原始社会"以牙还牙""以血还血"的血腥复仇，进而发展为近现代的等价报应和法律报应。在报应论的坚持者看来，对犯罪人科处刑罚是出于对其自由意志背后理性的最大尊重。"任何一个人对人民当中的某个个别人所作的恶行，可以看作是他对自己作恶。"[2]显然，在康德（Kant）看来，对他人实施犯罪的人完全了解自己行为的性质，并且能够对犯罪的行为和结果作出理性的判断；因此对他人犯罪就如同对自己犯罪，而犯罪对应的结果便是对等的报复。在刑罚的正当化根据上，黑格尔（Hegel）与康德一

---

〔1〕　参见张明楷：《刑法格言的展开》，北京大学出版社 2013 年版，第 460 页。
〔2〕　[德]康德：《法的形而上学原理——权利的科学》，沈叔平译，商务印书馆 1991 年版，第 164 页。

致，同样坚持报应的立场。他认为，犯罪人应当从属于由他自己的行为所认定的法。[1]可见，在古典自然法学派看来，为了实现法律的正义、使犯罪人的理性得到尊重，刑法就必须将刑罚作为针对犯罪的应对措施。由此可以进一步得出结论，报应论者所主张的报应基于法律对犯罪的惩罚，旨在恢复由犯罪破坏的法律秩序。"报应主义论者将其主张的精髓归于坚持法律的正义。"[2]由此可见，根据法律对犯罪进行惩罚、实现对犯罪的报应是法律正义的当然要求。

（二）对犯罪的预防

刑罚的正当化根据理论在主张对犯罪进行报应、实现法律正义的同时，还要求达成犯罪预防的目的，由此产生了预防的刑罚正当性学说。预防具体包含一般预防和特殊预防两个理论向度，按照实现机制的区别，一般预防又可细分为消极的一般预防和积极的一般预防。尽管在预防理论内部存在着不同的分支，但它们都将犯罪预防作为刑罚适用的目的，使刑罚的正当化根据蒙上了一层浓厚的功利主义色彩。

消极的一般预防是预防理论的初始内容，也是当前一般预防的重要组成部分。消极的一般预防主张通过发挥刑罚的震慑作用来威吓潜在的犯罪人，从而使潜在犯罪人不敢实施犯罪。贝卡里亚认为，人的理性主要表现在对痛苦和欢乐的感知上，这两种动机决定了立法者设定的奖赏与刑罚。"只要刑罚的恶果大于犯罪所带来的好处，刑罚就可以收到它的效果。"[3]为了达成这样的效果，刑罚必须坚持必定性，确保对犯罪利益的剥夺。费尔巴哈（Feuerbach）基于心理强制说，对一般预防的运行原理作了进一步的阐释。他认为，人在理性的支配下会产生趋利避害的态度，因此刑罚与违法的精神动向必须通过刑罚的必定性来建立，让每个人都知道在其行为之后必然有一个恶在等待自己。这里所提到的"恶的必定性"实际上就是指刑罚的必定性。为了实现这一目的，必须将"有罪必罚"作为刑法的最高原则。[4]不难看出，消极的一般预防带有极为明

---

〔1〕 参见［德］黑格尔：《法哲学原理》，范扬、张企泰译，商务印书馆1961年版，第118页。

〔2〕 Philip Bean, *Punishment: A Philosophical and Criminological Inquiry*, Oxford: Martin Robertson, 1981, p. 69.

〔3〕 ［意］切萨雷·贝卡里亚：《论犯罪与刑罚》，黄风译，中国法制出版社2002年版，第50页。

〔4〕 参见［德］安塞尔姆·里特尔·冯·费尔巴哈：《德国刑法教科书》，徐久生译，中国方正出版社2010年版，第31页。

显的功利主义倾向。作为功利主义哲学创始人的边沁（Bentham）更是把快乐与痛苦视作支配人类的"主公"，指出功利原理承认这一被支配地位，把它当作旨在依靠理性和法律之手建造福乐大厦的制度的基础。在边沁看来，所有人都是理性人，权衡利弊是人的本性。犯罪是能够为犯罪人带来收益的行为，为了制止犯罪就必须使犯罪带来的损失大于犯罪的收益。为此，刑法必须对犯罪人进行惩罚，使犯罪人承受必要的痛苦。

与消极的一般预防不同，积极的一般预防并不以威吓、恐惧犯罪人为预防犯罪的手段，而是以守法公民为适用对象，其犯罪预防功能更多地体现在对法律秩序的维护和公民对法律的忠诚心理上。[1]"由一般预防目的所确定的责任来设定的界线，不是根据作为责任和责任刑罚的接受者的'好的市民'的想法所确定的界线，而是为维持对规范的信赖所必须确定的界线。"[2]积极的一般预防认为，刑罚在威慑功能之外还具有"建立和增强市民对法律的稳定以及保护法律秩序不受犯罪侵犯的信任"的功能。[3]为了实现对犯罪的预防效果，积极的一般预防主张在刑罚与犯罪之间建立必定性联系。只有将刑罚切实地施加于犯罪人之上，并且使犯罪人感受到痛苦，才能让守法公民感受到刑法的有效性，进而产生对刑法的忠诚感；否则，积极的一般预防效果就不可能实现。因而可以说，积极的一般预防必然强调刑罚适用的有效性，以便为一般预防效果的达成提供保障。

特殊预防是随着近代刑事实证学派兴起而产生的刑罚正当性学说。与一般预防不同，特殊预防虽然也追求犯罪预防的功利效果，但其针对的是已经实施犯罪的人，目的是防止犯罪人再次实施犯罪。在特殊预防的支持者看来，犯罪人实施犯罪往往以特定条件为前提，而作为外力的强制措施又以剥夺或限制特定的权益为内容，因此应当在客观上竭力消除或限制犯罪人的再犯罪条件。[4]特殊预防极为强调对犯罪人再犯罪能力的剥夺。为了达成这一目的，

---

〔1〕　参见［德］克劳斯·罗克辛：《德国刑法学总论》（第1卷），王世洲译，法律出版社2005年版，第42页。

〔2〕　［德］格吕恩特·雅科布斯：《行为　责任　刑法——机能性描述》，冯军译，中国政法大学出版社1997年版，第35页。

〔3〕　参见［德］冈特·施特拉腾韦特、洛塔尔·库伦：《刑法总论Ⅰ——犯罪论》，杨萌译，法律出版社2006年版，第14页。

〔4〕　参见邱兴隆、许章润：《刑罚学》，中国政法大学出版社1999年版，第55页。

刑法必须根据犯罪预防的目的配置并适用相应的制裁手段，"使不能被矫正者不能再危害社会，矫正能够被矫正者"[1]。按照李斯特（Liszt）的这一表述，司法者在适用刑法前，应当首先以人身危险性为标准，将犯罪人分为可矫正的和不可矫正的两种，并针对不同类型的犯罪人分别适用相应的处罚措施。值得说明的是，由于特殊预防以避免犯罪人再实施犯罪为功能导向，所以凡是能够达成这一目的的手段都可以被运用。因此，如果不必通过刑罚就能达到犯罪预防的目标，也可以采用非刑罚处罚措施，而这也就为非刑罚处罚措施的提出和确立提供了理论契机。

（三）报应与预防的有机结合

报应与预防分别追求法律的正义性和犯罪预防的功利性，均具有重大的理论价值。但也应看到，报应与预防各自存在着一定的缺陷与不足。例如，报应完全不考虑刑罚的合目的性，执着于对已然犯罪的惩罚而忽视对未然犯罪的防范，使刑法对犯罪的处罚成为了一种无意识、无目的的反应。以至于在康德看来，即便在一个社会解散之前，也必须将所有的杀人犯处死，[2]这显然是将刑法看作了应对犯罪的机械工具。预防虽然克服了报应在刑罚无目的性上的局限性，但本身同样也存在一定的不足。例如，一般预防将犯罪人作为预防其他人犯罪的手段，极大地贬损了人的尊严和人格，因为人只能成为目的，而不能被作为手段；而特殊预防只追求对再犯罪的预防效果，在运用处罚措施时不需考虑犯罪人的罪责，容易使犯罪人承受的刑罚超过等价报应的界限，直至出现重刑化的弊端。[3]事实上，报应与预防都不能完整地涵盖刑罚的全部本质与目的，任何只偏向一方的观点都只是一种"片面的深刻"。对刑罚本质的理解"要一并承认刑罚具有绝对主义的契机和相对主义的契机，在相对主义的契机中既要有一般预防的机能，也有特殊预防的机能。

---

〔1〕［德］冯·李斯特：《论犯罪、刑罚与刑事政策》，徐久生译，北京大学出版社 2016 年版，第 36 页。

〔2〕参见［德］康德：《法的形而上学原理——权利的科学》，沈叔平译，商务印书馆 1991 年版，第 165 页。

〔3〕参见［日］西田典之：《日本刑法总论》，王昭武、刘明祥译，法律出版社 2013 年版，第 15 页。

很明显，必须在并合主义的立场上理解刑罚的本质"〔1〕。为了克服报应和预防各自的片面性与局限性，必须实现报应与预防的有机结合。由此，并合主义的刑罚正当化根据得以确立并逐渐成为了当前刑罚理论的主流学说。

在立法上，并合主义通过相对确定的法定刑来实现报应与预防的有机结合。并合主义的价值和优势在于，能够为报应和预防提供一个可以共存的理论空间，体现在立法上便是为个罪配置相对确定的法定刑。相对确定的法定刑的刑种和刑度是固定的，可以为司法者提供一定的自由裁量余地。〔2〕一方面，相对确定的法定刑符合报应的理论逻辑。现代意义上的报应是指针对犯罪行为的等价报应。按照等价报应的要求，刑罚的发动应当以犯罪为前提，而且刑罚的轻重应当与行为的危害程度相适应，不得超越犯罪危害的限度。为了实现惩罚与罪行的等价，立法者必须依照不同的罪行来设置相应的刑罚幅度。相对确定的法定刑包含多个刑种和刑度，能够与不同法益侵害程度的罪行形成对应关系，有助于实现对犯罪的等价报应。另一方面，相对确定的法定刑可以满足一般预防的要求。一般预防论主张，刑罚的制裁力度只能与犯罪的危害程度相称，为此立法者应当根据犯罪危害的大小建立由强到弱的罪刑阶梯。〔3〕相对确定的法定刑包含着不同的刑种，并对法定刑设置了一定的幅度，恰好可以实现层次分明的罪刑阶梯。由此可见，相对确定的法定刑能够同时满足报应与预防的需求，是报应与预防在立法上实现有机结合的重要形式。

在司法上，并合主义主要通过量刑基准理论来实现报应与预防的有机结合。并合主义的刑罚正当化根据强调报应对预防的制约功能，体现在司法上便是要求确立并适用以责任刑制约预防刑的量刑基准理论。〔4〕按照该量刑基准理论，责任刑的适用具有优先性，司法机关在裁量刑罚时，应当根据影响责任刑的情节确定刑罚适用的最高点。只有在最高点确认之后，才能进一步

〔1〕　[日]大塚仁：《刑法概说（总论）》，冯军译，中国人民大学出版社2003年版，第65页。
〔2〕　参见于阳：《法定刑设定模式的缺陷与调整研究》，载《行政与法》2015年第8期。
〔3〕　参见[意]切萨雷·贝卡里亚：《论犯罪与刑罚》，黄风译，中国法制出版社2002年版，第75页。
〔4〕　参见张明楷：《责任主义与量刑原理——以点的理论为中心》，载《法学研究》2010年第5期。

考虑预防的要素，按照预防必要性作出最终的宣告刑。[1]这样一来，即便犯罪人的预防必要性较大，也不能突破由责任刑确定的最高点，从而实现了责任刑对预防刑的制约。由此可见，责任刑制约预防刑的量刑基准理论同时考虑了报应与预防的需求，并形成了报应对预防的制约关系，符合并合主义的基本逻辑。

二、刑罚正当化根据对有罪必罚原则的理论贡献

刑罚正当化根据的诸多面向从不同角度、不同侧面为在我国提出有罪必罚原则作出了重要的理论贡献。

（一）从报应的角度看刑罚的正当化根据对有罪必罚原则的理论贡献

报应强调对犯罪的报复，将刑罚视为刑法对犯罪的必然反应。从这一点看，刑法必须对犯罪进行处罚，否则报应无从谈起。一方面，报应论者将刑法的报应视作对犯罪人理性的尊重，既然犯罪人在本质上都是意志自由的、犯罪是在自由意志支配之下实施的不法行为，那么刑法为了尊重犯罪人的理性选择，就必须对其科处刑罚；反之，如果刑法对实施犯罪的人不进行处罚，则是对其理性的蔑视和不尊重，等同于否认犯罪人的人格。可见，在报应论的坚持者看来，刑罚之于犯罪的必定性是由犯罪人的理性尊严决定的。另一方面，报应论者认为刑法存在的意义就在于对犯罪进行处罚，而且应当通过等价报应的方式处罚犯罪；如果失去了对犯罪的惩罚，那么刑法的意义和价值也将不复存在。报应发端于原始社会的血腥复仇，正是为了规制同态报应，刑法才应运而生，将惩罚犯罪的权力收归国家。在康德、黑格尔等报应论者看来，刑法之所以通过动用刑罚来对犯罪人施加报应的恶害，就是为了满足社会的报复观念，就是为了惩罚而惩罚。[2]总之，在报应论者看来，对于犯罪而言，刑罚是必定的、必不可少的。有罪必罚原则强调处罚的必定性，在立法上强调把一切严重侵害法益的行为规定为犯罪并配置相应的刑罚，在司法上强调凡是符合刑法规定的犯罪构成的行为都应当被定罪处罚，这恰恰是报应的当然逻辑。报应的刑罚正当化根据特点在于，刑罚的发动与适用完全

---

〔1〕 参见张明楷：《责任刑与预防刑》，北京大学出版社 2015 年版，第 173 页。

〔2〕 参见邱兴隆、许章润：《刑罚学》，中国政法大学出版社 1999 年版，第 33 页。

取决于行为人的犯罪行为，除此之外的任何因素均不能对刑罚造成干扰。这也就是说，只要行为人实施了犯罪，满足了"有罪"的前提，那么必然面临着"必罚"的结果。由此可见，报应不仅与有罪必罚原则具有实践逻辑上的一致性，而且前者能够为后者提供理论上的证成。进言之，报应所强调的将刑罚作为犯罪的必然结果，恰恰需要通过贯彻有罪必罚原则来实现。显然，正是刑罚正当化根据中的报应，为有罪必罚原则的提倡与贯彻提供了理论根据。

（二）从消极一般预防的角度看刑法正当化根据对有罪必罚原则的理论贡献

消极的一般预防以震慑、威吓潜在犯罪人为实践方式，而刑罚的威慑性必须基于刑法对犯罪人的处罚才能形成。具体来说，应当在刑法中提倡和贯彻有罪必罚原则，否则立法威慑和司法威慑都无从谈起。对此，贝卡里亚明确提出了"刑罚必定性"的思想，指出"对犯罪最强有力的约束力量不是刑罚的严酷性，而是刑罚的必定性"。[1]为了确保刑罚必定性的实现，贝卡里亚提出了刑罚及时性的具体要求。在他看来，犯罪与刑罚之间的时间间隔越短，人们就越容易将犯罪看作是刑罚的原因、将刑罚视作犯罪的结果。[2]从贝卡里亚的"刑罚必定性"思想可以看出，犯罪与刑罚之间必须建立必然性的、确定性的联系，且必须将其作为刑法的一项基本品格，其目的正在于实现刑法的一般预防效果。

为了进一步强化刑罚对潜在犯罪人的威慑作用，费尔巴哈甚至将有罪必罚原则上升为了刑法的最高原则。费尔巴哈将"无法无刑""无法无罪"和"有罪必罚"共同列为刑法的最高原则。其中，前两者被总结为罪刑法定原则，后者便是有罪必罚原则。费尔巴哈对有罪必罚原则的含义进行了解释，指出"因为法律规定对特定的违法给予刑罚之恶，是必要的法定后果"。[3]

---

〔1〕［意］切萨雷·贝卡里亚：《论犯罪与刑罚》，黄风译，中国法制出版社2002年版，第68页。

〔2〕参见［意］切萨雷·贝卡里亚：《论犯罪与刑罚》，黄风译，中国法制出版社2002年版，第68页。

〔3〕［德］安塞尔姆·里特尔·冯·费尔巴哈：《德国刑法教科书》，徐久生译，中国方正出版社2010年版，第31页。

可见，费尔巴哈在刑罚正当性根据方面的突出贡献在于将有罪必罚由刑法理论提升为了刑法的原则，并将其与罪刑法定原则相并列，同属于刑法的最高原则。这不仅使有罪必罚原则的提出和确立获得了合法性，更是通过将心理强制说作为有罪必罚原则的理论依据，为有罪必罚原则提供了理论上的正当性根据。

综上所述，消极的一般预防以刑罚威吓为宗旨，强调刑罚之于犯罪的必定性；特别是费尔巴哈径行将有罪必罚原则确立为刑法的最高原则，认为只有赋予有罪必罚原则以法律层面的拘束力，才能够使刑法的威慑效果得到保障。所以，从消极的一般预防来看，刑罚的正当化根据为在我国提倡有罪必罚原则作出了重要的理论贡献。

（三）从积极一般预防的角度看刑罚的正当化根据对有罪必罚原则的理论贡献

积极一般预防的内在逻辑是，通过获得、加强或维持公众对法秩序的理解、信赖，来维持民众对规范有效性的认同，并以此来防范法秩序遭到破坏。[1]从中不难看出，积极一般预防同时强调公众对刑法规范的忠诚感和刑法规范的有效性，且前者主要是通过后者来实现的。也就是说，积极一般预防必须通过刑法的适用活动让国民看见法律得到贯彻执行，进而产生忠诚于法律的效果。[2]积极一般预防对有罪必罚原则具有重要的理论塑形功用。

一方面，强化公民对刑法规范忠诚感的需求为有罪必罚原则的提出提供了理论支撑。积极的一般预防旨在恢复因犯罪行为而受破坏的秩序、信赖，而这必须通过罪责的确定及处罚的施加，才能使信赖法规范的正当性得到确认。[3]进而言之，只有当犯罪人受到了刑法的惩罚，人们才会产生对法律的忠诚感；反之，如果犯罪人在实施犯罪后没有受到任何刑法的处罚，人们势必对刑法产生怀疑，认为其不过是一纸空文，不值得信任。有罪必罚原则强

---

〔1〕 参见陈金林：《积极一般预防理论研究》，武汉大学出版社 2013 年版，第 96 页。

〔2〕 参见［德］克劳斯·罗克辛：《德国刑法学总论》（第 1 卷），王世洲译，法律出版社 2005 年版，第 43 页。

〔3〕 参见周光权：《行为无价值论与积极一般预防》，载《南京师大学报（社会科学版）》2015 年第 1 期。

调处罚的一贯性与普遍性，反对任何形式的特权，要求任何人违反刑法都应当受到刑法的处罚。当刑法能够对所有犯罪人进行处罚时，必然会增强公民对于刑法的认同和忠诚感，从而实现积极一般预防的效果。

另一方面，强化刑法规范有效性的需求为有罪必罚原则的提出提供了理论支撑。积极一般预防效果的实现依赖于刑法规范的有效适用，即只有当犯罪人切实受到刑法处罚时，才会使公民产生遵守刑法规范的意愿。有罪必罚原则强调刑法规范的有效性，要求刑法规定的罪名都必须得到有效适用，反对选择性司法或对个别犯罪搁置不用的象征性立法。在我国提倡有罪必罚原则，有助于推动刑法规范的全面适用，从而为积极一般预防效果的实现提供制度保障。总之，积极一般预防从凸显公民对刑法的忠诚感和刑法规范有效性这两方面，为有罪必罚原则作出了理论贡献。

（四）从特殊预防的角度看刑罚的正当化根据对有罪必罚原则的理论贡献

特殊预防的对象是犯罪人，旨在预防犯罪人再次实施犯罪。按照特殊预防的理论逻辑，为了预防犯罪人再次实施犯罪，必须对犯罪人采取限制或剥夺再犯罪能力的措施。具体来说，特殊预防的实现方式有两种：其一，通过对犯罪人施加痛苦或恶害的方式对犯罪人进行惩罚，以防止其再次实施犯罪，即以惩罚的方式来实现抑制犯罪的目的。其二，以刑罚之外的手段来防止犯罪，通过对犯罪人进行改造、使其复归社会，以达到改善罪犯的目的。[1]不论对犯罪人进行抑制还是改善，也不论采取惩罚性手段还是教育性手段，都必须强调刑法处罚措施的有效适用。也就是说，只有切实地对犯罪人适用刑法规定的刑罚和非刑罚处罚措施，才能达到特殊预防的效果，这显然为提倡有罪必罚原则提供了理论依据。反过来看，有罪必罚原则以"必罚"作为"有罪"的当然结果，要求刑法处罚方法必须最终、完全地实现，而这正符合特殊预防的理论逻辑。换言之，在我国提倡有罪必罚原则，意味着所有的犯罪人都必须受到刑法的处罚，司法者和执行者必须通过适用和执行特定处罚措施来实现对犯罪人的特殊预防效果。总之，为了有效实现特殊预防，必须

---

[1]　参见张明楷：《责任刑与预防刑》，北京大学出版社 2015 年版，第 45 页。

贯彻有罪必罚原则，特殊预防理论为有罪必罚原则提供了有力的理论支撑。

本章小结

宪法法律至上理念是全面依法治国的重要内容。一方面，宪法法律至上理念要求宪法和法律必须得到普遍的遵守，反对任何形式的特权主义，坚持违法必究的立场，体现在刑法上便是要求对所有的犯罪进行处罚，为有罪必罚原则之定罪处罚的普遍性提供了理论支撑；另一方面，宪法法律至上理念要求国家机关应当积极履行法定职责，推动宪法法律的实施，体现在刑法上便是要求司法机关积极行使追诉权，为有罪必罚原则之定罪处罚的必定性提供了理论依据。

刑法的保护机能旨在通过惩罚犯罪的方式来实现法益保护的目的，并以积极适用刑罚权为功能向度。刑法的保护机能要求通过犯罪化的立法来实现对法益的保护，从立法论上为有罪必罚原则提供了理论依据；要求通过司法机关积极惩罚犯罪来实现对法益的保护，从刑法适用论上为有罪必罚原则提供了理论支撑；要求通过执行机关有效执行有罪的刑事判决来实现对法益的最终保护，从刑事执行论上为有罪必罚原则提供了理论根据。

积极主义刑法观对刑罚权的扩张持赞同态度，主张刑法应当更加积极地介入社会生活。在立法上，积极主义刑法观以犯罪化的立法，实现刑法对社会生活的广泛、早期化干预以及加强刑法的制裁力量为理论向度，为在立法上提倡有罪必罚原则提供了理论支持。在司法上，积极主义刑法观主张对刑法进行客观解释、实质解释，以实现对犯罪的积极追诉，与有罪必罚原则之处罚必定性的要求具有一致性，为在司法上贯彻有罪必罚原则提供了理论支持。

刑罚的正当化根据包含报应、预防以及报应与预防的有机结合三方面内容。其中，报应基于对犯罪人理性的尊重，强调刑罚之于犯罪的必定性；消极的一般预防以刑罚威吓为宗旨，也强调刑罚之于犯罪的必定性，并将有罪必罚原则确立为刑法的最高原则；积极的一般预防要求凸显公民对刑法的忠诚感和刑法规范的有效性；特殊预防则主张通过刑法处罚措施适用的必定性来实现预防犯罪人再犯罪的目的。刑罚的正当化根据从不同侧面体现了刑法处罚的必定性要求，为有罪必罚原则的提倡作出了理论贡献。

第五章

有罪必罚原则与其他刑法基本原则的关系

有罪必罚原则的提倡和确立，意味着我国刑法基本原则的内容将得到扩充和丰富。那么，有罪必罚原则与其他刑法基本原则之间究竟是怎样的关系？这一问题不但关系到对有罪必罚原则的正确理解和运用，而且关系到对有罪必罚原则实现机制的具体建构，因而值得认真研究。一般认为，我国刑法当前规定了罪刑法定、适用刑法平等和罪刑相适应三个基本原则。[1]所以，在本章中笔者将分别对有罪必罚原则与这三大刑法基本原则的关系展开分析和讨论。

第一节　有罪必罚原则与罪刑法定原则的关系

罪刑法定原则是现代法治国家的重要标志，主要通过刑法予以展开，是刑法最基本的原则，甚至在德国等大陆法系国家被视为宪法原则。刑事古典学派的代表人物费尔巴哈将罪刑法定原则总结为"无法无罪"和"无法无刑"。[2]1997年《刑法》就在第3条后段明确规定了罪刑法定原则，对刑事法治的建设具有重要的建构意义。有罪必罚原则与罪刑法定原则互为前提、互相制约，是刑法领域法治的集中体现，在很大程度上构成了刑法领域法治的一体两面，有助于对刑事法治的意义作出完整的诠释。

---

〔1〕　参见高铭暄、马克昌主编：《刑法学》，北京大学出版社、高等教育出版社2022年版，第22页。

〔2〕　［德］安塞尔姆·里特尔·冯·费尔巴哈：《德国刑法教科书》，徐久生译，中国方正出版社2010年版，第31页。

一、有罪必罚原则与罪刑法定原则互为前提

（一）罪刑法定原则以有罪必罚原则为前提

从刑法的发展历史看，有罪必罚原则是先于罪刑法定原则出现的。在古代社会，刑法带有肆意性、扩张性等特点，统治者通过制定刑法的方式，将各类危害统治阶级利益的行为规定为犯罪，并以刑罚来制裁犯罪行为。虽然这不是现代意义上的有罪必罚原则，但其中也蕴含了刑罚之于犯罪的必定性要求。随着近代法治意识的觉醒，人们逐渐认识到刑罚权的过度扩张会损害国民的自由，造成严重的法治危机，因而必须对刑罚权作出必要的限制。正是在这一背景下，西方刑事古典法学派基于民主主义、人权主义的理念，提出只能由刑法对犯罪与刑罚的内容作出规定、刑罚权的发动只能在刑法的框架内得以运行，反对刑罚权的擅断、肆意。由此，罪刑法定原则得以提出，并被确立为现代法治国家的重要原则和刑法的基本原则。从罪刑法定原则的形成和演变历程看，该原则的功用在于限制司法机关的入罪权、施刑权以及立法机关的制刑权。[1]也就是说，罪刑法定原则以刑罚权的限缩为功能向度，主张刑法较少地干预社会生活、刑罚权应当尽量保持克制。从刑法的生成、演变以及发展历程看，刑罚权的克制必须以刑罚权的扩张为前提，即只有扩张的刑罚权才有被限制的必要，而刑罚权的扩张正好是有罪必罚原则的功能向度。有罪必罚原则强调对犯罪的积极处罚，在立法、司法和执行上均主张刑罚权的积极适用。所以，从这一点看，有罪必罚原则成为了罪刑法定原则的前提，只有首先做到刑罚权的积极处罚、实现有罪必罚，罪刑法定原则才有被提出和确立的可能。

有罪必罚原则成为罪刑法定原则的前提，是由支撑这两大基本原则的刑法社会机能之间的关系决定的。或者说，在罪刑法定原则以有罪必罚原则为前提的背后，蕴含着刑法的保障机能以刑法的保护机能为前提的逻辑。甚至可以说，罪刑法定原则以有罪必罚原则为前提，实际上就是刑法的保障机能以刑法的保护机能为前提。从刑法的历史发展过程来看，刑法的保护机能先于保障机能而存在。在前法治时期，刑法的社会机能仅仅表现为社会保护。

---

[1] 参见张明楷：《刑法学》，法律出版社 2021 年版，第 57 页。

正因为如此，封建刑法具有身份性、恣意性、干涉性、残酷性等特点。[1]进入近代社会以来，随着民主主义、人权理念的兴起，如何有效限制国家权力成为了法治国家建设的焦点。出于对中世纪封建制度的警惕，自由主义法学家甚至认为"国家不要对公民正面的福利做任何关照，除了保障他们对付自身和外敌所需要的安全外，不需要再向前一步；国家不得为了其他别的最终目的而限制他们的自由"[2]。在这一历史背景下，有效限制刑罚权进而保障人权成为了刑法的重要社会机能。但是，刑法保障机能的提出和确立，并非对刑法保护机能的否定，而是对保护机能的限制，甚至可以说，刑法的保障机能是建立在保护机能之上的。正是为了限制刑法的保护机能，刑法的保障机能才得以被提出和确立。从逻辑关系上看，刑法保障机能的运行机制是通过限制刑罚权进而实现保障人权的目标。所谓限制刑罚权，即限制刑罚权的扩张，目的在于削弱刑法的社会保护功能。通过扩张刑罚权来实现保护国家、社会和国民利益的目标，恰恰是刑法社会保护机能的运行机制。所以，没有刑罚权的扩张，也就没有限制刑罚权的必要。限制刑罚权进而保障人权，是建立在扩张刑罚权进而保护社会的基础之上的。与刑法的社会保护机能对应的刑法基本原则是有罪必罚原则，与刑法的保障机能对应的刑法基本原则是罪刑法定原则，这就意味着罪刑法定原则是以有罪必罚原则为前提的。

（二）有罪必罚原则以罪刑法定原则为前提

有罪必罚之"罪"并非任意之罪，而只能是法定之罪，即刑法规定的犯罪。有罪必罚之"有罪"，并非意味着依据处罚必要性而把刑法没有明文规定为犯罪的行为认定为有罪，而是只能在刑法将某种行为明文规定为犯罪的前提下将该行为认定为犯罪。现代法治的基本精神和核心价值在于限制公权力，[3]表现在刑法领域就是限制刑罚权。正因为如此，以限制刑罚权为宗旨的罪刑法定原则被认为是现代法治国家最为重要的刑法基石，也是具有人权特性的

---

〔1〕　参见［日］曾根威彦：《刑法总论》（第4版），有斐阁2008年版，第27页。

〔2〕　［德］威廉·冯·洪堡：《论国家的作用》，林荣远、冯兴元译，中国社会科学出版社1998年版，第54页。

〔3〕　参见于景成、王景斌：《现代法治中的权力与意思自治》，载《东北师大学报（哲学社会科学版）》2018年第6期。

共同原则，被普遍规定在各国刑法或宪法之中。[1]也就是说，如果违反了罪刑法定原则，就是违反了法治的基本精神，有罪必罚原则也不例外。因此，有罪必罚原则必须以罪刑法定原则为前提。有罪必罚之"罪"必须是罪刑法定之"罪"，根据有罪必罚原则作出的有罪认定，必须以刑法明文规定为"有罪"为前提。

同样，有罪必罚之"罚"并非任意之罚，只能是法定之罚，即刑法规定的处罚方法。刑法规定的处罚方法主要表现为刑罚，除此之外还包括非刑罚处罚方法。一方面，刑法分则针对每一个具体犯罪都配置了刑罚方法，包括刑种与刑度；另一方面，刑法总则针对某些犯罪配置了非刑罚处罚方法。不论适用刑罚还是适用非刑罚处罚方法，都必须以刑法的明文规定为前提。根据处罚的必要性把立法者针对某一具体犯罪没有明文规定的刑种或者刑度适用于符合该具体犯罪的犯罪构成的行为，[2]显然不是有罪必罚之"罚"。例如，对实施了醉酒驾驶且符合危险驾驶罪犯罪构成的行为适用有期徒刑，就不是有罪必罚之"罚"。同样，根据处罚必要性把立法者针对某种具体犯罪的没有明文规定的非刑罚处罚方法适用于符合该罪的犯罪构成的行为，显然也不是有罪必罚之"罚"。例如，对实施环境犯罪的行为主体科处履行生态修复义务或支付生态修复费用的处罚措施，这里的生态修复显然不是有罪必罚原则之"罚"。再如，根据没有刑法明文依据的酌定从重处罚情节而增加的刑罚量也不是有罪必罚原则之"罚"。

二、有罪必罚原则与罪刑法定原则相互制约

（一）以有罪必罚原则制约罪刑法定原则

罪刑法定原则的基本内容是"法无明文规定不为罪，法无明文规定不处罚"，是从消极方面限制国家刑罚权的原则。[3]由此不难推出三种不违反罪刑法定原则的情形：一是任何应当被规定为犯罪的行为没有被规定为犯罪的情

---

〔1〕 参见林钰雄：《新刑法总则》，元照出版有限公司 2018 年版，第 36 页。

〔2〕 对这里的具体犯罪应当分不同情况来理解。如果某种犯罪只有一个罪刑阶梯（如危险驾驶罪），那么具体犯罪是就该罪整体而言的；某种犯罪有两个以上罪刑阶梯（如故意伤害罪），那么具体犯罪是就某个具体的罪刑阶梯（基本犯或加重犯，或者基本犯、一级加重犯、二级加重犯……）而言的。

〔3〕 参见陈兴良：《规范刑法学》（上册），中国人民大学出版社 2017 年版，第 41 页。

形；二是任何应当被定罪处罚而没有被定罪处罚的情形；三是任何判处比法定刑轻的刑种或刑度的情形。前者是立法上的情形，后两者是司法上的情形。这三种情形均属于罪刑法定原则的局限。对于这种局限，只能借助于有罪必罚原则才能克服。所以，罪刑法定原则必须接受有罪必罚原则的制约。

首先，任何应当被规定为犯罪的行为而没有被规定为犯罪的情形，应当受到有罪必罚原则的制约。罪刑法定原则的首要使命是限制立法权，[1]故罪刑法定原则只提倡刑罚权的消极性，而不具有指导犯罪化立法的功能，难以为增设新罪提供指导。换言之，按照罪刑法定原则的立法逻辑，即便特定行为在实质上具有严重的法益侵害性和处罚必要性，立法者也不必将其规定为犯罪。这显然会使刑法放弃对重大法益的保护，导致刑法处罚范围的过度限缩。对于罪刑法定原则的这一局限性，只能通过有罪必罚原则来克服。有罪必罚原则强调刑法立法的积极性，要求立法者及时、有效地将应当规定为犯罪的行为规定为犯罪，以发挥刑法积极参与社会治理的机能、使刑法保持时代性。进而言之，有罪必罚原则之"有罪"以法益保护理论为根据，提倡法益的立法批判机能，主张将所有具有严重法益侵害性的行为规定为犯罪。由此，那些虽然没有被刑法规定为犯罪但具有严重法益侵害性的行为，可以通过有罪必罚原则的理论逻辑被纳入刑法的规制范围，从而克服罪刑法定原则处理立法空白和处罚间隙的局限性。显然，在立法层面贯彻罪刑法定原则时，只有接受有罪必罚原则的制约，才能实现处罚范围的合理性。

其次，任何应当被定罪处罚而没有被定罪处罚的情形，应当受到有罪必罚原则的制约。罪刑法定原则所承担的人权保障机能决定了罪刑法定原则只具有限制刑法司法权的功能向度，而不能用于推动司法权的积极适用。而且，罪刑法定原则通常被表述为"法无明文规定不为罪"。即是说，罪刑法定原则只负责调整刑法没有规定为犯罪的情形，而不被用于处理刑法规定为犯罪的情形。进言之，当特定行为被刑法规定为犯罪且应当被定罪处罚，但司法机关不予定罪处罚时，也不会构成对罪刑法定原则的违反，这显然是罪刑法定原则在司法上的重大局限性。与此不同，有罪必罚原则以刑法的保护机能为理论根据，强调司法权行使的积极性，要求凡是符合刑法规定的构成要件的

---

〔1〕 参见陈兴良：《罪刑法定主义》，中国法制出版社 2010 年版，第 90 页。

行为都应当被定罪处罚。显然，有罪必罚原则能够用于调整刑法规定为犯罪的情形，只有坚持并贯彻有罪必罚原则，才能克服罪刑法定原则在司法上消极定罪的局限性。

最后，任何判处比法定刑轻的刑种或刑度的情形，应当受到有罪必罚原则的制约。按照"法无明文规定不处刑"的要求，司法者必须坚持刑罚的法定，不能对犯罪人科处刑法没有规定的刑种或刑量。[1]但是，从罪刑法定原则通过限制司法权来保障人权的思考方式看，罪刑法定原则仅禁止司法者适用比法定刑更重的刑种或刑度，而不反对判处比法定刑轻的刑种或刑度。例如，危险驾驶罪的主刑只有拘役，司法者对实施危险驾驶罪的行为人适用管制，并不会违反罪刑法定原则中"法无明文规定不处刑"的司法逻辑，这显然是罪刑法定原则在刑罚裁量上的局限性。有罪必罚原则所具有的积极司法权的功能向度决定了其反对肆意减轻处罚，要求对犯罪人做到罚当其罪。按照有罪必罚原则的量刑规则，司法机关在裁量刑罚时决不能在缺乏刑法依据的前提下对犯罪人作减轻处罚的处理。而且，《刑法》第63条对减轻处罚的处理方法作出了严格的限定。按照这一规定，任何在没有法定量刑情节或未获得最高人民法院核准的情况下，在法定刑以下判处刑罚的做法都是违反有罪必罚原则要求的。由此来看，有罪必罚原则有利于克服罪刑法定原则允许"判处比法定刑轻的刑种或刑度"这一局限性。

（二）以罪刑法定原则制约有罪必罚原则

有罪必罚原则强调积极立法和积极司法。根据有罪必罚原则，凡是具有严重法益侵害性的行为，都应当被规定为刑法上的犯罪；凡是行为人实施了刑法规定的犯罪，就应当被定罪处罚。有罪必罚原则的这种功能向度容易导致刑法处罚范围的扩大，所以应当受到罪刑法定原则的制约。

从立法层面看，有罪必罚原则主要强调的是处罚的必要性。具体而言，不管何种行为，只要具有刑法处罚的必要性，根据有罪必罚原则就应当被规定为刑法上的犯罪；而作为犯罪化的理由，法益侵害说具有一定的模糊性，[2]所

---

[1] 参见苏永生：《"酌定从重处罚情节"之否定——一个罪刑法定主义的当然逻辑》，载《政法论坛》2016年第6期。

[2] 参见冀洋：《法益保护原则：立法批判功能的证伪》，载《政治与法律》2019年第10期。

以仅仅依据有罪必罚原则的指导进行犯罪化立法，难免会不当地扩大刑法的处罚范围。为此，刑法理论根据罪刑法定原则创制出了刑法谦抑主义，[1]主张只能在一般违法行为的基础上进行犯罪化立法，这既为限制处罚范围提供了具有可操作性的一般标准，也维护了法秩序的统一性。不仅如此，刑法谦抑主义还追求刑法的经济性，强调以最小的投入获得最大的预防犯罪效果的收益。[2]根据刑法的经济性原理，并不是所有严重侵害法益的行为都应当被规定为犯罪，即便某种行为具有严重的法益侵害性，但如果用刑法规制不可能产生良好的犯罪预防效果，那么也不能被犯罪化。可见，对于刑罚权的过度扩张这一局限性，有罪必罚原则本身是无法克服的，只有通过贯彻罪刑法定原则、强化刑法谦抑主义，才能得以解决。显然，在立法层面贯彻有罪必罚原则时，只有接受罪刑法定原则的制约，才能实现处罚范围的妥当性。

　　从司法层面看，有罪必罚原则强调积极发动司法权，主张积极入罪和积极处罚。为了做到积极入罪和积极处罚，有罪必罚原则通常会导致两种情形：一是扩充刑法用语的含义范围，使解释结论偏离刑法用语的核心含义。刑法用语通常具有多义性，随着刑法用语的含义理解由核心领域向边缘扩张，刑法的处罚范围也会随之扩大。尽管有罪必罚原则之"有罪"是法定之罪，不允许突破刑法的语义范围；但在积极入罪和积极处罚的价值取向指导下，有罪必罚原则必然会不断尝试扩充刑法用语的涵摄范围，并倾向于在刑法用语的边缘处寻找处罚依据。例如，有观点认为，应当将冒充军警人员抢劫中的"冒充"解释为"假冒和充当"，将冒充军警人员实施抢劫的行为按抢劫罪的加重犯处罚。[3]显然，这一解释结论合乎有罪必罚原则积极定罪的司法逻辑，但实际上已经突破了刑法文义解释的底线，不符合罪刑法定原则的要求。[4]二是超出刑法用语的含义范围，借扩大解释的名义行类推适用之实。有罪必

---

　　[1]　虽然刑法理论通常没有在罪刑法定原则与刑法谦抑主义之间建立理论联系，但从作用方向来看，罪刑法定原则与刑法谦抑主义都是为了限制刑法的处罚范围，故刑法谦抑主义不仅是罪刑法定原则在立法上最为显著的理论体现，也是刑法的一项基本理念。

　　[2]　参见陈兴良：《刑法的价值构造》，中国人民大学出版社2006年版，第292页。

　　[3]　参见张明楷：《刑法分则的解释原理》（上），中国人民大学出版社2011年版，第66~69页。

　　[4]　参见苏永生：《论我国刑法中的法益保护原则——1997年〈中华人民共和国刑法〉第3条新解》，载《法商研究》2014年第1期。

罚原则所强调的积极入罪的刑法思考方式容易使司法人员在超出法条可能的文义射程范围内适用刑法，仅仅依据处罚必要性就将缺少刑法明文规定的行为解释成犯罪。[1]

对于上述两种有罪必罚原则的局限性，只有通过严格贯彻罪刑法定原则才能加以克服。一方面，罪刑法定原则基于尊重人权的思想，主张刑法必须对犯罪与刑罚作出事前的、明确的规定，以便使国民能够对自己的行为作出可预测的判断。只有当国民能够根据成文刑法对自己行为的性质进行判断时，才不会因不知自己的行为是否构成犯罪而不敢实施合法行为，从而避免行为萎缩的后果。[2]为此，任何超出一般人理解可能性的用语都会遭到罪刑法定原则的反对。另一方面，罪刑法定原则具有法律主义的形式侧面，要求所有的罪刑规范都必须通过成文法的形式予以表达，反对任何形式的有罪类推。任何没有成文法依据的解释结论都属于司法人员对刑法规范的"续造"，不具有合法性，有罪类推亦是如此。简言之，罪刑法定原则正是通过强调国民对自己行为的预测可能性和禁止有罪类推，来克服有罪必罚原则在积极入罪和积极处罚方面存在的局限性。这也就意味着，在司法上贯彻有罪必罚原则时，也必须接受罪刑法定原则的制约。

第二节　有罪必罚原则与适用刑法平等原则的关系

平等不仅是法治与生俱来的基本属性，也是现代法治国家的重要标志。在我国，平等是由宪法规定的公民基本权利，全体公民都有着平等的法律地位。[3]刑法作为宪法的下位法，必须贯彻宪法的要求。为此，《刑法》第4条确立了适用刑法平等原则，要求刑法的适用必须坚持人人平等的立场。有罪必罚原则与适用刑法平等原则之间既存在一致性，也存在一定的差异。

---

〔1〕参见刘艳红：《实质刑法的理论与实践：基于三部曲的整体思维》，载《东南学术》2021年第2期。

〔2〕参见张明楷：《刑法学》，法律出版社2021年版，第57页。

〔3〕参见焦洪昌主编：《宪法学》，北京大学出版社2013年版，第384页。

一、有罪必罚原则与适用刑法平等原则的一致性

有罪必罚原则的理论逻辑决定了其与适用刑法平等原则具有一致性，均强调定罪、量刑以及行刑的平等。

（一）有罪必罚原则与适用刑法平等原则都要求平等定罪

所谓平等定罪，是指无论行为人具备何种身份，也无论行为人的地位、财富等情况，只要其行为构成了刑法规定之罪，便应当按照刑法的规定定罪。

平等定罪是有罪必罚原则的重要内容，反对根据行为人的经济状况等因素设定差异化的定罪标准。一方面，从司法意义上看，有罪必罚原则之"有罪"是指，只要行为人的行为符合刑法规定的构成要件且具有严重的法益侵害性，就应当被司法机关认定为犯罪。另一方面，有罪必罚原则之"必罚"要求司法机关根据刑法的规定对所有实施犯罪的人进行处罚，强调处罚的普遍性。处罚普遍性的理论逻辑是，除刑法作出特别规定的情况外，凡是其行为构成刑法规定之罪的，都应当受到刑法的处罚，反对对一部分人予以处罚，而对另一部分人不予处罚。

平等定罪是适用刑法平等原则的当然之义。适用刑法平等原则的内涵是，任何人只要实施了犯罪，无论其是否具有优越的社会地位、富足的经济实力，都应当按照刑法的规定追究其刑事责任，反对任何人享有刑法之外的特权。[1]平等定罪是适用刑法平等原则的首要要求，只有对犯罪人适用平等的定罪标准，才能进一步实现后续的量刑平等和行刑平等，使适用刑法平等原则得到全面的贯彻。既然平等定罪是适用刑法平等原则的当然之义和首要要求，那么定罪不平等对适用刑法平等原则的违反程度就相对比较严重。

综上所述，平等定罪既是有罪必罚原则的重要内容，是有罪必罚原则所强调的处罚普遍性的重要体现，也是适用刑法平等原则的当然之义和首要要求。正是在平等定罪这一要求上，有罪必罚原则与适用刑法平等原则具有了一致性。

---

〔1〕　参见高铭暄、马克昌主编：《刑法学》，北京大学出版社、高等教育出版社 2022 年版，第 6 页。

（二）有罪必罚原则与适用刑法平等原则都要求平等量刑

所谓平等量刑，即司法机关在裁量刑罚时应严格按照刑法的规定适用各种量刑情节，不能把被告人的身份、地位、财富等法外因素作为裁量刑罚的依据。

平等量刑是有罪必罚原则的重要内容，是有罪必罚之"必罚"的必然逻辑。平等量刑的实现依赖于量刑情节的合理设置和运用，只有人民法院根据科学的量刑基准方案，合理地适用量刑情节作出宣告刑，才能确保量刑平等的实现。有罪必罚原则坚持并合主义的刑罚根据论立场，决定了其主张量刑平等、反对将行为人的经济状况等因素作为量刑依据。按照并合主义的刑罚正当性根据，量刑情节可以被分为影响责任刑的量刑情节和影响预防刑的量刑情节，前者与行为人的责任刑相关，后者与一般预防和特殊预防的必要性相关。[1]其中，只有影响责任刑或预防刑的因素才能被作为量刑情节，并对最终的宣告刑产生影响。在报应与预防之外，未被刑法承认的事实因素不能影响量刑活动，更不能作为量刑情节。经济状况等因素作为与犯罪行为、主观责任完全无关的事实因素，既不属于影响责任刑的情节，也不应当被作为影响预防刑的情节，故不能作为量刑情节来使用。

平等量刑是适用刑法平等原则的当然之义。按照适用刑法平等原则的要求，人民法院在量刑过程中，除具有法定的从重、从轻或者减轻处罚的情节外，都应当判处相同的刑罚。[2]为此，人民法院在量刑时应坚决反对量刑上的特权观念，不得将行为人在经济状况上的差异引入到量刑活动中。

综上所述，平等量刑既是有罪必罚原则的必然逻辑，也是适用刑法平等原则的当然之义。正是在平等量刑上，有罪必罚原则与适用刑法平等原则具有了一致性。

（三）有罪必罚原则与适用刑法平等原则都要求平等行刑

所谓平等行刑，是指执行机关在执行有罪裁判时，必须贯彻人人平等的要求，不得根据犯罪人的身份、地位、经济状况等因素适用差异化的行刑标准。2014年1月，中共中央政法委员会发布的《中共中央政法委关于严格规范

---

〔1〕 参见张明楷：《责任刑与预防刑》，北京大学出版社2015年版，第169~170页。

〔2〕 参见陈兴良：《规范刑法学》（上册），中国人民大学出版社2017年版，第45页。

减刑、假释、暂予监外执行切实防止司法腐败的意见》就指出："切实防止徇私舞弊、权钱交易等腐败行为，坚决杜绝社会反映强烈的'有权人'、'有钱人'被判刑后减刑快、假释及暂予监外执行比例高、实际服刑时间偏短等现象"。

平等行刑是有罪必罚原则的基本要求，反对将行为人的经济状况、身份地位作为减刑、假释的依据。有罪必罚原则强调"必罚"的普遍性，要求刑法效力范围所及的人在违反刑法规定后都应当受到刑法的处罚，这里的处罚当然包括刑事执行阶段的处罚。按照处罚普遍性的要求，只有刑法规定的事实因素才能被作为减刑、假释的依据。我国刑法对减刑、假释的适用条件作出了明确的规定，其中《刑法》第78条规定将"确有悔改表现""立功"和"重大立功"作为减刑的适用条件，《刑法》第81条将"确有悔改表现"和"没有再犯罪的危险"作为假释的适用条件，法定条件之外的任何因素都不能对减刑、假释的适用产生影响。犯罪人在犯罪之前是否身居高位、是否具有良好的财产状况都与犯罪人的改造表现和再犯危险性没有任何相关性，因而不能作为减刑、假释的依据。进而言之，按照有罪必罚原则之处罚普遍性的要求，在行刑过程中，司法机关和执行机关应该对所有的犯罪人适用统一的行刑处遇。

平等行刑同样是适用刑法平等原则的重要内容。适用刑法平等原则的要旨在于使所有的犯罪人能够受到统一、平等的刑事处遇，其中当然蕴含着行刑处遇平等的要求。行刑平等是适用刑法平等原则在刑事执行阶段的延伸，对适用刑法平等原则的实现具有重要意义。行刑是刑法适用的最后一个环节，关系到刑法适用效果的最终实现，如果不能实现行刑上的平等，那么将会给平等制刑、平等量刑带来致命性的打击，会使适用刑法平等原则的要求流于形式。因此，按照适用刑法平等原则的要求，应当统一减刑、假释的适用条件，必须以犯罪人的悔改表现、立功表现以及刑法的规定为依据。[1]显然，平等行刑是适用刑法平等原则的当然要求，反对将行为人的特殊身份、经济状况作为适用减刑、假释的依据。

总之，平等行刑是有罪必罚原则所强调的"必罚"普遍性的基本要求，也是适用刑罚平等原则的重要内容。换言之，在行刑平等上，能够体现出有

---

〔1〕　参见陈兴良主编：《刑法总论精释》，人民法院出版社2016年版，第60页。

罪必罚原则与适用刑法平等原则具有一致性。

二、有罪必罚原则与适用刑法平等原则的差异性

有罪必罚原则与适用刑法平等原则在一定程度上具有一致性，但更为重要的是，有罪必罚原则与适用刑法平等原则之间仍存在较大差异，这也是在我国提出有罪必罚原则的重要理由。

（一）有罪必罚原则与适用刑法平等原则在功能领域上的差异

有罪必罚原则是刑法的基本原则，因而对刑法的立法、司法和刑事执行均具有指导意义。换言之，有罪必罚原则中适用刑法平等的要求在刑法的立法、司法和刑事执行环节均应得到有效的贯彻。首先，有罪必罚原则强调立法上的平等。一方面，有罪必罚原则要求制罪的平等。从立法层面看，有罪必罚原则之"有罪"是指把法益侵害性的程度作为犯罪化的实质依据，强调应当将具有严重法益侵害性的行为规定为犯罪。当犯罪人的特殊社会地位、经济状况等因素不会对行为的法益侵害性产生影响时，立法者便不得根据犯罪人的特殊社会地位、经济状况等因素设置差异化的犯罪构成规范。如此一来，有罪必罚原则便可以基于行为的法益侵害性确立统一、平等的犯罪化标准。另一方面，有罪必罚原则要求制刑的平等。从立法上看，"必罚"与"有罪"互为前提，即"有罪"导致"必罚"，因"必罚"而确立为"有罪"。既然"有罪"的实质根据是行为的法益侵害性，那么也应当根据行为的法益侵害性来确定"必罚"。这就意味着，对具有同等法益侵害程度的行为，应当配置相同的刑罚，实现制刑上的平等。此外，有罪必罚原则还强调刑法司法和刑事执行的平等。如前文所述，在定罪、量刑以及行刑问题上，有罪必罚原则都要求坚持平等定罪、平等量刑和平等行刑，反对根据犯罪人的社会地位、财产状况等因素对犯罪人作差别化的对待。总之，有罪必罚原则作为刑法的基本原则，其对平等性的要求贯彻于刑法立法、司法以及刑事执行的全过程。也就是说，从平等性的要求来看，有罪必罚原则的功能领域除了刑法司法和刑法执行之外，还包括刑法立法。

与有罪必罚原则的功能领域不同，适用刑法平等原则的功能领域限于司法和刑事执行，不具有立法指导功能。虽然我国刑法规定了适用刑法平等原

则，而且该原则也一直被理解为刑法的基本原则，但该原则的功能领域主要限于刑法的司法和刑事执行。我国刑法解释学将《刑法》第 4 条的规定解释为"适用刑法平等原则"，[1]仅从这一名称来看，该原则主要是用来指导刑法司法和刑法执行的，而不包含立法平等的要求。而且，从适用刑法平等原则的功能看，该原则也主要是在刑法司法和刑事执行领域发挥作用。我国刑法理论的主流观点认为，适用刑法平等原则的要求具体体现在定罪、量刑和行刑三个方面。[2]此外，其他学者在解释适用刑法平等原则时，同样是从定罪平等、量刑平等和执行平等上展开的，[3]而这三个方面分别属于刑法司法和刑法执行。对此有观点进一步指出，立法平等的内容确实难以为《刑法》第 4 条适用刑法平等原则所表述的文字所容纳，其要求只能通过宪法规定的法律面前人人平等的条款来实现。[4]总之，适用刑法平等原则的功能领域限于刑法司法和刑法执行，不包括刑法立法。在这个意义上，适用刑法平等原则主要是一个司法原则。

有罪必罚原则与适用刑法平等原则都强调平等的法治价值，但二者的功能存在一定差异，特别是适用刑法平等原则之"适用"的表述决定了该原则主要用于刑法的司法和刑法执行活动，对立法指导机能不足。有罪必罚原则作为刑法的基本原则，对立法具有指导功能，能够使刑法在立法过程中就贯彻平等的要求，可以为适用刑法平等原则在刑法司法和执行上的贯彻提供前提和保障。从这一点看，有罪必罚原则可以对适用刑法平等原则的法治价值进行补充。

---

〔1〕 关于《刑法》第 4 条的规定，我国大部分学者将《刑法》第 4 条解释为规定了适用刑法平等原则，在文字表述上有"适用刑法人人平等原则"和"适用刑法平等原则"。参见高铭暄、马克昌主编：《刑法学》，北京大学出版社、高等教育出版社 2022 年版，第 25 页；《刑法学》编写组：《刑法学》（上册·总论），高等教育出版社 2019 年版，第 62 页；周光权：《刑法总论》，中国人民大学出版社 2021 年版，第 60 页。有的学者将《刑法》第 4 条解释为规定了"罪刑平等原则"，但从论述的内容看，该原则的功能仅限于司法。参见陈兴良：《规范刑法学》（上册），中国人民大学出版社 2017 年版，第 46~47 页。

〔2〕 参见《刑法学》编写组：《刑法学》（上册·总论），高等教育出版社 2019 年版，第 62 页。

〔3〕 参见周光权：《刑法总论》，中国人民大学出版社 2021 年版，第 60~62 页。

〔4〕 参见陈兴良主编：《刑法总论精释》（第三版），人民法院出版社 2016 年版，第 53 页。

（二）有罪必罚原则与适用刑法平等原则的功能向度不同

有罪必罚原则与适用刑法平等原则的最大不同表现在功能向度上。有罪必罚原则的功能向度在于强调"有罪"和"必罚"的必定性和及时性，适用刑法平等原则的功能向度则在于强调刑法适用的平等性。

坚持处罚的普遍性是实现有罪必罚原则的重要方面，但有罪必罚原则的功能向度主要不在于此，而在于积极入罪和积极处罚。具体来说，有罪必罚原则在立法上，强调将严重侵害法益的行为都规定为刑法上的犯罪；在司法上，强调及时将符合犯罪构成的行为认定为犯罪、判处一定的刑事制裁措施并付诸实施，追求法律后果的必然性。所以，不论是整体的不定罪处罚，还是部分的不定罪处罚，都会构成对有罪必罚原则的违反。与此不同，适用刑法平等原则的功能向度在于强调平等地定罪和处罚。所以，只有部分的不定罪处罚违反了适用刑法平等原则，而整体的不定罪处罚并不违反适用刑法平等原则。

总之，有罪必罚原则的功能向度在于实现定罪和处罚的必定性，而适用刑法平等原则的功能向度在于实现定罪与处罚的平等性。适用刑法平等原则缺乏处罚积极性的功能向度、允许整体不定罪处罚情形的出现，容易引发"法不责众"的法治风险，而这一点只有通过有罪必罚原则才能有效地防范和避免。这也正是在我国提倡并贯彻有罪必罚原则的一个重要理由。

第三节　有罪必罚原则与罪刑相适应原则的关系

《刑法》第5条规定："刑罚的轻重，应当与犯罪分子所犯罪行和承担的刑事责任相适应。"这被普遍解释为罪刑相适应原则。有罪必罚原则与罪刑相适应原则之间既存在一致的地方，也存在差异之处。

一、有罪必罚原则与罪刑相适应原则的一致性

（一）有罪必罚原则与罪刑相适应原则的功能领域一致

有罪必罚原则与罪刑相适应原则在功能领域上是一致的，都具有指导刑法立法、刑法司法和刑事执行的功能。

有罪必罚原则对刑法立法的指导功能主要表现为，立法者应当根据法益

侵害原理把具有严重法益侵害性的行为规定为犯罪，并设置相应的处罚措施；而且，正是在有罪必罚原则的指导下，刑法立法才能及时、有效地展开。有罪必罚原则对刑法司法的指导功能主要表现为，司法者应当及时将符合刑法规定的犯罪构成的行为认定为犯罪，并决定适用相应的处罚措施。有罪必罚原则对刑事执行的指导功能表现为，执行机关应当及时将有罪判决所确定的处罚措施落到实处，使定罪和处罚从法律论证阶段进入到具体的实践层面。

罪刑相适应原则同样对刑法立法、刑法司法和刑事执行具有全面的指导功能。就刑法立法而言，罪刑相适应原则要求立法者根据犯罪的性质和严重程度来配置法定刑，使刑罚的性质与犯罪的性质相适应；同时根据犯罪对法益侵害（或威胁）的程度配置轻重不同的刑种和刑度。就刑法司法而言，罪刑相适应原则要求司法机关在裁量刑罚时，根据各种犯罪情节在法定刑幅度以内和以下判处与犯罪的法益侵害（或威胁）程度相适应的刑罚，做到重罪重判、轻罪轻判。此外，罪刑相适应原则对刑事执行也具有指导功能。尽管我国有不少学者认为，罪刑相适应原则的功能领域集中在立法和司法两方面。[1]但从《刑法》第5条对罪刑相适应原则的规定以及刑事执行的实践看，该原则的功能领域应当延伸到刑事执行阶段。一方面，刑罚的执行是量刑的进一步延伸，量刑的效果（是否做到罪刑相适应）通常需要通过刑罚的执行得以反馈；另一方面，在刑罚执行过程中，人民法院会对符合减刑条件的罪犯进行减刑，而减刑裁量活动实际上也是一种量刑活动，必须受到罪刑相适应原则的指导。

（二）"有罪"与"必罚"的关系需通过罪刑相适应原则来贯彻

不论在立法还是司法上，"有罪"与"必罚"的关系都需要通过罪刑相适应原则来实现。

在立法上，"有罪"与"必罚"互为前提。立法者应当根据"有罪"来确定"必罚"的内容和形式，同时根据"必罚"的需要来设置"有罪"。即是说，罪与罚之间必须在立法上形成对等关系，刑法在规定犯罪的同时需要规定相应的处罚措施。但是，如何具体实现罪与罚之间的对等关系？应当为

---

[1] 相关论述可详见陈兴良主编：《刑法总论精释》，人民法院出版社2016年版，第53页；周光权：《刑法总论》，中国人民大学出版社2021年版，第60~62页；等等。

个罪配置刑罚还是非刑罚处罚措施？如果规定刑罚的话，应当配置哪些刑种？如何设置刑度？这些问题并不能通过有罪必罚原则本身来得到解决，而必须依赖于罪刑相适应原则。例如，按照有罪必罚原则的要求，刑法应当为盗窃罪规定相应的处罚措施，但究竟为盗窃罪配置何种刑罚以及确定怎样的刑罚幅度？显然需要借助罪刑相适应原则来解决。罪刑相适应原则对法定刑的设置包括两个方面的要求，即刑质与罪质相称和刑量与罪量相当。所谓刑质与罪质相称，即刑法处罚与犯罪在性质上相似；所谓刑量与罪量相当，即犯多大的罪就应当判处多重的处罚，实现罚当其罪，既反对重罪轻罚，也反对轻罪重罚。还以盗窃罪为例，该罪侵害的是财产法益，故按照罪刑相适应原则的要求，最合适的刑罚应当是财产刑，只有在财产刑不足以治罪的情况下，才可以考虑配置自由刑，并根据不同的犯罪情节设置相应的刑罚幅度，但没必要配置死刑。可见，根据罪刑相适应原则，立法者能够在犯罪与刑罚之间建立明确的罪刑阶梯，以便使"有罪"和"必罚"之间形成具体的对等关系。进而言之，罪刑相适应原则为"有罪"与"必罚"关系在立法上的实现提供了具体方案，使有罪必罚原则得以具体化、精确化。

在司法上，"有罪"是"必罚"的前提和表现，司法机关需要在作出有罪认定后，对犯罪人判处一定的处罚，且单纯宣告有罪本身也是一种处罚方式。这便涉及到对构成犯罪的犯罪人如何进行处罚的问题，具体包括是否科处刑罚和如何裁量刑罚两方面内容。例如，根据有罪必罚原则，行为人入室盗窃了 1000 元的财物，司法机关在认定其构成盗窃罪后，还要决定是否对其判处刑罚。如果判处刑罚的话，究竟是判处 3 年以下有期徒刑还是 3 年以上有期徒刑？单处罚金还是并处罚金？如何确定罚金的数额？对这些问题，仅靠有罪必罚原则本身无法得到解决，而必须依赖于罪刑相适应原则。罪刑相适应原则对司法机关的量刑活动具有指导功能，并通过相应的量刑机制得以实现。具体来说，司法机关需要首先确定基础刑期，在只考虑定罪情节、不考虑量刑情节的前提下对刑罚进行第一次量定；然后，根据各种量刑情节，通过调整基础刑期作出最终的宣告刑。[1]通过一系列量刑活动，司法机关可以对有罪裁判得出是否判处刑罚、判处何种刑罚的结论，从而为"有罪"与

---

〔1〕 参见陈兴良：《本体刑法学》，中国人民大学出版社 2017 年版，第 92 页。

"必罚"的关系在司法上的实现提供具体方案。

总之，有罪必罚原则与罪刑相适应原则在功能领域上具有一致性，且有罪必罚原则在立法和司法上对于"有罪"与"必罚"关系的要求需要通过罪刑相适应原则来贯彻。

二、有罪必罚原则与罪刑相适应原则的差异性

有罪必罚原则与罪刑相适应原则在功能领域上具有一致性，而且有罪必罚原则的精确化和具体化离不开罪刑相适应原则。但更应当看到的是，有罪必罚原则与罪刑相适应原则之间存在重大差异。正是这种差异，决定了有罪必罚原则具有特殊的价值。

（一）逻辑关系上的差异

首先，就有罪必罚原则而言，在立法上，"有罪"与"必罚"互为前提。一方面，"必罚"建立在"有罪"的基础之上，即"必罚"只能是"有罪"的逻辑结果；另一方面，"必罚"（可罚性）通常也决定着是否将某种行为确定为"有罪"。但就罪刑相适应原则而言，罪与罚（刑）不是互为前提的关系，即罪永远是罚（刑）的前提，而罚（刑）不可能成为罪的前提。

其次，就有罪必罚原则而言，在司法上，"有罪"是"必罚"的前提，也是"必罚"的表现。一方面，"必罚"建立在"有罪"的基础上，没有"有罪"，便没有"必罚"；另一方面，在单纯宣告有罪的场合，"有罪"也是"必罚"的一种具体表现。就罪刑相适应原则而言，与罪相适应的只能是刑罚。《刑法》第5条使用的是"刑罚"这一表述，所以，在罪刑相适应原则的语境下，定罪免刑但判处非刑罚处罚方法和单纯宣告有罪都不能作为罪的表现。由此不难看出，就罪刑相适应原则而言，罪与罚（刑）之间是并列关系，二者之间不存在任何交叉。

（二）功能向度上的差异

不论从立法还是司法上看，有罪必罚原则与罪刑相适应原则在功能向度上均存在较大差异。

从立法上看，有罪必罚原则的功能向度在于推动"有罪"与"必罚"的实现，而罪刑相适应原则的功能向度在于实现犯罪与刑罚之间的均衡。具体而言，在立法上，有罪必罚原则基于法益保护主义而主张及时、有效地将严重侵害法益或者有严重侵害法益之危险的行为予以犯罪化。在此原则下，"有罪"与"必罚"互为前提，不仅"有罪"可以引发"必罚"，而且正是基于"必罚"之需求，才使"有罪"得以实现。与此不同，罪刑相适应原则在立法上的功能向度表现为给"有罪"配置与罪质和罪量相适应的刑罚，重在实现罪质与刑质、罪量与刑量的均衡。这里虽然暗含着"有罪"引发"必罚"的逻辑，但不存在"必罚"是"有罪"前提的关系；而且"必罚"也仅限于刑罚的处罚，单纯宣告有罪并不是"必罚"的表现形式。

在司法上，有罪必罚原则的功能向度在于将符合刑法分则规定的犯罪构成的行为认定为"有罪"，然后通过量刑和行刑来实现"必罚"。在一般情况下，司法机关应当在认定为"有罪"的基础上通过量刑和行刑来实现对犯罪人的"必罚"；但在少数情况下，只要司法机关作出"有罪"认定就等于实现了"必罚"，因为按照我国刑法的规定，单纯宣告有罪本身就是一种刑法的处罚方式。在此，有罪必罚原则并不关注罪与刑的均衡，只要建立了罪与罚的必定性联系，使犯罪人承受刑法的否定性评价并承担相应的刑事责任负担，就能够满足有罪必罚原则的要求。进言之，无论是对有罪之人作出单纯宣告有罪的裁判，还是对其科处相应的刑罚处罚措施，都符合有罪必罚原则之处罚必定性的要求。与此不同，罪刑相适应原则的功能向度在于，在认定有罪且必须判处刑罚的基础上，根据具体犯罪的情节，在刑法规定的刑罚幅度内确定与具体犯罪的罪质和罪量相适应的刑罚，关注的是刑与罪的均衡。即是说，一方面，罪刑相适应原则并不涉及有罪的司法认定问题，而只负责调整有罪认定之后的刑罚裁量问题；另一方面，罪行相适应原则要求司法机关判处的刑罚必须与犯罪人的罪行和犯罪情节相称，反对重罪轻判或轻罪重判。

有罪必罚原则与罪刑相适应原则在逻辑关系和功能向度上的差异决定了有罪必罚原则之于罪刑相适应原则具有独立的法治意义和价值。有罪必罚原则着重推动"有罪"与"必罚"的实现，能够为罪刑相适应原则在实现"罚"与"罪"之间的均衡性联系提供前提和保障；同时，有罪必罚原则将定罪也确定为一种处罚方式，克服了罪刑相适应原则只能调整刑罚处罚的局限性，使刑法的处罚具有了全面性。

本章小结

　　罪刑法定原则限制刑罚权的功能向度是以刑罚权的积极扩张为基础的，决定了罪刑法定原则以有罪必罚原则为前提；有罪必罚原则之"罪"和"罚"都必须由刑法规定，决定了有罪必罚原则以罪刑法定原则为前提。有罪必罚原则具有扩大刑法处罚范围的局限性，需要受到罪刑法定原则的制约。

　　有罪必罚原则与适用刑法平等原则的一致性体现在二者都要求平等定罪、平等量刑和平等行刑，反对根据行为人的身份地位、经济状况等设置差异化的刑法适用标准。有罪必罚原则与适用刑法平等原则也具有一定的差异性。一方面，有罪必罚原则对刑法的立法、司法以及刑事执行均具有指导意义，而适用刑法平等原则不具有立法指导功能。另一方面，有罪必罚原则的功能向度在于实现处罚的积极性，而适用刑法平等原则侧重于实现定罪处罚的平等性。

　　有罪必罚原则与罪刑相适应原则存在一致性。在功能领域上，有罪必罚原则与罪刑相适应原则都对刑法的立法、刑法司法和刑事执行具有全面的指导功能，有罪必罚原则之"有罪"与"必罚"的关系需要通过罪刑相适应原则来贯彻。有罪必罚原则与罪刑相适应原则之间也存在诸多差异。一方面，在逻辑关系上，有罪必罚原则之"有罪"与"必罚"在刑法立法上互为前提、在刑法司法上存在交叉关系；而在罪刑相适应原则中，罪是罚（刑）的前提，罚（刑）不可能成为罪的前提，罪与罚（刑）之间是并列关系。另一方面，在功能向度上，有罪必罚原则在强调在立法和司法上对"有罪"的实现，侧重建立"有罪"和"必罚"之间的必定性联系；而罪刑相适应原则只强调刑罚的适用，侧重于实现罪与刑之间的均衡性联系。

第六章

有罪必罚原则的司法贯彻机制

我国宪法和刑法都规定了有罪必罚原则，为该原则的司法贯彻创造了前提。那么，有罪必罚原则需要坚持何种司法理念？如何建构并完善相应的司法贯彻机制？在司法贯彻中是否存在例外情形？这是本章要讨论的问题。

第一节　强化积极司法理念

理念对于实践具有重要的促进和指导功能，有罪必罚原则的司法贯彻首先需要相应的司法理念来支撑。从有罪必罚原则的理论逻辑看，该原则的司法贯彻需要树立并强化积极司法理念。

一、积极司法理念的基本要求

从我国刑法的理论现状看，刑法学界已经普遍达成了这样的共识：刑法同时承担着人权保障与法益保护的机能。[1]这两种刑法机能在功能向度上的差别引发了刑事司法活动中消极司法和积极司法的划分。消极司法突出的是刑法的人权保障机能，有利于使罪犯免遭超过限度的刑罚侵害。因此，消极司法理念表现为对刑罚权的高度克制，强调司法机关尽量不追诉或少追诉犯罪。例如，最高人民检察院曾经提出的"少捕慎诉慎押"这一刑事司法政策，就是消极司法理念的重要体现。而积极司法则突出刑法的法益保护机能，主张通过积极发动刑罚权使国家、社会和公民的利益免遭犯罪人的侵害。相应

---

〔1〕　参见王充：《中国的刑法观：问题类型与立场选择》，载《法学》2022年第11期。

地，所谓积极司法理念，是指提倡司法机关积极行使对犯罪的追诉职权，推进刑事诉讼程序的有效进行，以确保罪刑规范能够通过刑事诉讼活动得到真正实现，进而达成保护法益目的的价值取向和司法态度。从我国的刑事司法制度看，司法机关对犯罪的追诉主要包括立案侦查（监察调查）、审查起诉和审判三个基本环节。所以，应当从这三个环节来梳理积极司法理念的基本要求。

首先，积极司法理念要求侦查机关对涉嫌犯罪的案件积极地立案侦查。一方面，积极司法理念强调侦查机关对涉嫌犯罪的案件应当积极立案。《刑事诉讼法》第 112 条规定，司法机关对受理的立案材料应当迅速进行审查，对需要追究刑事责任的，应当立案。不难看出，在立案阶段，积极司法理念的要求集中体现在及时立案和有案必立两方面：及时立案是指司法机关在立案审查时发现案件符合立案条件的，应当在第一时间进行立案，反对延缓、耽搁立案等做法；有案必立则体现了刑事诉讼法对司法机关启动立案程序的法定性要求，强调立案的必定性，反对应予立案而不予立案的行为。另一方面，积极司法理念要求侦查机关对涉嫌犯罪的案件积极开展侦查活动。《刑事诉讼法》第 109 条规定，公安机关发现其管辖范围内的犯罪事实或犯罪嫌疑人，应当立案侦查。按照这一规定，对涉嫌犯罪的案件，侦查机关负有法定的侦查义务，必须做到有案必查。另外，公安部于 2020 年修正的《公安机关办理刑事案件程序规定》第 191 条规定，公安机关对于已经立案的刑事案件应当及时进行侦查，也对侦查活动提出了及时性的要求。从这些规定不难看出，积极司法理念强调侦查机关应当积极开展立案侦查活动，要求做到有案必立、有案必查、及时立案和及时侦查。[1]

其次，积极司法理念要求检察机关对移送的案件积极提起公诉。审查起诉是承接立案侦查和审判的关键环节，一旦检察机关消极行使公诉权、有罪

---

〔1〕 另外需要指出的是，根据《刑事诉讼法》第 4 条、第 109 条和 308 条的规定，检察机关、国家安全机关、监狱等部门都享有对特定刑事案件的立案侦查权，这意味着积极立法理念对公安机关提出的积极立案侦查的要求同样适用于这些侦查机关。同时，2018 年通过的《监察法》赋予了监察机关对职务犯罪的监察调查权。监察调查权是从检察机关对职务犯罪的侦查权中分离出去的权力，主要用于对职务犯罪的取证，与侦查机关的侦查权功能相近。因此，积极司法理念对积极立案侦查的要求同样适用于监察调查。

不诉，就会直接影响有罪必罚原则的司法贯彻。为此，有罪必罚原则要求检察机关贯彻积极司法理念，对移送的案件积极提起公诉。一方面，检察机关的审查起诉活动应当贯彻及时性的要求。《刑事诉讼法》第 172 条对检察机关审查起诉的期限作出了明确规定，〔1〕意味着检察机关不得迟缓起诉，体现了积极司法理念对及时提起公诉的要求。另一方面，有罪必罚原则要求检察机关坚持起诉法定主义的立场，对行为构成犯罪的被告人，应当无一例外地提起公诉，以保证国家刑罚权的有效实现，确保刑法的实施。〔2〕根据《刑事诉讼法》第 176 条第 1 款的规定，检察机关认为犯罪嫌疑人的犯罪事实已经查清，证据确实、充分，依法应当追究刑事责任的，应当作出起诉决定。显然，这一规定体现了起诉法定主义的要求，强调检察机关对于符合起诉条件的案件，应当作出起诉决定。值得说明的是，积极司法理念所提倡的有罪必诉立场并不排斥起诉便宜主义。例如，根据《刑事诉讼法》第 177 条第 2 款的规定，检察机关有权基于起诉裁量权，对轻微犯罪作不起诉决定。在本书看来，起诉便宜主义不是对有罪必罚原则和积极司法理念的违反，而是有罪必罚原则在审查起诉阶段的特殊例外情形。〔3〕

最后，积极司法理念要求审判机关积极行使审判权。一方面，积极行使审判权要求对刑事案件做到及时审判。《刑事诉讼法》在第 208 条、第 220 条和第 225 条分别对一审普通程序、简易程序、速裁程序的审理期限做出了明确规定。这意味着人民法院必须在法定期限内审结案件，反对拖延审理，体现了审判的及时性。另一方面，积极行使审判权要求做到有罪必判。根据《刑事诉讼法》第 200 条第 1 项的规定，对于案件事实清楚，证据确实、充分，依据法律认定被告人有罪的，应当作出有罪裁判。按照这一规定，人民法院在审理刑事案件的过程中，应当在查明案件事实的基础上根据刑法的规定作出有罪裁判，对于刑法明确规定为犯罪的行为必须予以定罪处罚，不得肆意作出无罪裁判。总之，积极司法理念对刑事审判的要求主要体现在及时审判和有罪必判两个方面，前者要求审判机关严格遵守刑事诉讼法有关审理期限的规定，后者要求审判机关不得肆意作出无罪裁判。

---

〔1〕 根据该条规定，审查起诉期限一般为 1 个月，且最多只能延长 15 日。

〔2〕 参见陈瑞华：《刑事诉讼法》，北京大学出版社 2021 年版，第 390 页。

〔3〕 关于这一问题，将在本章第 4 节作具体论述。

二、积极司法理念的强化路径

虽然我国刑事诉讼法的相关规定体现了积极司法的要求，但积极司法在我国当前主要还是一种理念。要使积极司法理念在我国刑事司法中得到贯彻，为有罪必罚原则的司法贯彻提供理念上的保障，就应当从理论和实践层面强化积极司法理念。

（一）把有罪必罚原则确立为刑法理论的重要内容

强化积极司法理念需要有力的刑法理论作为支撑。然而，从我国刑法基本原则的理论现状看，有罪必罚原则的理论意义和价值并未得到应有的认同和重视，以至于积极司法理念难以获得刑法理论上的认可。我国刑法理论的通说认为，刑法基本原则包括罪刑法定、适用刑法平等和罪刑相适应原则。[1]另外，有学者认为，除了刑法明文规定的罪刑法定、平等适用刑法和罪刑相适应原则外，法益保护和责任主义也是刑法的基本原则。[2]同时，我国当前通用的刑法教科书在肯定罪刑法定、适用刑法平等和罪刑相适应原则的基础上，将保障人权、罪责自负、主客观相统一也确定为刑法的基本原则。[3]总之，从我国当前关于刑法基本原则的理论现状看，有罪必罚原则并没有被确定为刑法的基本原则。

在笔者看来，在我国关于刑法基本原则的理论框架缺乏对有罪必罚原则的阐述，是刑法理论不积极回应立法和司法理性的反映。这种理论现状会导致人们对有罪必罚原则的基本功能和法治价值认识不足，实践中可能会引发司法权消极行使、有罪不罚的法治风险。为此，应当将有罪必罚原则确立为刑法基本原则的重要组成部分；相应地，在有关刑法基本原则的理论中，应当对有罪必罚原则的内涵、基本内容、思想基础、实现机制等问题展开充分的阐述。唯有如此，才能使人们充分认识到有罪必罚原则的基本功能和法治价值，发挥有罪必罚原则对刑事司法实践的理论指导作用，进而使积极司法理念获得充分的理论供给和学理基础。

---

〔1〕　参见高铭暄、马克昌主编：《刑法学》，北京大学出版社、高等教育出版社 2022 年版，第 22 页。
〔2〕　参见张明楷：《刑法学》，法律出版社 2021 年版，第 52~53 页。
〔3〕　参见《刑法学》编写组编：《刑法学》（上册·总论），高等教育出版社 2019 年版，第 56 页。

(二) 通过立法手段来强化积极司法理念

积极司法理念强调刑事追诉活动的及时性，要求各追诉机关尽快推进刑事诉讼程序的进行，然而实践中这一理念并未得到彻底的贯彻。例如，近年来司法实践中长期"挂案"的情形较为突出，即侦查机关对涉嫌犯罪且已经立案的案件，既不了结案件又无法向前推进，从而使刑事追诉程序事实中断。形成"挂案"现象的一个重要原因在于，我国刑事诉讼法还未对及时侦查的积极司法理念作出立法回应，使其缺少必要的保障机制。

法律理念是法律的理想和信念，寄托着人们对于法律的美好期许和愿望。法律理念反映的是对法律的信仰，是一种价值观念，而非成文法规范。这意味着，法律理念对实践中的立法和司法活动并不能产生法定的拘束效果；立法者或司法者既可以遵照特定的法律理念进行立法或司法活动，也可以不予遵照。"迟来的正义非正义"，尽管积极司法理念强调立案侦查的及时性，但刑事诉讼法却没有对侦查期限作出明确规定。这便容易造成"久侦不破""挂案"的情形发生。法律理念的基本要求必须通过立法手段来得到贯彻，需要立法者将法律理念上升为法律规范，使其获得法定的拘束力。2021 年 6 月公布的《中共中央关于加强新时代检察机关法律监督工作的意见》第 6 条专门指出，应当及时发现并纠正长期"挂案"的违法情形。按照这一要求，需要通过相应的立法调整，对侦查机关的侦查期限作出明确规定，避免侦查机关立而不侦、怠于追诉的情况出现。对此有学者进一步指出，我国有必要在《刑事诉讼法》中规定 2 年的侦查期限，并对具有犯罪嫌疑人在逃导致案件难以定性处理等特殊情形的案件中止计算侦查期限，从而实现侦查及时性要求与人权保障机能的平衡。[1]只有通过立法手段，将积极司法理念的各项具体要求予以法定化和成文化，才能确保刑事追诉的有效进行和有罪必罚原则的司法贯彻。

(三) 通过司法解释来强化积极司法理念

司法解释对刑事司法活动具有重要的指导意义，是司法机关适用刑法的重要依据。所以，在刑事司法实践中强化积极司法理念离不开司法解释的引

---

[1] 参见魏溪泽:《刑事"挂案"问题的现实困境与解决路径》，载《中国应用法学》2023 年第 2 期。

导功能。如果司法解释能够明确表达积极司法理念的价值取向，将对有罪必罚原则的司法贯彻产生重要的推动作用。2020 年最高人民法院等四部门联合印发的《依法惩治长江流域非法捕捞等违法犯罪的意见》明确指出："用足用好法律规定，依法严惩非法捕捞等危害水生生物资源的各类违法犯罪"。其中，"用足用好法律"便是指严格依照法律对所有犯罪行为进行制裁，正是对有罪必罚原则所内含的积极司法理念的确认。该司法解释发布后，积极司法理念便在环境资源犯罪案件的司法实践中得到了有效的贯彻和体现。2021 年，江苏省全年审结涉长江流域环境资源刑事案件 1109 件，判处罚金 2258 万元，对 1767 人判处实刑。[1]可见，对环境犯罪的规定在实践中得到了积极、有效的适用，这足以说明司法解释对强化积极司法理念具有重要的现实意义。通过司法解释来强化积极司法理念主要有以下两个路径。

其一，在解释机制上，推行以案件事实为中心的刑法司法解释。积极司法理念强调刑事追诉的积极性，特别是审判的积极性。其中，要求审判人员"用足用好法律"，就是指对所有符合刑法规定的构成要件的行为都要做到定罪处罚，避免出现处罚漏洞。以案件事实为中心的司法解释机制，可以为实现积极司法理念的这一要求提供有力的制度支撑。所谓以案件事实为中心的司法解释，是指对特定犯罪进行集约化的处理，围绕特定案件事实，罗列出相关刑法规定的具体适用方法。[2]例如，2020 年最高人民法院等三部门联合印发的《关于办理涉窨井盖相关刑事案件的指导意见》，围绕各类盗窃窨井盖的具体案件事实，分别对盗窃罪、以危险方法危害公共安全罪、重大责任事故罪等多个罪名的具体适用方法进行了解释。这种以案件事实为中心的司法解释机制可以罗列出与特定犯罪事实相关的所有罪名，能够为审判人员提供一种"按图索骥"的刑法适用方法，有利于避免出现处罚遗漏，从而强化积极司法理念，从而推动有罪必罚原则的司法实现。

其二，充分运用客观解释和实质解释，为"有罪"的司法认定提供有力的解释论支撑。积极司法理念强调司法活动的积极性，要求司法人员"用足用好法律"。所谓"用足法律"，是指审判机关在不突破刑法文义的前提下，

---

〔1〕　参见顾敏：《以最严密法治，守护一江清水》，载《新华日报》2022 年 3 月 2 日，第 6 版。

〔2〕　参见陈兴良：《刑法定罪思维模式与司法解释创制方式的反思——以窨井盖司法解释为视角》，载《法学》2020 年第 10 期。

通过各种解释手段释放出刑法文义的最大潜能，积极地作出有罪认定。"法律适用者应当在罪刑法定原则所能够允许的最大限度内尽可能地扩充刑法规范的供给，以尽量弥补成文法典自身可能具有的滞后性缺陷，回应现实社会的需要，使刑法在社会保护中发挥更重要的作用。"[1]为此，司法解释在解释目标上需要坚持客观解释，并贯彻实质解释的要求。也就是说，在刑法文义的范围内，根据刑法的现实法益保护目的，对刑法的文义进行必要的扩大解释，以扩充刑法规范的规制范围，使"有罪"的司法认定变得更加容易。进而言之，客观解释和实质解释有利于发现刑法用语的新含义，使刑法规范与新的社会事实之间保持一致，激发刑法的犯罪治理效能，进而推动积极司法理念的贯彻。

（四）在司法队伍建设中强化积极司法理念

法治中国的建设离不开司法队伍的建设。2014 年召开的党的十八届四中全会提出加强法治工作队伍建设。司法人员作为刑法的适用者，其专业素养、专业能力以及对刑法价值、理念的认知直接影响着刑法的适用效果。所以，在司法队伍中强化积极司法理念，是有效树立积极司法理念的重要途径。

在司法队伍中强化积极司法理念，实际上就是强化司法人员对有罪必罚原则的认知和理解，主要应当通过教育培训司法人员的方式来实现。习近平总书记指出："要加强法治专门队伍教育培训，确保立法、执法、司法工作者信念过硬、政治过硬、责任过硬、能力过硬、作风过硬。"[2]可见，加强对法治队伍，特别是司法队伍专业素养能力的培训，是法治队伍建设的重要内容。有罪必罚原则不仅是刑法的基本原则，还是重要的刑法理论，其对刑事司法实践的指导功能需要通过司法人员来实现。为此，在国家检察官学院、国家法官学院的刑法、刑事诉讼法等相关课程中，应当加入关于有罪必罚原则的内容，将有罪必罚原则的法治意义、基本原理、思想内涵、实现机制等问题作为员额法官、检察官的专项培训内容。通过加强司法人员对有罪必罚原则的理论学习，不仅可以使司法人员对有罪必罚原则的意义和基本原理有较为清晰的认知，更重要的是有助于使有罪必罚原则的具体要求通过司法人员的

---

〔1〕 付立庆：《积极主义刑法观及其展开》，中国人民大学出版社 2020 年版，第 20~21 页。

〔2〕 习近平：《论坚持全面依法治国》，中央文献出版社 2020 年版，第 235 页。

办案活动在实践中得到充分的体现和贯彻。

第二节　健全刑事追诉机制

从制度层面看，实现有罪必罚原则的司法贯彻首先要将有罪必罚原则的基本要求植入整个刑事追诉机制中，健全有利于有罪必罚原则实现的刑事追诉机制。笔者认为，应当从立案侦查、案件移送、审查起诉和审判等刑事诉讼环节健全相应的刑事追诉机制，推动有罪必罚原则的司法贯彻。

一、健全立案侦查和案件移送机制

（一）健全立案机制

立案是刑事诉讼活动的第一个环节，也是有罪必罚原则司法贯彻的首要环节。《刑事诉讼法》第 2 编第 1 章对立案作出了专门规定，涉及立案标准、立案审查、立案监督等内容。其中，《刑事诉讼法》第 109 条明确规定了公安机关和检察机关的立案职责，要求发现犯罪事实或者犯罪嫌疑人时，应当依法立案；《刑事诉讼法》第 112 条则规定了"有犯罪事实需要追究刑事责任"的立案标准。尽管《刑事诉讼法》对立案机制的规定已较为全面，但还不够细致，难以直接用于指导司法实践。例如，立案标准作为立案机制的核心内容，是决定案件能否进入刑事追诉程序的关键指标。而《刑事诉讼法》第112 条规定的立案标准过于抽象、缺乏足够的可操作性，无法对办案人员提供具体、明确的指引。为此，最高司法机关制定、发布了一系列司法解释和规范性文件，对立案机制作出了进一步的细化，确立了更为具体的立案标准。尽管如此，在立案标准上依然存在不利于有罪必罚原则司法贯彻的情形，集中体现为司法解释和规范性文件中确立了不同的立案标准。

在我国的刑事立案机制中，存在着多元立案主体的格局，公安机关、监狱、国家安全机关、检察机关、中国海警局、海关缉私局等部门都有权制定各自的立案标准，导致立案标准缺乏系统性。[1] 例如，司法部发布的《狱内刑事案件立案标准》第 2 条规定，盗窃罪的立案标准为盗窃数额 500 元至

---

〔1〕　参见朱良：《我国刑事立案制度的发展轨迹与未来展望》，载《河北法学》2021 年第 12 期。

2000 元以上。但是，根据 2013 年《最高人民法院、最高人民检察院关于办理盗窃刑事案件适用法律若干问题的解释》的规定，盗窃罪的立案标准是盗窃数额 1000 元至 3000 元以上。这就意味着盗窃罪在定罪时面临着不同的立案标准。如果采用最高人民法院、最高人民检察院的司法解释，那么对盗窃 1000 元以下的行为只能不予立案；但如果认为司法部的规定应当被优先适用，则意味着最高人民法院、最高人民检察院制定的盗窃罪立案标准过高。可见，无论采用哪一个立案标准，都会导致对个别盗窃行为的追诉造成遗漏。有罪必罚原则强调处罚的普遍性，故要求建立统一的追诉标准。换言之，差异化的立案标准将导致个别犯罪行为可能被立案又可能不被立案，这显然不利于有罪必罚原则的司法贯彻。

为了推动有罪必罚原则的司法贯彻，应当打破多元化的立案标准、建立统一的立案标准格局。不一致的立案标准极易造成"同行不同罚"的情形，使有罪必罚原则之处罚普遍性的要求得不到有效贯彻。近年来，最高司法机关发布了多个关于刑事立案标准的规范性文件，对实践中常见犯罪的立案标准作出了统一的规定，对解决当前立案标准不一致的问题起到了重要的推动作用。例如，2022 年最高人民检察院、公安部修订了《最高人民检察院、公安部关于公安机关管辖的刑事案件立案追诉标准的规定（二）》，对走私假币罪、虚报注册资本罪等犯罪的立案标准作出了统一的规定。这一做法带来的启示是，应当由最高人民检察院牵头制定统一的立案标准。所有的刑事侦查主体都应当遵照最高司法机关制定的统一立案标准来进行刑事立案活动，以推动有罪必罚原则的司法贯彻。

（二）健全侦查机制

《刑事诉讼法》第 2 编第 2 章对侦查活动作出了专门规定。根据《刑事诉讼法》第 115 条的规定，对已经立案的刑事案件，侦查机关应当收集、调取犯罪嫌疑人有罪或者无罪、罪轻或者罪重的证据材料。从这一规定不难看出，侦查活动的主要内容是收集与犯罪相关的证据。从证据收集方式上看，我国当前的侦查机制大致存在两种类型：一是自主型侦查机制，即侦查机关作为收集证据的唯一主体，依职权自主进行取证活动。这种侦查机制主要适用于刑法规定的自然犯，如涉及故意杀人罪、盗窃罪的案件等。二是依赖型侦查机制，即侦查机关通过行政执法机关的移送来获取案件线索和证据的侦查方式。[1]这一侦查机制主要用于对法定犯的侦查，涉嫌犯罪的证据通常需要通过行政执法机关来提取和移送。

从有罪必罚原则的司法贯彻来看，当前侦查机制存在的主要问题集中在依赖型侦查机制上，表现为证据衔接难度较大。在依赖型侦查机制下，侦查机关不是获取犯罪证据的第一主体，只有当行政执法机关将日常行政执法过程中提取的证据移交给侦查机关后，侦查机关才能启动侦查程序。如此一来，本应由侦查机关实施的取证活动实际上由行政执法机关承担，从而影响了证据的有效衔接。一方面，行政执法机关取证情况，有可能会造成侦查活动的中断或延缓。另一方面，行政执法人员并非专业的刑事侦查人员，在对案件的调查处理过程中搜集和固定证据的意识不强，可能会出现证据搜集不全面、固定不及时等问题，导致证据灭失。[2]例如，在污染环境犯罪中，排污企业在受到环境执法部门处罚后，会被责令停业整顿，停止排污。如果环境执法部门提供的证据不足以为后续的起诉、审判提供支撑，那么公安机关很难通过补充侦查程序再次提取污水、废气样本等证据。而一旦没有足够的证据，企业的排污行为就很难被追诉。有罪必罚原则要求司法机关对有罪的案件必须予以追诉，而追诉的前提是有充分的证据能够证明行为人的行为确实构成犯罪。在依赖型侦查机制下，由于行政机关主导取证活动，增加了证据衔接环节，有可能存在被追诉人因证据不足而被免于追诉的隐患，不利于有罪必罚原则在侦查阶段的贯彻。

为了解决依赖型侦查机制存在的证据衔接问题，有必要在对法定犯的侦查活动中引入并确立协同侦查机制。所谓协同侦查机制，是指侦查机关与行政执法机关联合执法，侦查活动与行政执法工作同时进行的刑事侦查模式。[3]在协同侦查机制下，行政执法机关在开展行政执法活动前需要事先通

---

〔1〕　参见李梁：《环境污染犯罪的追诉现状及反思》，载《中国地质大学学报（社会科学版）》2018年第5期。

〔2〕　参见王传红、维英：《行政执法机关移送涉嫌犯罪案件机制研究》，载《中国刑事法杂志》2012年第3期。

〔3〕　参见李梁：《环境污染犯罪的追诉现状及反思》，载《中国地质大学学报（社会科学版）》2018年第5期。

报侦查机关，开展联合执法活动。在执法过程中，行政执法机关按照行政执法程序开展行政执法，侦查机关按照刑事侦查程序进行侦查活动。在协同侦查机制下，一方面，侦查机关的刑事侦查程序与一般的行政执法活动同步进行，侦查机关可以在第一时间获得犯罪证据，有利于减少证据流转的程序、降低取证难度，从而推进侦查活动的顺利进行。另一方面，侦查机关可依照刑事诉讼法的标准提取证据，便于提取的证据直接用于刑事追诉活动，最大限度地减少因证据不足而出现退回补充侦查的情形。[1]总之，确立协同侦查机制，可以有效解决侦查机关在依赖型侦查机制中存在的证据衔接难题，推进侦查取证活动的有效进行，有利于在侦查阶段贯彻有罪必罚原则。

（三）健全案件移送机制

随着我国刑法立法"活性化"时期的到来，我国刑法开始步入了法定犯时代。[2]法定犯的突出特点在于行政法是法定犯的前置法，只有具有行政违法性的行为才能被评价为犯罪。[3]法定犯的这一特点引发了刑法与行政法的程序衔接问题。具体到刑事诉讼制度，便是指案件的移送问题，即行政执法机关需要将在行政执法过程中发现的涉嫌犯罪的案件向侦查机关进行移送，由后者启动追诉程序，追究行为人的刑事责任。案件移送机制是刑事追诉程序的重要环节，也是有罪必罚原则司法贯彻的重要内容。如果移送机制不健全、移送渠道不畅通，那么涉嫌犯罪的案件将很难进入到刑事追诉程序，有罪必罚原则的要求也就无法落实。

从立法层面看，为了推动案件有效移送、规范案件移送机制，2001年国务院公布了《行政执法机关移送涉嫌犯罪案件的规定》（以下简称"《案件移送规定》"），并于2020年8月对其进行了修订，以行政法规的形式对行政机关向刑事司法机关移送涉嫌犯罪案件的程序作出了专门规定。《案件移送规定》第3条规定，行政机关在行政执法过程中发现涉嫌犯罪的案件时，必须向公安机关移送。为了了解实践中案件移送机制的运行情况，笔者对国家税

---

〔1〕 参见李鑫：《妨害兴奋剂管理罪追诉机制的反思与建构》，载《武汉体育学院学报》2022年第3期。

〔2〕 参见姜涛：《法定犯时代的到来与行政刑法的发展——读〈行政刑法新论〉一书》，载《人民法院报》2017年6月23日，第5版。

〔3〕 参见陈兴良：《法定犯的性质和界定》，载《中外法学》2020年第6期。

务总局 C 市税务局第三稽查局进行了走访调查，专门就税务犯罪案件的移送问题进行了调研，并与相关工作人员 A 进行了访谈。以下是经整理形成的部分访谈记录。

问：能介绍一下税务犯罪的移送流程吗？

答：我们的稽查人员在日常稽查工作中发现涉嫌税务犯罪案件时会移交法制科进行审理，审理后认为达到移送标准的，会将包括证据材料在内的案卷向有管辖权的公安机关刑事侦查大队进行移送。

问：你们每年移送多少案件，公安机关如何处理你们移送的案件？

答：2023 年移送了 30 多个案件。移送时，他们会在我们提供的送达回证上盖章，以证明收到了案卷材料。

问：会给你们提供立案通知书吗？

答：很少主动提供。有的案件是当我们办理税务稽查结案需要了解案件办理情况，主动向公安机关索要立案通知书时，才知道案件已经进入刑事诉讼程序了，甚至有的已经判完了。

问：2023 年你们共收到多少立案通知书？

答：不到 10 个。

问：对一直没有收到立案通知书的案件，公安机关会给你们提供不予立案通知书吗？

答：没见到过，我们也没主动索要过。

问：为什么不主动索要？

答：按照税务稽查流程，当案件移送到公安机关后，我们可以作案件办结处理。

问：办结处理是指什么？是结案吗？

答：不是，相当于暂予搁置的状态。但对于定性为偷税的案件，做补缴税款和行政处罚处理。

问：根据《案件移送规定》的规定，当公安机关不予立案时，你们可以向人民检察院建议立案监督，你们向检察院提起过立案监督吗？

答：从来没有。这一规定使用的是"可以"，因此不是强制性规定，我们没有义务申请立案监督。特别是，我们属于中央垂直管理单位，需要注意维护与地方政府机关的关系。考虑到我们以后还要向公安机关继续移送案件、需要相互配合，如果建议检察院立案监督的话，可能会影响我们与地方公安机关的关系，担心会导致以后的立案困难。而且，根据《案件移送规定》第9条的规定，我们只有在收到不予立案通知书后才能建议检察机关立案监督，但有时候公安机关根本不给我们不予立案通知书。

问：你们尝试通过其他方式向检察机关反映立案相关的问题吗？比如由稽查局出具公函向当地检察院说明这类问题，以引起其重视？

答：没有。我们的职责只是将涉税犯罪线索移交公安机关，法律法规没有给税务机关设定主动向检察机关说明情况的强制性义务，所以我们不便这样做。

从上述访谈情况可知，税务机关移送案件的数量与公安机关立案数量相差较大，侦查机关的追诉效能并不理想，容易产生犯罪黑数。笔者在调研过程中也发现，公安机关要求税务稽查机关提交的证据标准几乎达到了刑事诉讼法规定的定罪证明标准；但由于增值税专用发票的虚开行为往往涉及多个上下游单位和个人，具有跨地域性的特征，且涉案人员较多，税务机关的执法权有限，很难证明虚开发票的具体来源和形式等，故难以满足公安机关的证明要求。在笔者看来，行政机关在移送案件时应要求只需要提供案件线索而不需证明案件事实。

根据《案件移送规定》第9条的规定，行政执法机关在收到公安机关不予立案的通知书后，有权建议检察机关进行立案监督；在此调查中发现，公安机关未主动提供不予立案通知书。一方面，税务机关面对公安机关不予立案的做法，并没有建议检察机关进行立案监督的动因，也从未向检察机关提起过立案监督；另一方面，税务机关即便想提请立案监督，也会因缺少不予立案通知书而难以提请检察机关的介入。这说明检察监督在案件移送机制中并没有发挥必要的作用。

通过上述分析可知，我国尽管在案件移送制度方面的立法较为完善，但实践运行中仍然存在立案困难的问题。所以，必须健全案件移送机制，推动案件移送机制有效运行，进而推进有罪必罚原则的司法贯彻。笔者认为，只有强化检察机关的立案监督职能，才能实现这一目标。

　　首先，检察机关应当充分利用检察建议权，积极行使立案监督职能。检察机关作为宪法规定的法律监督机关，应当通过充分行使检察建议权来履行法治监督责任。[1]自 2018 年以来，最高人民检察院先后发布过 8 个检察建议，检察建议权的行使日趋规范化、制度化。特别是随着近年来"能动检察"概念的提出，检察建议更是成为了检察机关依法履职的重要内容。[2]在将来，检察机关应当更加积极主动地行使检察建议权，通过向税务、市场监督管理、环境保护、金融监管等具有行政执法权的机关发送检察建议书，建立向检察机关移交线索的常态化机制。当行政执法机关向公安机关移交犯罪线索而得不到立案时，应当将不予立案通知书及全部案件资料一同移交给有管辖权的检察机关。这样既能使检察机关在立案监督机制中担任更为积极、主动的角色，又能够使行政执法机关获得申请立案监督的充分理由。

　　其次，检察机关应当强化立案监督权的保障机制。对侦查机关"有案未立"的情形，检察机关除要求侦查机关说明不予立案的理由外，还应当审查公安机关是否及时向移送主体提供了不予立案通知书。此外，检察机关还应当充分利用法律监督权，审查相关负责人是否存在徇私枉法、玩忽职守等情形，将其中涉嫌的职务违法犯罪案件及时移送监察机关处理。构成犯罪的，由监察机关启动监察调查程序，追究刑事责任；不构成犯罪，但存在不履职、不正确履职等职务违法情形的，依照《公职人员政务处分法》第 3 条的规定对相关责任人进行政务处分。

　　最后，检察机关应当建议侦查机关调整立案标准。立案标准的确定应符合立案制度本身的功能定位，查明真相并非立案阶段要解决的问题，而应当在后续的审查起诉甚至审判环节予以解决。检察机关应通过检察建议、提前介入等方式对侦查机关的立案活动进行指导，推动侦查机关确立形式化的立案审查机制。换言之，只要行政执法机关能够提供案件线索，且能够证明存在犯罪事实，侦查机关就应当予以立案。

---

　　〔1〕　参见黄文艺、魏鹏：《国家治理现代化视野下检察建议制度研究》，载《社会科学战线》2020 年第 11 期。

　　〔2〕　参见《深化新时代能动司法检察工作》，载《检察日报》2021 年 8 月 2 日，第 1 版。

二、健全审查起诉和法院审判机制

（一）健全审查起诉机制

有罪必罚原则主张积极司法理念，强调对犯罪的积极处罚，体现在审查起诉环节便是反对缺少法律依据的不起诉行为。为了使有罪必罚原则的这一要求得到贯彻，一方面《刑事诉讼法》在第 176 条确立了起诉法定主义的立场，要求对犯罪事实清楚、证据确实充分的案件依法作出起诉决定，以强化有罪必诉的实现；另一方面，《刑事诉讼法》在第 177 条第 2 款和第 282 条第 1 款分别规定了酌定不起诉制度和附条件不起诉制度，允许检察机关对部分刑事案件作出不起诉决定。尽管酌定不起诉和附条件不起诉制度与有罪必罚原则积极处罚的功能向度不一致，但由于这一制度获得了刑事诉讼法的认可，且具有充分的正当性，因而可以视为有罪必罚原则的司法例外。[1]而且，酌定不起诉与附条件不起诉制度对不起诉的适用条件作出了明确的限定性规定，有助于避免在刑事诉讼法之外出现有罪不诉的现象。因而可以认为，我国刑事诉讼法从起诉与不起诉两个角度对有罪必罚原则在审查起诉环节的司法实现进行了制度建构，以防止检察机关肆意作出不起诉决定。换言之，有罪必罚原则在坚持起诉法定主义的同时，也允许起诉便宜主义的例外；但要求刑事诉讼法对不起诉的适用对象、适用范围作出明确规定，以避免审查起诉阶段的肆意出罪。

（二）健全法院审判机制

实现法律后果的及时性是有罪必罚原则的重要内容，也是有罪必罚原则司法贯彻机制的当然要求。在审判阶段，为人民法院设立相应的审理期限是确保满足实现法律后果及时性要求的重要手段。审理期限的确定意味着人民法院必须在特定的期限内完结案件、完成对被告人的追诉，使有罪之人尽快受到刑法的惩罚。在这个意义上，尽量缩短人民法院的审理期限、提高审判效率，是满足有罪必罚原则之法律后果及时性要求的重要内容，对有罪必罚原则的司法贯彻具有重要意义。为此，《刑事诉讼法》规定了普通程序、简易

---

〔1〕 对于这一问题，将在本章第 4 节具体展开论述。

程序和速裁程序，并为不同的审理程序设置了相应的审理期限，以确保有罪必罚原则的及时性要求在审判阶段得到有效贯彻。其中普通程序的审理期限是一个月，在特殊情况下还可以延长半个月；而根据《刑事诉讼法》第220条的规定，适用简易程序的刑事案件，审理期限为20天。不难看出，简易程序较普通程序更能实现法律后果的及时性。为了进一步提高刑事案件的审判效率，2014年6月，我国开始试行速裁程序。在试点期间，人民法院审理案件的审限压缩到了10天。[1]速裁程序有效压缩了法院的整体审理期限、提高了庭审的效率。为此，我国在2018年修改《刑事诉讼法》时，将速裁程序确立为正式的刑事审判制度。可见，我国不断通过立法改进刑事审判程序，建立了由普通程序、简易程序和速裁程序构成的审判机制，为保障和提高诉讼效率、促进有罪必罚原则的司法贯彻提供了重要的程序保障。

但是，从审判程序的运行实践和有罪必罚原则司法贯彻的实际效果看，我国当前的审判机制依然存在一些不足，集中表现为简易程序和速裁程序的效率价值没有得到完全的释放。实践中，速裁程序和简易程序的适用率并不高，特别是速裁程序的适用率低于简易程序，影响了刑事审判的整体效率。根据最高人民检察院2020年10月公布的数据，自认罪认罚从宽制度实施以来，27.6%的案件适用了速裁程序审理，49.4%的案件适用了简易程序审理，23%的案件适用了普通程序审理。[2]速裁程序作为审理期限最短的审理程序，还未得到广泛的适用，使刑事案件的审理效率未得到明显的提升。

造成速裁程序适用率较低的重要原因在于不同审理程序的适用条件出现了竞合。有学者指出，我国刑事诉讼法以"认罪"作为程序分流的标准，对不认罪的案件适用普通程序，对认罪的案件既可以适用简易程序，也可以适用速裁程序，由此产生了审判程序适用结构的异化，导致了一些应当进入速

---

〔1〕　参见《最高人民法院、最高人民检察院关于刑事案件速裁程序试点情况的中期报告》，载中国人大网，http://www.npc.gov.cn/zgrdw/npc/xinwen/2015-11/03/content_ 1949929. htm，最后访问日期：2024年1月28日。

〔2〕　参见《最高检下发4起认罪认罚案件适用速裁程序典型案例 认罪认罚案件要善用多用速裁程序》，载最高人民检察院官网，https://www.spp.gov.cn/spp/xwfbh/wsfbt/202010/t20201013_481664. shtml，最后访问日期：2024年1月28日。

裁程序审理快车道的案件被分流至了简易程序。[1]为了进一步提升审理程序的诉讼效率、贯彻有罪必罚原则对审理及时性的要求，有必要进一步完善刑事审判程序。一方面，应当细化、明确不同审理程序的适用标准，避免简易程序和速裁程序出现适用条件上的竞合，挤压速裁程序的适用空间。具体来说，可以根据被告人不同的认罪认罚状态决定审理程序，对在侦查、起诉和审判阶段均有认罪表现的被告人优先适用速裁程序，对认罪状态不稳定或在侦查、起诉阶段不认罪但在审判阶段认罪的犯罪嫌疑人、被告人，适用简易程序。另一方面，在审理程序的选择上，强调优先适用速裁程序，限制审理程序的变更，减少审理程序由简易程序向普通程序的转换或者速裁程序向简易程序的转换。对确需由速裁程序向简易程序或普通程序转移的案件，审判机关必须对其进行严格审查，并进一步明确不适用速裁程序的具体情形。

第三节　完善出罪防控机制

所谓出罪防控机制，是指用于预防和控制司法机关肆意出罪的司法机制，旨在避免和防范有案不立、有罪不诉、肆意作出无罪裁判等现象。有罪必罚原则要求凡是符合刑法规定的犯罪构成的行为，都应当受到刑事追诉。所以，建立出罪防控机制，对有罪必罚原则的司法贯彻具有特殊意义。那么，我国出罪防控机制的现状如何？能否为有罪必罚原则的司法贯彻提供有力保障？还存在哪些问题？如何予以完善？这些问题值得深入思考。

一、我国出罪防控机制的基本现状

从《刑事诉讼法》的规定看，我国当前的出罪防控机制主要由立案监督和抗诉构成。立案监督和抗诉的主体均是检察机关，其中立案监督旨在防控立案阶段的肆意出罪，抗诉旨在防控审判阶段的肆意出罪。

检察机关的立案监督用于保障刑事法律的有效实施和正确惩罚犯罪，体

---

〔1〕 参见李本森、戴紫君：《反思与重塑：刑事速裁程序适用范围研究》，载《学术界》2021 年第 12 期。

现了检察机关追诉犯罪的法律守护人的角色。[1]检察机关在宪法上被定位为法律监督机关，以诉讼监督为主要职能。为此检察机关应当按照法律的授权，通过法定手段，对法律的实施情况进行检查和督促。[2]《刑事诉讼法》第 113 条规定了检察机关的立案监督职能，为防控侦查阶段的肆意出罪提供了基本的法律依据。按照这一规定，人民检察院有权要求公安机关对应当立案而未立案的案件说明不予立案的理由；对于不予立案的理由不成立的，应当通知公安机关及时立案。为了进一步细化检察机关立案监督的内容、强化检察机关的立案监督职能，《人民检察院刑事诉讼规则》第 13 章第 2 节专门规定了"刑事立案监督"，对立案监督的提请程序、受理程序、处理程序等问题作出了更为具体的规定；而且，第 557 条规定，当人民检察院发现侦查机关存在应当立案侦查而不予立案侦查的情形时，有权进行审查。显然，检察机关通过行使立案监督权，能够纠正侦查机关有案不立的做法，从而实现立案阶段的出罪防控功能。

对错误裁判提起抗诉是检察机关监督人民法院审判活动的一种重要方式，也是检察机关法律监督职能的重要组成部分。检察机关的抗诉分为对未生效裁判的二审抗诉和对生效裁判的再审抗诉，提起抗诉的理由是人民法院作出的判决、裁定确有错误。这里所谓的"确有错误"既包括将无罪认定为有罪的情形，也包括将有罪认定为无罪的情形。有罪必罚原则强调处罚的必定性，坚决反对肆意出罪和重罪轻罚。所以，将有罪认定为无罪的错误判决显然违反了有罪必罚原则。检察机关针对这些错误裁判提起抗诉后，二审人民法院或再审人民法院必须对原裁判进行重新审理，这就为纠正错误裁判提供了救济途径，也是有罪必罚原则之司法贯彻的重要途径。

二、我国出罪防控机制存在的问题

尽管我国建立了由立案监督和抗诉构成的出罪防控机制，并在实践中发挥了一定的出罪防控功能，但依然面临诸多不足，与有罪必罚原则的要求存

---

[1] 参见孙谦：《刑事立案与法律监督》，载《中国刑事法杂志》2019 年第 3 期。
[2] 参见朱孝清：《国家监察体制改革后检察制度的巩固与发展》，载《法学研究》2018 年第 4 期。

在一定距离。

（一）对违反出罪防控制度的制裁不足

我国现行的出罪防控机制主要是以检察机关的监督职能为依托而展开的。根据《刑事诉讼法》第113条和第234条的规定，检察机关对有案不立的应对手段是要求侦查机关予以立案，对抗诉的案件也只是要求上级人民法院必须受理案件并开庭审理。然而，这样的监督手段很难对相关责任人员起到震慑作用，不利于避免肆意出罪的发生。从我国现行出罪防控机制的设计看，立法者没有针对肆意出罪的情形为检察机关配置强有力的制裁手段或措施，也没有对肆意出罪的法律后果作出明确规定，存在监督刚性不足的现象。

以检察机关的立案监督为例，按照《刑事诉讼法》第113条的规定，检察机关有权要求公安机关说明不予立案的理由，对于不立案理由不成立的，通知其立案。然而，法律仅规定了侦查机关应当接受监督的义务，却没有赋予检察机关相应的强制手段来保证该项权力的实现；对于侦查机关不履行立案义务的行为，检察机关既缺乏具有强制力的制裁依据，也没有程序性的制裁措施。[1]换言之，面对侦查机关拒绝立案或立而不侦、侦而不破的行为，检察机关既不能对立案侦查活动进行直接干涉，相关责任人员也难以受到法律追究，这暴露出了当前出罪防控机制在立案侦查阶段的短板和不足。法律的有效运行需要通过制裁违法行为来保障，"制裁是所有法律体系和法律规定的必要特征"[2]。仅仅对肆意出罪予以纠正，而缺少对相关责任人员的追责、惩戒机制，显然会削弱出罪防控机制的出罪防控功能，不利于有罪必罚原则的司法贯彻。

（二）缺乏检察起诉阶段的出罪防控

现行出罪防控机制主要集中在立案侦查和审判阶段，缺乏对检察机关审查起诉阶段的出罪防控。审查起诉是承接立案侦查和审判阶段的重要环节，如果在这一阶段缺少必要的出罪防控机制，将会严重影响有罪必罚原则的司法实现。如果检察机关刻意有罪不诉、对应当提起公诉的案件不向人民法院

---

〔1〕 参见孙琴、邓勇：《刑事立案监督的困境及破解路径》，载《中国刑事法杂志》2013年第5期。

〔2〕 Edwin W. Patterson, *Jurisprudence: Men and Ideas of the Law*, Brooklyn Press, 1953, p.169.

提起公诉，将导致本应被定罪处罚的犯罪嫌疑人无法承担应有的刑事责任，从而使有罪必罚原则落空。特别是随着近年来认罪认罚从宽、检察机关提前介入等制度的确立和施行，检察机关在审查起诉阶段的职权日益扩大，容易滋生检察机关有罪不诉的风险。

例如，按照认罪认罚从宽的制度设计，检察机关不仅可以基于认罪认罚的具体情节给予被追诉人以量刑上的优惠，使其在法定刑以下被判处刑罚，甚至还可以作出不起诉决定，使被追诉人免于被追究刑事责任。[1]由此引发了这样一个问题：如果检察人员在审查起诉等诉讼活动中滥用职权、肆意作出不起诉的决定，应当由谁来监督、纠正呢？当然，在检察机关内部可以建立相应的监督机制，通过上级检察机关对下级检察机关的监督来避免审查起诉等诉讼活动中可能出现的有罪不诉等现象；然而，仅仅依靠内部监督并不足以扎牢制度的笼子。出于保护部门利益的考虑，检察机关的内部监督在监督效能上远不如外部监督。作为法律的监督者，检察机关应当接受一定的外部监督，这样才能保障检察权的正确行使。[2]显然，在审查起诉阶段如果没有相应的出罪防控机制，那么检察机关的审查起诉权将得不到有效的制约和监督，个别检察人员完全有可能以被告人、犯罪嫌疑人有认罪认罚情节为借口，作出不起诉的决定，致使有罪必罚原则在审查起诉阶段无法得到贯彻。

三、完善出罪防控机制的具体方案

刑事追诉的任何环节都有发生肆意出罪的可能，为此需要从立案侦查、审查起诉和审判三个阶段来完善有罪必罚原则的出罪防控机制。

（一）立案侦查阶段出罪防控机制之优化

在立案侦查阶段，肆意出罪的情形主要有两种：一是应当立案而不立案、应当侦查而未侦查，二是应当移送而不移送。前者主要是指公安机关的某些不作为情况，后者主要针对的是行政执法机关对有罪必罚原则的贯彻不力。这一阶段出罪防控机制的完善方案需要围绕这两种情形展开。

---

〔1〕 参见闫召华：《合作式司法的中国模式：认罪认罚从宽研究》，中国政法大学出版社 2022 年版，第 25 页。

〔2〕 参见丁玮、赵沂河：《检察权外部监督制约机制研究》，载《中国刑事法杂志》2011 年第 1 期。

一方面，强化检察机关的监督职能，避免侦查机关有案不立和有案不查。党的二十大指出要加强检察机关法律监督工作。强化检察机关对侦查机关的监督功能是优化立案侦查阶段出罪防控机制的重要手段。然而，《刑事诉讼法》第113条赋予检察机关的立案监督权仅限于要求侦查机关对应当立案的案件予以立案，而没有规定相应的保障措施，这就使检察机关的立案监督权较为薄弱，难以起到有效的强制作用。为此，应当赋予检察机关更为有力的制裁手段。有学者建议，针对公安机关在立案阶段的某些不作为情形，检察机关在监督处理过程中可以下发纠正违法意见书，并追踪案件处理进程；对严重违法犯罪的情形，依法严厉查处。[1]具体来说：其一，检察机关需要充分利用检察建议权，增强检察建议的刚性，要求侦查机关对本单位中不积极履责、有案不立的直接责任人进行处理。其二，将应当立案而不予立案的情况作为行政不作为的典型案例向监察机关移送，由监察机关按照《公职人员政务处分法》的规定对直接责任人员予以政务处分。在侦查阶段，检察机关应当充分释放提前介入机制的法律监督功能，强化对侦查活动的法律监督。检察机关的提前介入，是指在刑事侦查阶段，检察机关对侦查机关正在侦办的案件进行指导或者引导的活动。[2]按照提前介入制度的设计，检察机关可以深入侦查机关的侦查活动、对侦查活动的合法性进行法律监督。这里的侦查监督不仅要包括对侦查活动的调查核实和审查批捕，还应当包括对侦查机关存在有案不查、怠于侦查情况的监督，而后者正是出罪防控机制的功能指向。换言之，检察机关需要激发提前介入机制在出罪防控方面的潜力，督促侦查机关积极行使侦查权，及时纠正有案不查的现象。

另一方面，完善行刑衔接信息共享机制。实践中，个别行政执法机关出于部门利益等缘由，会刻意隐瞒涉嫌犯罪的案件线索，以行政处罚处理涉嫌犯罪的案件，从而避免案件进入到刑事追诉程序。有案不移的症结在于，行政机关可以利用职权隐瞒案件线索，使司法机关无从获取刑事案件的信息，从而使涉嫌犯罪的案件无法顺利进入刑事追诉程序。为了解决这一难题，就需要在一定范围内对行政执法机关的执法信息予以公开，使司法机关及时获

---

〔1〕 参见雷鑫洪：《刑事立案监督实证研究》，载《国家检察官学院学报》2016年第6期。

〔2〕 参见洪浩、朱良：《论检察机关在刑事审前程序中的主导地位》，载《安徽大学学报（哲学社会科学版）》2020年第4期。

取涉嫌犯罪案件的线索。近年来，我国不断通过立法来建构行刑衔接信息共享机制。例如，2015 年《食品药品行政执法与刑事司法衔接工作办法》的第 5 章就专门规定了"信息共享"，对信息共享的适用主体、信息录入期限等作出了明确的规定。

行刑衔接信息共享机制对解决实践中有案不移的问题具有重要意义，为此有必要从以下三方面予以完善，强化其在立案侦查阶段的出罪防控功能。其一，将监察机关列为信息共享机制的参与主体。从当前的立法现状看，行刑衔接信息共享机制的适用主体不包括监察机关，例如《食品药品行政执法与刑事司法衔接工作办法》第 35 条只规定了食品药品监管部门、公安机关和人民检察院应当建设信息共享平台。2020 年修订的《案件移送规定》第 14 条赋予了监察机关对行政机关移送案件的监督权，因此，为了使监察机关的监督职能得到有效的贯彻，应当将监察机关作为行刑衔接信息共享机制的参与者，便于实现对有案不移现象的有效监督。其二，以行政机关自身的案件录入系统为基础建立信息共享系统。实践中，信息共享系统存在录入不及时、选择性录入、录入不全面等问题。[1] 造成这一局面的重要原因是，行政执法人员既需要在本单位的行政执法系统中录入案件信息，又需要在专门的共享信息系统中录入案件信息，重复录入增加了行政执法人员的工作量，导致案件信息不能实现完全的共享。为此，行政执法机关的案件信息系统应当向公安机关、检察机关、审判机关和监察机关开放，从技术层面简化不同机关之间的信息交流与共享程序，做到"一次录入，信息共享"。其三，行政执法机关应当将涉案物品清单、检验报告、鉴定结论等全部案卷内容一并上传至信息共享系统，将追诉机关在立案、侦查、起诉、审判环节所需的全部信息和资料予以共享。[2] 如此一来，所有行政执法信息都具有了一定的公开性，侦查机关、检察机关、审判机关和监察机关都可以从行政处罚信息中发现刑事案件的线索，有利于减少行政执法机关有案不移的现象，从而推动侦查阶段出罪防控功能的实现。

---

〔1〕 参见张红、刘航：《行政执法资源有限视角下的行刑衔接程序问题研究》，载《行政管理改革》2019 年第 2 期。

〔2〕 参见李鑫：《妨害兴奋剂管理罪追诉机制的反思与建构》，载《武汉体育学院学报》2022 年第 3 期。

（二）审查起诉阶段出罪防控机制之建构

审查起诉阶段的肆意出罪，主要表现为对符合起诉条件的案件不予起诉，即有罪不诉。尽管《刑事诉讼法》第 7 条规定了人民法院、人民检察院和公安机关在刑事诉讼中分工负责、相互配合、相互制约的基本原则，但并没有明确规定公安机关、人民法院对检察机关的审查起诉行为有监督职能。这就意味着，如果检察机关在审查起诉阶段肆意作出不起诉决定，那么公安机关和人民法院并不能对其进行监督和纠正。因此，有必要使检察机关的审查起诉活动受到相应的监督，并以此建构审查起诉阶段的出罪防控机制。

审查起诉阶段的出罪防控机制应当是对检察机关的外部监督机制。随着《监察法》的颁布实施，监察权成为一种新型的国家权力，监察机关也随之成为了刑事诉讼活动中的重要主体。[1]由此，审查起诉阶段的出罪防控机制需围绕监察机关的监察权进行建构。一方面，应当通过立法方式由《刑事诉讼法》明确监察机关对检察机关审查起诉活动的监督权。目前《刑事诉讼法》只确认了公安机关和司法机关在刑事诉讼活动中的相互制约关系，没有提及监察机关的监督职能，显然不利于发挥监察机关在刑事诉讼活动中的监督功能。为此，需要对《刑事诉讼法》第 7 条进行修改，明确人民法院、人民检察院、公安机关和监察机关在刑事诉讼活动中分工负责、相互配合、互相制约的关系。这样一来，不仅监察机关的刑事诉讼主体地位得到了刑事诉讼法的确认，同时监察机关也获得了监督检察机关审查起诉活动的合法性依据。通过赋予监察机关对检察机关审查起诉活动的监督权，能够使检察机关的审查起诉行为得到有效制约，避免或减少有罪不诉行为的发生。另一方面，制定专门适用于检察机关的监察监督机制，强化监察权的有效运用。具体来说，监察机关需要在《监察法》和《监察法实施条例》的基础上，针对检察工作的特殊性，对检察人员违反检察职责的肆意出罪行为制定专门的规范性文件，明确针对违法作出不起诉决定这一情形的监察处理立案程序、调查程序、责任后果等问题。

（三）法院审判阶段出罪防控机制之完善

从《刑事诉讼法》的规定看，审判阶段的出罪防控机制主要是指检察机

---

〔1〕 参见刘素梅：《国家监察权的监督制约体制研究》，载《学术界》2019 年第 1 期。

关的抗诉。按照抗诉制度的设计，检察机关对人民法院作出的无罪裁判，有权向上一级人民法院提起抗诉，通过对案件的重新审理来纠正原裁判中存在的错误。然而，肆意出罪的裁判不仅是错误裁判，更是违法裁判，是审判人员不依法履职或不正确履职的具体表现。如果由抗诉来承担审判阶段的全部出罪防控功能，仅仅修正错误裁判而不追究相关审判人员的法律责任，则会弱化审判阶段出罪防控机制的功能，不利于有罪必罚原则的司法贯彻。

完善审判阶段出罪防控机制的重点在于强化审判阶段的司法责任制，以便为追究相关审判人员肆意出罪的法律责任提供依据。2016 年，最高人民法院、最高人民检察院联合印发了《关于建立法官、检察官惩戒制度的意见（试行）》，要求在省一级法院设立法官惩戒委员会，对故意违反审判职责的法官作出惩戒决定。肆意出罪是典型的违反审判职责的违法行为，按照法官惩戒机制的要求，应当受到相应的处罚和制裁。但法官惩戒机制作为一种人民法院的内部监督机制，不仅具有公开性不足和低效的短板，更为重要的是，还存在结构性的缺陷。即在同一个组织或系统中，基于组织或系统内部的自利性，难以保障监督者具有足够的监督动力。[1]因此，审判阶段出罪防控机制的完善方案应当围绕对法官的外部监督和制裁制度展开。

法官兼具审判人员和国家公职人员的双重身份。作为国家公职人员，按照《监察法》和《公职人员政务处分法》的规定，法官所从事的审判活动应当接受监察机关的监察，这就为审判机关的外部监督提供了制度性依据。换言之，审判阶段的出罪防控机制需要以监察制度为基础来进行完善。首先，监察机关需要建立对人民法院审判活动的常态化监督机制，在法院内部派驻纪检监察组，在人员、组织上与人民法院的惩戒委员会和人民法院内部的监察部门相区别，并做到经费独立，由中央财政统一负担派驻人员的工资福利等。[2]其次，监察机关需要对审判人员的审判活动进行合法性审查，当发现审判人员存在肆意出罪的违法行为，且人民法院或法官惩戒委员会未给予相应的处分或惩戒时，依据《公职人员政务处分法》第 3 条第 3 款的规定，及时提出监察建议进行纠正；若人民法院或法官惩戒委员会拒不接受监察建议，

---

〔1〕　参见周慧琳：《监察程序与法官惩戒程序衔接的逻辑、障碍与进路》，载《湘潭大学学报（哲学社会科学版）》2022 年第 5 期。

〔2〕　参见周伟：《监察机关派驻监督体制机制的完善》，载《现代法学》2020 年第 6 期。

则可直接对违法的审判人员进行政务处分。最后，检察机关应辅助监察机关行使政务处分权。人民法院的审判活动具有高度的专业性，实践中进入抗诉程序的无罪裁判并非都属于肆意出罪的情形，一些错误裁判有可能是基于审判人员的专业能力不足、对法律规范的理解偏差造成的。检察机关作为专业的司法机关，有能力对错误裁判的具体类型作出判断。为此，检察机关在抗诉程序中需要对提起抗诉的案件进行甄别，对审判活动中是否存在肆意出罪的行为提供专业意见，供监察机关在处分相关审判人员时进行参考。

第四节　司法贯彻的特殊情形

一、司法贯彻特殊情形的理论证成

一般来说，按照有罪必罚原则的要求，凡是符合刑法规定构成要件的行为都应当被定罪处罚。当刑法确定某一特定行为属于犯罪时，司法机关就应当启动追诉程序，使行为人承担特定的刑事责任。然而，在法律的构成要素中，原则是最为抽象的要素，有可能涉及不到事实和规范上的一些特殊情形；而这种特殊情形在有罪必罚原则的司法贯彻中同样存在，集中体现为刑法虽然将某一特定行为规定为犯罪，但按照《刑事诉讼法》的规定，司法机关不予追诉，从而形成了有罪不诉的例外。这即是说，虽然特定行为在实体法意义上属于犯罪并应受到处罚，但在程序上却可以被排除在追诉的范围外。早在 20 世纪 90 年代，储槐植教授就敏锐地洞悉到了刑法中的例外是一种普遍的现象，并将之称为"例外规律"。在他看来，刑法中的例外现象首先体现在罪刑关系上，其中"有罪必罚是刑法的常规，有罪不罚（罚指刑事处分）是例外"。[1]按照这一理解，既然将有罪必罚原则视为刑法的基本原则，那么在特定情况下对有罪之人不进行追诉，就是该原则的例外。可见，有罪必罚原则作为我国刑法的基本原则并非铁板一块，同样存在一定的例外。

一方面，例外情形的出现是由法律原则之于法律规则的抽象性决定的。法律原则相对于法律规则具有明显的抽象性，通常需要对具体的法律规则进

---

〔1〕 参见储槐植：《刑法例外规律及其他》，载《中外法学》1990 年第 1 期。

行概括、总结和归纳。法律原则是对社会关系的特定行为、某一法律部门或全部法律体系通用的价值准则，具有更为宏观的指导意义，在适用范围上远大于法律规则。[1]法律原则与法律规则在"程度上"存在明显的区别，相对于规则而言，原则更为广泛、一般和不具体。[2]由此可见，法律原则较之法律规则更为抽象。但是，在对法律规则进行抽象性概括的过程中，立法者不可能穷尽所有的法律规则。事实上，任何一个法律原则都难以概括所有的具体规则。因而，法律原则与法律规则之间并非简单的包容关系，在特定的法律原则之外，势必存在着没有为法律原则所涵摄的规则，而这便构成了原则的例外情形。

从我国的立法现状看，无论在公法中还是私法中，"原则—例外"的情形都是普遍存在的，各部门法在设定法律原则的同时都会相应地作出例外规定。例如，在民法中，民事合同以自由缔约为原则，以强制缔约为例外；原则上，民法上的承诺行为需要作出意思表示，但例外情形下则无须向相对人作出意思表示，等等。[3]再如，在民事诉讼法中，既判力相对性原则要求人民法院的判决只对当事人具有约束力；然而，当确定判决对诉讼系属后的承继人成为当事人或其承继人占有请求之标的物时，也可以对当事人之外的主体发生约束力，从而形成了既判力相对性原则的例外。[4]在刑法中，"原则—例外"的情形也并不鲜见。例如，适用刑法平等原则被视为我国刑法的基本原则，其在强调适用法律人人平等的同时，也必须做到适度的区别对待，尊重个别性、特定性、具体性以及类型化的问题。[5]正因如此，在我国适用刑法平等原则并不是绝对的。例如，立法者针对未成年人、老年人等特殊主体规定了较一般主体更为宽缓的制裁措施。[6]可见，包括刑法在内的各个部门法都存

〔1〕　参见舒国滢：《法律原则适用的困境——方法论视角的四个追问》，载《苏州大学学报》2005年第1期。

〔2〕　[英]哈特：《法律的概念》，许家馨、李冠宜译，法律出版社2018年版，第332页。

〔3〕　参见易军：《原则/例外关系的民法阐释》，载《中国社会科学》2019年第9期。

〔4〕　参见张卫平：《既判力相对性原则：根据、例外与制度化》，载《法学研究》2015年第1期。

〔5〕　参见高铭暄：《刑法基本原则的司法实践与完善》，载《国家检察官学院学报》2019年第5期。

〔6〕　例如，根据《刑法》第49条的规定，犯罪时不满18周岁的未成年人不适用死刑，审判时已满75周岁的老年人除以特别残忍手段致人死亡的，也不适用死刑。

在原则与例外并存的局面，这是一种常态化的现象，即所谓有原则必有例外。

有罪必罚原则作为刑法的基本原则，需要一系列具体的规则对其予以贯彻和实现。在这一过程中，立法者不可能从"有罪必罚"这一抽象性概念中衍生出所有的具体规则。例如，按照有罪必罚原则的要求，司法者应当完全按照《刑法》的规定，对行为是否符合犯罪构成进行判断，并对成立犯罪的行为予以追诉。然而刑法规范具有鲜明的形式理性色彩，缺乏对个案的实质性考量。如果采取"一律入罪"的司法做法，有可能造成个案不公的处理结果，违反实质正义的要求。正因如此，刑事诉讼法赋予了司法人员自由裁量的酌定不起诉权力，并设定了一系列具体的不起诉制度，从而缓和原则抽象性与规则具体性之间的紧张关系。

另一方面，例外情形的出现是由规范与事实之间的紧张关系决定的。"人类的深谋远虑程度和文字论理能力不足以替一个广大社会的错综复杂情形作详尽的规定。"[1]尽管法律需要对人们的行为作出预先性规定，并尽可能地对社会关系作出回应，从而为国民的行为提供预测依据。但事实上，法律规范始终不能与社会事实之间形成明确的、一一对应的关系，规范与社会事实之间往往会产生一定的偏差。在法律体系中，不能为特定规范所涵盖的社会事实则会成为规范之外的例外。具体来说，这种例外是由规范与事实之间的区别造成的。一方面，规范是静态的，而事实是动态的，这决定了规范之外会存在一定的例外。为国民的行为提供稳定的预期是法律的基本功用，为此国家需要制定并公布成文法，并在一段时期内使其保持稳定。然而，社会事实的样态是复杂的，且始终处于发展变化之中，这会暴露成文法的局限性，使个别事实难以为制定法所涵盖。另一方面，规范是普遍的，事实是个别的，会引起规范的例外情形。法治的首要价值在于实现法律之治、强调法律适用的普遍性。因此，立法者只能以最大多数人的最大利益为根据制定一般性的规范。这样的立法虽然可以考虑到绝大多数的社会事实，但也会造成对个别社会事实的遗漏。"法律所考虑的是多数案件，亦即典型的和一般的情形，但法律对特殊的情况却无法加以说明；在独特的案件中，法律常常不能做到公

---

〔1〕[美]哈罗德·伯曼编：《美国法律讲话》，陈若桓译，生活·读书·新知三联书店1988年版，第20页。

正。"[1]在这种情形下，一味地僵化地适用刑法规范会削弱刑法应对复杂社会事实的能力。司法者处在应对社会现实的第一线，有能力也有必要结合特定案件事实作出司法决断，削减刑法体系与社会事实之间的对立。[2]而司法者基于实现个别正义的需求所提供的具体规则会形成对固有刑法体系的补充，从而引发原则之外的例外。

刑法的立法力求实现罪状表达的类型化与抽象性，但不可能涵盖所有的社会事实，因而在对刑法规范进行司法适用时会出现行为规范与裁判规范分离的情况。司法者在个案裁判时不可能原封不动地套用刑法规范，必然会进行必要的司法限缩。[3]以《刑法》第133条之一规定的危险驾驶罪为例，立法者设置该罪的目的是禁止公民以醉酒的状态驾驶机动车，并以立法的方式将危险驾驶行为的抽象危险法定化。按照抽象危险犯的理论逻辑，对抽象危险犯之危险不需要进行司法上的个别化判断，只要行为人醉酒驾驶机动车便应当以危险驾驶罪定罪处罚。但实践中，有的行为人只是短距离挪动机动车，并不会对公共安全产生任何危险，完全没有必要将其认定为犯罪。为了克服司法实践中醉酒驾驶"一律入罪"的弊病，应当允许对法律拟制的抽象危险予以反证。[4]简言之，刑法规范与案件事实之间总会存在一定的差异，当出现刑法规范之外的特定事实时，便需要对刑法规范的适用范围进行修正、调整，从而形成规范之外的例外。

有罪必罚原则强调法律获得普遍的服从，要求司法机关按照《刑法》的规定定罪处罚；但如果司法机关机械地遵循有罪必罚原则的形式要求适用刑法，则极有可能导致个案不公的情形。因此，为了缓和刑法规范与案件事实之间的紧张关系，有必要在个案判断中对刑法规范作出弹性的解释和适用，而这体现在有罪必罚原则的司法贯彻上，就会形成有罪不诉的例外。具体来说，我国刑事诉讼法在坚持法定起诉主义立场的同时，也为起诉便宜主义提

---

〔1〕 参见陈兴良：《刑法的价值构造》，中国人民大学出版社2006年版，第289页。

〔2〕 参见劳东燕：《刑法体系中立法与司法的关系重构》，载《法律科学（西北政法大学学报）》2024年第2期。

〔3〕 参见石聚航：《行为规范与裁判规范分离下法定犯的限缩方案》，载《中国刑事法杂志》2023年第6期。

〔4〕 参见李鑫：《"醉驾"出罪理由的教义学形塑》，载《西部法学评论》2020年第4期。

供了适用空间。按照起诉便宜主义的要求，司法人员有权根据起诉裁量权对案件是否予以起诉作个别化判断。

二、司法贯彻特殊情形的具体展开

根据《刑法》第 3 条前段的规定，有罪必罚原则的司法贯彻必须做到"依照法律定罪处刑"，即对犯罪的追诉应当满足依法性的要求。这里的"依法性要求"不仅指追诉活动要满足刑法对构成要件的规定，同时也要符合刑事诉讼法的程序性要求。即是说，当刑事诉讼法允许对符合刑法规定的构成要件的特定行为不予追诉时，司法机关便不得对其追究刑事责任，这便形成了有罪必罚原则在司法贯彻机制上的例外情形。需要说明的是，有罪必罚原则强调追诉的依法性，因此只有当刑事诉讼法规定了"有罪不诉"的特殊情形时，才可以排除"有罪必诉"的要求，绝不能在刑事诉讼法之外"有罪不诉"。从我国刑事诉讼法对起诉制度的规定看，有罪必罚原则在司法贯彻机制上存在诸多不予追诉的例外特殊情形，集中体现在酌定不起诉、附条件不起诉、刑事和解、认罪认罚从宽以及自诉制度中。

（一）酌定不起诉的情形

审查起诉是刑事公诉案件的重要环节，要求公诉机关对侦查机关（监察机关）移送的案件进行审查，并作出相应的处理决定。公诉机关经审查起诉后，可以作出起诉或不起诉的处理决定。作出起诉决定，即是案件程序进入到人民法院的审理阶段，进一步推动有罪必罚原则的司法贯彻。与此不同的是，作出不起诉决定则意味着刑事追诉活动的中断，使有罪必罚原则的司法贯彻终止于审查起诉阶段。从检察机关对审查起诉决定的裁量权看，不起诉分为法定不起诉和酌定不起诉。按照《刑事诉讼法》第 177 条第 1 款的规定，公诉机关作出法定不起诉决定的根据，要么是犯罪嫌疑人没有犯罪事实，要么是存在法律规定免予追究刑事责任的情形。[1] 所以，尽管法定不起诉终止了有罪必罚原则在审查起诉阶段的贯彻，但并不是有罪必罚原则的例外。有罪必罚原则在审查起诉环节的例外主要体现在酌定不起诉上。

---

〔1〕 此外，《刑事诉讼法》第 175 条第 4 款规定了存疑不起诉制度。在本书看来，存疑不起诉属于没有证据证明犯罪事实的情形，应当属于法定不起诉的一种。

　　与法定不起诉的强制性不同，酌定不起诉突出的是公诉机关对起诉的"酌定"性：对于符合起诉条件的犯罪，公诉机关既可以选择起诉，也可以作出不起诉决定。[1]酌定不起诉包括针对轻罪的酌定不起诉和核准不起诉两种类型。前者规定在《刑事诉讼法》第 177 条第 2 款，其适用条件有两个：其一，犯罪人的行为已经构成犯罪，且应当负刑事责任；其二，犯罪情节轻微，且不需要判处刑罚。[2]后者规定在《刑事诉讼法》第 182 条，其适用条件是：其一，犯罪嫌疑人如实供述犯罪事实；其二，有重大立功表现或涉及国家重大利益；其三，不起诉决定必须经最高人民检察院核准。尽管这两种酌定不起诉制度在适用范围上不尽一致，但均以犯罪嫌疑人涉嫌犯罪为前提，属于有罪不诉的范畴。酌定不起诉的制度逻辑是，通过赋予公诉机关一定的起诉自由裁量权，允许对构成犯罪之人不提起公诉，进而不予追究刑事责任。按照有罪必罚原则的理论逻辑，罪与罚之间具有必然的因果联系，即罚是罪的必然结果。既然行为人的行为已经构成了犯罪，那么公诉机关就必须积极行使公诉权，基于起诉法定主义的立场对案件及时提起公诉，使犯罪嫌疑人、被告人接受人民法院的审判。进而言之，根据有罪必罚原则，公诉机关在审查起诉活动中一旦认定犯罪嫌疑人的行为构成了犯罪，就必须提起公诉，即有罪必诉，没有适用自由裁量权的空间。所以，酌定不起诉制度的设立，引起了有罪必罚原则在司法上的例外。

　　尽管酌定不起诉使有罪必罚原则在司法贯彻上出现了例外，但不可否认，这种例外具有充分的正当性。首先，酌定不起诉制度是平衡刑法人权保障机能与社会保护机能的重要手段。刑法必须在社会保护与人权保障之间寻求平衡。其中保护机能只是刑法社会机能的一部分，不能说明刑法的全部法治意义，甚至仅强调刑法的保护机能会导致公民自由的过度萎缩。为了限制刑罚权这一"必要的恶"，应当为刑法的人权保障机能提供相应的司法实现机制。这一要求体现在刑事诉讼程序中，便是在起诉法定主义之外提出并确立起诉便宜主义。起诉便宜主义赋予了公诉机关对审查起诉的自由裁量权，允许其

〔1〕　参见陈光中主编：《刑事诉讼法》，北京大学出版社、高等教育出版社 2016 年版，第 333 页。
〔2〕　参见陈光中主编：《刑事诉讼法》，北京大学出版社、高等教育出版社 2016 年版，第 333 页。

基于公共利益或社会效果的需求，对个别犯罪行为作出不起诉决定。例如，针对轻罪的酌定不起诉制度作为起诉便宜主义的具体体现，以"犯罪情节轻微"和"不需要判处刑罚"为适用条件，即以轻罪为适用对象。由于轻罪的法益侵害性较轻、刑法处罚的必要性也相对较低，因而允许对轻罪适用酌定不起诉，有利于限缩刑罚权的适用范围、减少刑法对社会的干预，从而克服刑法保护机能过度扩张刑罚权的局限性、实现刑法的人权保障机能。其次，酌定不起诉制度符合诉讼经济性的原理。"在21世纪，关于是否赋予检察官决定对犯罪嫌疑人起诉与否的权力，经济与效率的考虑有很大的发言权。"[1]刑事司法资源与犯罪治理需求之间始终存在着紧张关系，任何国家都不可能为了打击犯罪而不计成本地投入司法资源。司法资源始终是稀缺的，刑事诉讼活动的运行必须以有限的司法资源来实现尽可能高的司法效率。[2]从提高诉讼效率、优化刑事资源的角度看，放弃对部分轻罪的追诉，有利于更多的刑事司法资源集中到对重大案件的追诉中，从而提升司法机关的整体追诉效能。换言之，放弃对部分犯罪的追诉，对提升整体的犯罪追诉效率具有重要的意义。最后，酌定不起诉制度符合法益衡量的基本要求。刑法的根本目的在于实现对法益的保护，即通过打击犯罪的方式来使被侵害法益得到保护。但与此同时，如果对特定犯罪人进行追诉、使其承担刑事责任，可能会使国家重大利益遭受损失。在这种情况下，一味地按照《刑法》的规定对犯罪进行制裁，并不符合法益衡量的基本要求。因此，司法机关在追诉犯罪时应当平衡打击犯罪与保护法益的关系。进言之，当对某一犯罪进行追诉可能危及国家重大利益时，司法机关有权放弃追诉犯罪以维护更加重要的国家利益。[3]在核准不起诉制度中，犯罪嫌疑人具有重大立功表现意味着犯罪嫌疑人能够协助司法机关破获重大案件，有利于使更为重要的法益得到保护。此外，当案件涉及重大国家利益时，放弃对犯罪嫌疑人的追诉，也可能有利于保护国家的政治、经济、国防等关键领域的利益。总之，酌定不起诉制度虽然使有罪必罚原则的司法贯彻出现了例外，但这种例外具有充分的正当性。

---

〔1〕［德］托马斯·魏根特：《德国刑事程序法原理》，江溯等译，中国法制出版社2021年版，第194页。

〔2〕参见易延友：《刑事诉讼法：规则 原理 应用》，法律出版社2019年版，第446页。

〔3〕参见董坤：《认罪认罚从宽中的特殊不起诉》，载《法学研究》2019年第6期。

（二）附条件不起诉的情形

附条件不起诉是指检察机关对符合法定条件的犯罪嫌疑人，暂时中止诉讼程序、启动监督考察程序，并责令嫌疑人承担特定的义务，在考察验收合格后，作出不起诉的决定。[1]《刑事诉讼法》在第 282 条对附条件不起诉制度作出了具体规定。按照这一规定，检察机关作出不起诉决定需要满足如下条件：首先，只能是涉嫌刑法分则第 4、第 5 或第 6 章的未成年人案件；其次，可能判处 1 年以下有期徒刑；最后，犯罪嫌疑人必须具有悔罪表现。附条件不起诉制度的关键在于检察机关必须对不起诉决定附加一定的考察条件。按照《刑事诉讼法》第 283 条的规定，检察机关应当设置 6 个月至 1 年的考验期，要求未成年犯罪嫌疑人履行包括矫治、教育在内的一系列法定义务。对在考验期内没有违反考察规定的犯罪嫌疑人，检察机关应当作出不起诉决定，反之则对其提起公诉。

附条件不起诉制度赋予了检察机关作出不起诉决定的自由裁量权，允许在特定情况下终止刑事诉讼活动，也会引起有罪必罚原则在司法贯彻过程中的例外。按照有罪必罚原则的要求，检察机关对涉嫌犯罪的案件应当做到有罪必诉，坚持起诉法定主义的立场。但附条件不起诉制度作为起诉便宜主义的制度体现，将考察手段作为起诉的替代手段，对有罪必诉的司法要求进行了变通，只有当犯罪嫌疑人在考验期内存在违反考察规定的情形时，检察机关才能提起公诉。由此可见，在附条件不起诉制度下，检察机关无需做到有罪必诉。

尽管附条件不起诉制度引起了有罪必罚原则的司法例外，但这种例外具有充分的正当性依据。一方面，附条件不起诉制度是对未成年人利益予以特殊保护的制度回应。未成年人的心智发育并不成熟，在刑事诉讼活动中属于典型的弱势群体，极易受到不公正的待遇，因此应当受到特殊的司法保护。[2]正因如此，我国刑法在贯彻适用刑法平等原则的同时，允许保留一定的合理差别，给予未成年人以特殊的刑法保护，例如不追究 12 周岁以下未成年人的刑事责任、不对未成年犯罪人适用死刑等。对未成年人予以特殊保护的司法理念，在刑事诉讼法中同样有所体现。《刑事诉讼法》第 277 条确立了对未成年人犯

---

〔1〕 参见陈瑞华：《轻罪案件附条件不起诉制度研究》，载《现代法学》2023 年第 1 期。
〔2〕 参见魏小伟：《未成年人犯罪附条件不起诉的理论支点》，载《学术交流》2015 年第 9 期。

罪坚持教育为主、惩罚为辅的原则。按照这一原则，在处理未成年人犯罪的案件时，应当贯彻教育优先的理念，惩罚只能作为次要的、辅助的手段。附条件不起诉制度给予了未成年犯罪嫌疑人改过自新的机会，对考验期内服从考察规定、接受教育矫治的，免于追究刑事责任，充分体现了对未成年犯罪人以教育为主的理论逻辑。另一方面，附条件不起诉制度有利于推动实现犯罪预防的功利效果。对犯罪施加报应从来不是刑罚的唯一正当性根据，刑罚在追求惩罚犯罪的同时，还必须实现特殊预防的治理效果。附条件不起诉制度能够将未成年人从刑事追诉程序中解脱出来，使其免受由刑事司法活动带来的犯罪标签，有利于未成年人更好地复归社会。同时，附条件不起诉制度要求未成年犯罪嫌疑人在考验期内按照考察机关的要求接受矫治和教育，实现帮教的前置化，对避免未成年人再次实施犯罪、实现特殊预防的犯罪治理效果具有积极的推动作用。[1]可见，虽然附条件不起诉制度能够中断检察机关的审查起诉活动、使未成年犯罪嫌疑人免于被追究刑事责任，但这种有罪必罚原则的司法例外具有理论上的正当性，应当得到肯定和认可。

（三）刑事和解的情形

刑事和解，是指在公诉案件的刑事诉讼程序中，犯罪嫌疑人或被告人在认罪悔罪和积极赔偿的基础上，与被害人达成和解协议，司法机关基于和解协议可以作出宽大处理的诉讼活动。[2]在2012年修改《刑事诉讼法》时，立法者便把"当事人和解的公诉案件诉讼程序"作为一项刑事诉讼的特别程序规定了下来，并在2018年修改的《刑事诉讼法》中继续保留了这一制度。根据《刑事诉讼法》第288条的规定，有两类公诉案件可以通过刑事和解程序来解决：一类是因民间纠纷引起，涉嫌刑法分则第4章、第5章规定的，可能判处3年有期徒刑以下刑罚的案件；另一类是除渎职犯罪以外的可能判处7年有期徒刑以下刑罚的过失犯罪案件。作为在我国自生自发的刑事诉讼制度，刑事和解实际上是一种建立在利益兼得基础上的制度尝试。[3]首先，刑事和

---

〔1〕 参见庄乾龙：《未成年人附条件不起诉制度功能论》，载《预防青少年犯罪研究》2021年第4期。

〔2〕 参见陈瑞华：《刑事诉讼法》，北京大学出版社2021年版，第521页。

〔3〕 参见陈瑞华：《刑事诉讼的私力合作模式——刑事和解在中国的兴起》，载《中国法学》2006年第5期。

解制度的适用前提是犯罪嫌疑人、被告人对被害人赔礼道歉、赔偿损失，能够使被害人的受损利益得到一定程度或完全的恢复。其次，犯罪嫌疑人、被告人可以通过刑事和解获得司法机关从宽处理的结果，甚至免于被追诉或免除刑事责任。最后，由于刑事和解中断了刑事追诉的程序，检察机关和人民法院的工作量也会随之减少。可见，在刑事和解制度中，犯罪嫌疑人、被告人以及国家追诉机关三方都能获得相应的实体利益及程序性利益，实现刑事追诉程序中的"共赢"状态。

根据《刑事诉讼法》第289条的规定，在立案侦查、审查起诉和审理阶段都可以进行刑事和解。刑事和解在不同追诉阶段的适用会产生不同的法律后果，进而导致两种有罪必罚原则的例外情形。其一，对适用刑事和解的犯罪人予以从宽处罚。按照《刑事诉讼法》第290条的规定，刑事和解能够被作为从宽处罚的量刑依据，即根据被害人和犯罪人双方达成的刑事和解协议，人民法院可以对犯罪人作出从轻或减轻处罚的裁判。按照《刑法》第3条前段的规定，人民法院只能根据法律定罪处刑，即按照刑法规定的量刑情节对犯罪人进行处罚；而刑事和解显然属于非法定的量刑情节，将刑事和解作为从宽处罚依据，将使有罪必罚原则之处罚必定性的要求不能得到完全的实现。其二，对适用刑事和解的犯罪人不予追诉。根据《刑事诉讼法》第290条的规定，对于达成和解协议，且犯罪情节轻微不需要判处刑罚的案件，人民检察院可以作出不起诉决定。即是说，在刑事和解制度下，被害人与加害人可以基于自愿达成的和解协议来排除公诉机关的公诉活动，从而使加害人免于被追究刑事责任。根据有罪必罚原则的基本要求，公诉机关在审查起诉过程中查明犯罪嫌疑人涉嫌犯罪，且证据确实充分时，应当向人民法院提起公诉，进而使其承担刑事责任。但是按照刑事和解的制度设计，如果加害人对被害人积极赔偿，取得谅解，且双方达成和解协议的，公诉机关有权作出不起诉决定，从而出现了有罪不诉这一有罪必罚原则在积极司法理念上的例外。

尽管刑事和解使有罪必罚原则出现了例外，但这种例外具有正当性。一方面，刑事和解有利于保护被害人的权益。根据《刑事诉讼法》第288条的规定，犯罪嫌疑人、被告人只有获得被害人谅解且被害人自愿和解的，才能通过刑事和解制度获得从宽处罚或不予起诉的处理。而为了达成这一目的，被追诉人往往会向被害人积极赔礼道歉，并对犯罪造成的损失进行赔偿。这就能使被害人因加害人行为而遭受侵害的法益得到恢复，具有刑法法益保护目的层面的正当性。另一方面，刑事和解有利于提高诉讼效率。在传统的刑事追诉模式中，犯罪纠纷需要经过立案侦查、审查起诉和法院的审判阶段才能得到解决。在这一过程中，司法机关需要投入大量的人力物力，以确保刑事追诉程序的完整性。而刑事和解制度则可以基于犯罪人（被告人）与被害人的和解协议，在审查起诉阶段中断追诉活动，在人民法院审判之前解决犯罪纠纷，简化了追诉流程，有利于节省司法资源。此外，刑事和解属于刑事诉讼的私力合作模式，十分注重刑事诉讼过程中的对话、合作与互惠因素，而不是固守对抗并囿于规则。[1]这就会减少被告人、犯罪嫌疑人的对抗性，从而降低司法机关的追诉难度，有利于案件尽快结案、提高诉讼效率。总之，不论从法益保护还是诉讼效率的角度来看，刑事和解都具有正当性。刑事和解的正当性，也使得罪必罚原则基于刑事和解的例外具有了正当性。

（四）认罪认罚从宽的情形

2014年党的十八届四中全会将完善认罪认罚从宽制度作为了全面推进依法治国的一项重要内容。2016年11月，最高人民法院等五部门联合印发了《关于在部分地区开展刑事案件认罪认罚从宽制度试点工作的办法》，开始进行认罪认罚从宽制度的试点工作。2018年修改《刑事诉讼法》时，立法者不但在第15条将认罪认罚从宽处理作为刑事诉讼法的基本原则规定了下来，而且在立案侦查、起诉、审判等环节对认罪认罚从宽制度的具体适用问题作出了规定，从而将认罪认罚从宽处理制度化。[2]对认罪认罚从宽制度的理解，可以从"认罪认罚"和"从宽"两方面展开。"认罪认罚"是指被追诉人认可被指控的犯罪事实及公诉机关指控的法律评价，同时接受公诉机关的量刑建议。[3]"从宽"则既包括程序上的从简，也包括实体上的从宽。其中，实体上的"从宽处理"不仅包括对被告人从轻、减轻乃至免除处罚，还包括在

---

〔1〕 参见马明亮：《正义的妥协——协商性司法在中国的兴起》，载《中外法学》2004年第1期。

〔2〕 参见张泽涛：《认罪认罚从宽制度立法目的的波动化及其定位回归》，载《法学杂志》2019年第10期。

〔3〕 参见闫召华：《合作式司法的中国模式：认罪认罚从宽研究》，中国政法大学出版社2022年版，第8页。

审前程序中对被追诉人的停止追诉和不追诉。[1]从本质上看，认罪认罚从宽制度是一种协商式的刑事诉讼模式，通过被追诉人和司法机关之间的协商，被追诉人可以获得程序和实体上的从宽利益，司法机关可以减少指控、追诉犯罪的工作量。

认罪认罚从宽制度的确立，使有罪必罚原则在司法贯彻上出现了例外。其一，基于认罪认罚的不起诉使得有罪必罚原则出现了例外。有罪必罚原则要求犯罪与处罚之间具有必定性的联系，即"有罪"则"必罚"，"必罚"是对"有罪"的实现。为此，有罪必罚原则要求公诉机关在审查起诉过程中必须做到有罪必诉，坚持起诉法定主义的立场。然而，认罪认罚既不是免于追究刑事责任的法定事由，也不是法定不起诉的适用条件，公诉机关却可以根据认罪认罚从宽制度对犯罪人作出免予起诉的决定。《关于适用认罪认罚从宽制度的指导意见》第 30 条规定，对认罪认罚后没有争议，不需要判处刑罚的轻微刑事案件，人民检察院可以依法作出不起诉决定。如此一来，即便被追诉人构成犯罪，但基于其有"认罪认罚"的态度便可以不被追诉，使有罪必罚原则出现了例外。其二，基于认罪认罚从宽制度，有罪必罚原则之"必罚"不能得到完全的实现。有罪必罚原则强调对犯罪人的处罚必须严格依照刑法进行，反对在刑法之外对犯罪人作出减轻处罚的处理。[2]根据《刑法》第 3 条前段的规定，有罪必罚原则强调依照法律定罪处刑，反对人民法院判处比法定刑轻的刑种或刑度。而认罪认罚并非刑法规定的法定量刑情节，在没有获得实体法承认的情况下，允许人民法院采纳人民检察院提出的量刑建议，根据犯罪人"认罪认罚"的情况在法定刑以下量刑，使有罪必罚原则之"必罚"的内容无法得到完全的实现，从而引起了有罪必罚原则在司法上的例外。

认罪认罚从宽制度作为一项正式的刑事诉讼制度，必然存在合理性，集中体现在该制度有利于实现案件繁简分流、推动刑事诉讼的高效进行。公正与效率的关系始终是刑事诉讼制度中一项不可回避的重要问题，刑事诉讼活

---

〔1〕　参见闫召华：《合作式司法的中国模式：认罪认罚从宽研究》，中国政法大学出版社 2022 年版，第 25 页。

〔2〕　根据《刑法》第 63 条第 2 款的规定，对犯罪人减轻处罚必须具备法定减轻处罚情节或由最高人民法院核准。这不仅体现了刑法对减轻处罚的谨慎态度，更体现了非经法定事由不得减轻处罚的有罪必罚原则要求。

动在追求实体正义的同时还应当实现必要的效率价值。提升刑事诉讼效率的重要手段便是推动案件的繁简分流，运用有限的司法资源完成刑事追诉活动。认罪认罚从宽制度以"公正为本，效率优先"为核心价值取向，[1]其运行机制在于将刑事案件分为被告人、犯罪嫌疑人认罪认罚的案件和不认罪认罚的案件，并对前者适用更为简化的诉讼程序。进而言之，认罪认罚从宽制度的基本价值和功能在于为简易程序和速裁程序的适用提供正当化根据和动力机制，提高其适用率，从而优化司法资源配置。[2]总之，认罪认罚从宽制度为刑事案件的繁简分流提供了有力的制度依据，对实现刑事诉讼的效率价值具有重要意义。认罪认罚从宽制度的合理性，也使得有罪必罚原则基于认罪认罚从宽的例外具有了合理性与正当性。

（五）刑事自诉案件的情形

从对犯罪追诉权的适用方式看，我国主要是以公诉模式来对犯罪进行追诉，即由司法机关行使追诉职权。同时，立法者规定了针对少部分案件的自诉。刑事自诉是由被害人享有对部分犯罪的诉权，具有私力救济的性质，"本质上类似民事诉讼，是平等主体之间的诉讼"[3]。根据《刑事诉讼法》第210条的规定，自诉案件的类型包括三种：（1）告诉才处理的案件；（2）被害人有证据证明的轻微刑事案件；（3）被害人有证据证明对被告人侵犯自己人身、财产权利的行为应当依法追究刑事责任，而司法机关不予追究的案件，即公诉转自诉案件。这三类自诉案件不同程度地引起了有罪必罚原则的例外。

首先，基于告诉才处理的自诉型案件，使有罪必罚原则在司法贯彻上出现了例外。告诉才处理的犯罪又称亲告罪，对于告诉才处理的犯罪，除特别情形外，只有当被害人向公安机关、司法机关进行告发或起诉，案件才能进入追诉程序。[4]如果被害人不对犯罪事实进行告发或起诉，那么追诉机关便

---

〔1〕 参见陈卫东：《认罪认罚从宽制度研究》，载《中国法学》2016年第2期。

〔2〕 参见魏晓娜：《完善认罪认罚从宽制度：中国语境下的关键词展开》，载《法学研究》2016年第4期。

〔3〕 参见樊崇义：《诽谤罪之自诉转公诉程序衔接——评杭州郎某、何某涉嫌诽谤犯罪案》，载《检察日报》2020年12月28日，第3版。

〔4〕 根据《刑法》第246条第2款规定和第260条第3款的规定，严重危害社会秩序和国家利益的侮辱罪、诽谤罪和被害人没有能力告诉，或者因受到强制、威吓无法告诉的虐待罪不属于告诉才处理的犯罪。

不得启动追诉程序；即使已经启动追诉程序的，如果被害人撤回告诉，追诉机关也应当作撤销案件，作不起诉或终止审理处理。即是说，亲告罪制度赋予了被害人对犯罪追诉的决定权，将被害人向司法机关提出告诉作为追究犯罪人刑事责任的前提条件。[1] 有罪必罚原则的积极司法理念强调刑罚权的积极适用，要求司法机关必须积极履行法定职责、对刑法规定的犯罪做到积极追诉，进而使犯罪人承担相应的刑事责任。因此，当发生犯罪时，侦查机关必须及时启动立案侦查程序、公诉机关依法提起公诉、人民法院依法作出有罪裁判。但是按照亲告罪制度的设计，在被告人不行使或拒绝行使告诉权的情况下，《刑法》规定的 5 个亲告罪便可以不被追诉，由此行为人的行为既不需要被认定为犯罪，也不需要受到刑法的处罚。如此一来，司法机关对犯罪的追诉职权被被害人的自诉权所取代了，即便行为人实施了侮辱罪、诽谤罪等告诉才处理的犯罪，如果没有被害人的告诉，司法机关的追诉职权也不能发动。简言之，亲告罪制度赋予了被害人排除国家司法机关追诉犯罪的权力，可以引发有罪不诉、有罪不罚的例外情况。

其次，基于被害人有证据证明的轻微刑事案件，使有罪必罚原则在司法贯彻上出现了例外。有罪必罚原则的司法贯彻机制强调司法机关应当积极主动地行使追诉职权，当发生犯罪时，做到积极地立案侦查、审查起诉和审判。但对被害人有证据证明的轻微刑事案件，只有当证据不足或认为对被告人可能判处 3 年以上有期徒刑的，才可以由公安机关受理或移送公安机关立案侦查。即是说，当发生犯罪时，公安机关无须在第一时间启动立案侦查程序，只有当被害人私力救济能力不足或案件属于重罪时，才可启动追诉职权。可见，自诉制度允许国家将一部分对犯罪的追诉职权分配给被害人，从制度层面使国家追诉职能退居于被害人的私力救济之后，削弱甚至反对司法机关追诉犯罪的主动性，从而形成了有罪必罚原则在积极司法理念上的例外。

最后，公诉转自诉的案件引起了有罪必罚原则的例外。有罪必罚原则的司法贯彻机制不仅包括司法机关的追诉机制，还包括出罪防控机制，后者旨在通过积极发挥国家机关的法定职权，避免犯罪追诉过程中可能出现的有案不立、有罪不诉等问题。进而言之，当公安机关不予受理或检察机关不予起

---

[1]　参见吴宏耀：《刑事自诉制度研究》，载《政法论坛》2000 年第 3 期。

诉时，需要通过检察机关、监察机关等国家机关来完成相应的出罪防控功能。而公诉转自诉的案件意味着允许被害人通过自行起诉的方式来追究犯罪嫌疑人、被告人的刑事责任，从而使出罪防控的私力救济成为可能。

自诉案件虽然在不同程度上形成了有罪必罚原则在司法贯彻机制上的例外，但具有充分的理论正当性。一方面，允许被害人放弃对部分轻罪的追诉权，是尊重公民个人法益处分权的体现。国家之所以主动追究犯罪，在于国家对被害人的权益负有不可推卸的保护责任。但国家追诉主义并不绝对地排斥被害人的诉权，相反，国家对犯罪采取积极主义的追诉立场是以保护被害人诉权为终极目的的。[1]刑事诉讼法设置亲告罪制度的目的就在于为被害人保留一定的私人决定空间：当追诉犯罪的公共利益与被害人追诉犯罪的意愿发生冲突时，国家追诉机关应当保持一种谦抑的姿态，而不是迫使被害人违背真实意愿来协助国家追诉犯罪。[2]赋予公民一定的自我决定权、允许公民按照自己的意愿对自己的利益进行自由支配，既是自由主义理论的内在逻辑，也是我国宪法尊重和保障人权的当然之意。[3]公民的自我决定权体现在刑事诉讼活动中，便是允许将犯罪的启动程序交给被害人，承认亲告罪制度的正当性。亲告罪所保护的法益均为公民的非重大个人法益，基于对公民自我决定权的尊重，被害人对这部分私法益当然地享有处分权。进而言之，如果公民通过亲告罪制度放弃了个人法益，那么国家也就无需对犯罪进行处罚。在此意义上，将亲告罪制度作为有罪必罚原则在司法上的例外具有充分的理论正当性。另一方面，允许被害人对犯罪侵害进行私力救济，有利于实现法益保护的目的。无论是被害人有证据证明的轻微案件，还是公诉转自诉的案件，都在公诉程序之外设置了相应的补充救济途径，最终目的在于实现对犯罪人的处罚。例如，就公诉转自诉的案件而言，当公安机关或检察机关对此类犯罪不予追诉时，允许被害人通过自行起诉的方式来追究犯罪嫌疑人、被告人的刑事责任，有助于解决实践中有罪不究的问题，从而实现法益保护的目的。总之，自诉制度具有充分的合理性，使得有罪必罚原则基于自诉案件的例外

---

〔1〕 参见熊秋红：《论公诉与自诉的关系》，载《中国刑事法杂志》2021 年第 1 期。

〔2〕 参见吴宏耀：《告诉才处理犯罪的追诉制度：历史回顾与理论反思》，载《中国刑事法杂志》2021 年第 1 期。

〔3〕 参见车浩：《自我决定权与刑法家长主义》，载《中国法学》2012 年第 1 期。

具有了合理性与正当性。

本章小结

有罪必罚原则主张树立并强化积极司法理念，强调追诉活动的及时性和必定性。按照积极司法理念的要求，侦查机关应当对涉嫌犯罪的案件积极地予以立案侦查，做到有案必立、有案必查、及时立案和及时侦查；检察机关应当对移送的案件积极地提起公诉，做到有罪必诉和及时起诉；审判机关应当积极行使审判权，做到有罪必判和及时审判。为了强化积极司法理念，应当把有罪必罚原则确立为刑法理论的重要内容；通过立法手段强化积极司法理念的要求，明确侦查期限；在法治队伍建设中强化司法人员对有罪必罚原则的认知，确保积极司法理念能够在刑事追诉活动中得到贯彻；通过司法解释强化有罪必罚原则的要求，确立以案件事实为中心的司法解释机制，在刑法适用过程中坚持客观解释和实质解释，引导司法机关积极地行使追诉权。

有罪必罚原则的司法贯彻首先要将有罪必罚原则的基本要求植入到整个刑事追诉机制中。为此，需要健全立案侦查和案件移送机制，推行统一的立案标准；引入和确立针对法定犯的协同侦查机制，推动侦查取证活动的有效进行；加强检察机关的立案监督职能，并以强化检察建议权的方式来完善案件移送机制。应当严格按照刑事诉讼法的规定进行审查起诉，避免法律之外的有罪不诉。在审判程序的选择上，强调优先适用速裁程序，明确不同审理程序的适用标准和条件。

出罪防控机制旨在解决有案不立、有罪不诉、肆意作出无罪裁判等违反有罪必罚原则的情形。我国当前出罪防控机制的制裁性不足，且缺乏对检察机关审查起诉活动的出罪防控功能，影响了有罪必罚原则的司法贯彻。为此，需要在侦查阶段强化检察机关的立案监督职能，处罚不作为的直接责任人；完善行刑衔接信息共享机制，推动案件的有效移送。在审查起诉阶段，应当由监察机关对检察机关的审查起诉活动进行监督，避免和防范有罪不诉问题的发生。在审判阶段，需要完善肆意出罪的责任机制，对违法作出无罪裁判的审判人员进行处罚；并强化监察机关对人民法院审判活动的监督，以积极行使监察权的方式防范肆意出罪裁判的出现。

有罪必罚原则在司法贯彻过程中存在一定的特殊情形，即按照刑事诉讼法的规定，行为构成了刑法规定的犯罪但司法机关不予追诉。酌定不起诉制度赋予了检察机关自由裁量的起诉权，具有人权保障、诉讼效率和法益衡量方面的正当性。附条件起诉制度允许检察机关对未成年犯罪人作出不起诉决定，属于对未成年人的特殊司法保护，有助于实现犯罪预防的效果。刑事和解制度允许司法机关基于和解协议作不起诉决定和从宽处罚，在法益保护目的和提高刑事诉讼效率上具有正当性。认罪认罚从宽制度允许检察机关作不起诉决定和从宽处理，在提高诉讼效率上具有合理性。自诉制度设置了对犯罪侵害的私力救济途径，有助于实现对被害人法益的保护。

第七章

有罪必罚原则的刑事执行机制

刑事执行是刑法运行的重要环节，也是有罪必罚原则的最终落脚点。那么，有罪必罚原则与刑事执行之间究竟是什么样的关系？贯彻有罪必罚原则需要坚持什么样的刑事执行理念、采用什么样的刑事执行方式？这是本章需要分析和讨论的问题。

第一节　有罪必罚原则与刑事执行的一般关系

有罪必罚原则必须通过刑事执行得以最终落实，所以刑事执行对有罪必罚原则的实现具有特殊意义。在笔者看来，刑事执行既是落实有罪必罚原则的必然结果，也是贯彻有罪必罚原则的关键环节。

一、刑事执行是落实有罪必罚原则的必然结果

有罪必罚原则的核心要义在于处罚的必定性，蕴含着犯罪人必须承担刑事责任的基本要求。刑事责任是违反刑法义务的法定后果，既包含刑法上的否定性评价，也包括犯罪人应当承受的刑事负担。[1]如果犯罪人没有因犯罪承受相应的不利后果，就不能说犯罪与刑事责任之间建立了必定性联系，也就不能说有罪必罚原则得到了实现。为此，执行机关必须剥夺或者限制犯罪人所享有的一部分权利。只有当犯罪人因生效的有罪裁判失去财产、自由乃至生命等利益时，才能确认其承担了法定的刑事责任，否则没有人会认为犯

---

[1]　参见冯军：《刑事责任论》，社会科学文献出版社 2017 年版，第 32 页。

罪人受到了刑法的处罚。从刑法的运行过程看，有罪必罚原则之"必罚"包括立法上的"必罚"、司法上的"必罚"以及刑事执行上的"必罚"。其中，立法上的"必罚"和司法上的"必罚"都不是有罪必罚的最终结果，只有刑事执行上的"必罚"才是最终意义上的"必罚"，是对"必罚"的最终落实。

一方面，立法上的"必罚"只是抽象意义上的"必罚"，必须通过执行上的"必罚"得到具体实现。立法上的"必罚"，是指立法者应当在刑法中为具体犯罪规定相应的制裁措施。为犯罪设置处罚措施并不仅仅是为了宣示犯罪人不可以实施犯罪，更是为了使刑法的处罚成为规制犯罪行为的有效手段，以真正起到法益保护的目的。因此，有罪必罚原则在立法层面的各项要求必须通过刑事执行得以贯彻。只有刑法规定的制裁措施因犯罪而得到具体执行，才能认为立法上的"必罚"从抽象性规定转变为了具体的实践。简而言之，立法上的"必罚"仅仅对犯罪人的刑事责任作出了规定和宣示，而刑事执行能使这种规定和宣示转变为具体的现实。

另一方面，司法上的"必罚"只是确认了"必罚"的可能性，需要通过执行上的"必罚"得到最终落实。从运行逻辑上看，尽管司法上的"必罚"能够推动立法上的"必罚"由纸面走向实践，但并不会使"必罚"的内容和要求得到最终实现。对犯罪人进行追诉的最终目的不是为了让人民法院作出有罪裁判，而是为了给"必罚"的实现提供相应的法定依据和前提条件。只有判处的制裁措施得到执行，才能认为"必罚"得到了最终实现。换言之，司法上的"必罚"虽然能够使刑事负担的内容得以具体化，但不是对"必罚"的最终落实，只有刑事执行意义上的"必罚"才能使"必罚"得以最终落实。

二、刑事执行是贯彻有罪必罚原则的关键环节

有罪必罚原则强调对犯罪人处罚的必定性，以刑事执行为最终落脚点。从有罪必罚原则的立法目的和司法要求看，刑事执行是贯彻有罪必罚原则的关键环节。

一方面，刑事执行是实现有罪必罚原则立法目的的关键环节。从立法层面看，有罪必罚原则之"有罪"是指将具有严重法益侵害性的行为规定为犯罪，"必罚"是指对犯罪规定相应的处罚措施，使刑法的处罚具有普遍性和一

贯性。有罪必罚原则立法的直接目的是"必罚"，最终目的是保护法益。不论直接目的还是最终目的，最终均需要通过刑事执行得以实现。只有对违反刑法规定的犯罪人进行处罚，使其承担应有的刑事责任，让其感受到刑法带来的痛苦，才能达到"必罚"的目的。进而言之，"必罚"要求将惩罚落到实处，也只有将惩罚落到实处，才能真正保护法益或者恢复被侵犯的法益。刑事执行不仅能够剥夺、限制犯罪人的人身自由，以保护社会免遭犯罪人的侵害；同时还能够改造罪犯、预防犯罪人重新犯罪，进而实现保护社会的目的。[1]可见，刑事执行对实现法益保护的目的具有重要意义。如果缺少了刑事执行环节，则无论刑法规定再多的犯罪和处罚措施，也无益于实现"必罚"，更遑论实现刑法的法益保护目的。

另一方面，刑事执行是实现有罪必罚原则司法要求的关键环节。有罪必罚原则在司法上强调追诉犯罪的及时性和必定性，要求司法机关通过一系列刑事追诉活动使犯罪人尽快受到刑法的处罚。有罪必罚原则的及时性要求司法机关不断提高刑事追诉的效率，推动刑事追诉程序由立案侦查阶段发展至执行阶段。何时对犯罪人予以刑事执行，是判断有罪必罚原则及时性要求是否达成的关键指标。犯罪人由立案侦查阶段进入刑事执行阶段的时间越短，及时性的要求就越能得到满足；反之，则越不符合及时性的要求。如果有罪裁判根本无法进入到刑事执行阶段，那么有罪必罚原则的及时性要求也就无从谈起了。此外，有罪必罚原则所强调的处罚的必定性，在绝大多数情况下（定罪免刑除外）本质就是指刑事执行的实现。只有将人民法院作出的生效有罪裁判付诸执行，对犯罪人的自由、财产、资格、生命等予以剥夺，有罪必罚原则所主张的处罚必定性要求才能得到真正实现。刑事裁判的内容最终是靠刑事执行来实现的，如果没有相应的刑事执行，则人民法院的裁判就只能是一纸空文，毫无意义。[2]进而言之，从有罪必罚原则的司法实现机制看，刑事追诉的全部要求均以刑事执行为落脚点；缺少了刑事执行环节，有罪必罚原则的司法贯彻机制将变得毫无意义。因此，从有罪必罚原则的司法要求看，刑事执行是贯彻有罪必罚原则的关键环节。

---

[1]　参见吴宗宪等：《刑事执行法学》，中国人民大学出版社 2013 年版，第 40 页。
[2]　参见李忠诚：《刑事执行功能研究》，载《中国法学》2003 年第 3 期。

第二节　有罪必罚原则与刑事执行理念

刑事执行是有罪必罚原则的重要实现机制，脱离了刑事执行活动，有罪必罚原则便不可能得到真正的贯彻。为此，刑事执行不能在预防主义的道路上走得太远，而应适当回归行刑的惩罚性。

一、预防优先理念的理论检视

刑事执行理念体现的是对刑事执行活动的基本态度和价值取向，在刑事执行阶段究竟采取何种行刑理念取决于对刑罚正当性根据的不同理解。关于刑罚的正当性根据问题，始终存在着报应与预防的对立阵营。由于报应与预防任何一者都不足以说明刑罚的全部正当性，因此当下通行的观点坚持并合主义的立场，认为刑罚的正当性依据需要同时通过报应与预防来说明。由此，对刑罚正当性根据的讨论也就转变为了报应与预防之间的关系问题。具体到行刑阶段中报应与预防的关系，尽管大陆法系刑法理论和我国传统刑法理论存在阶段论和"目的—手段"论的分歧，但都指向预防优先的刑事执行理念。阶段论主张，刑罚在不同的阶段对报应刑与预防刑的侧重应当有所不同。例如，M. E. 迈尔（M. E. Mayer）将刑罚划分为刑罚的法定、刑罚的量定和刑罚的执行三个阶段，分别对应着报应、法的确证和目的刑三种刑罚的正当性根据。[1]意大利刑法学家帕多瓦尼（Padovani）则针对刑罚运行的不同阶段对刑罚作用进行了分配。他提出，在立法阶段，刑罚应当主要发挥一般预防的作用；而在刑罚执行阶段，刑罚应当发挥一般预防与特殊预防的功能，且"这一阶段应着重发挥刑罚的特殊预防功能"。[2]这些观点虽然在报应和预防功能以及在立法、司法和执行阶段如何具体分配的问题上存在分歧，但都无一例外地承认预防（尤其是特殊预防）在刑罚执行阶段的优先地位。按照"阶段论"的观点，刑事执行应当坚持预防优先的行刑理念，所有的行刑手段

---

〔1〕 参见［日］大塚仁：《刑法概说（总论）》，冯军译，中国人民大学出版社 2003 年版，第 60~61 页。

〔2〕 ［意］杜里奥·帕多瓦尼：《意大利刑法学原理》，陈忠林译，中国人民大学出版社 2004 年版，第 357~360 页。

都应当优先围绕教育和改造罪犯的目标来实施。

我国传统刑法学理论也赞同在行刑阶段应当侧重预防的功能和价值，提倡预防优先的行刑理念。[1]在我国的"目的—手段"论看来，监狱行刑的惩罚与改造两大功能并非处在同一位阶，而是有所区分的，惩罚功能只能附属于改造功能。正如有学者指出的，将惩罚视为手段、将改造罪犯视为统率全部行刑过程的目的，已然成为了当前我国学界的一种理论共识。[2]在学界有关刑事执行问题的论述中，惩罚性始终处于相对失语的状态，经常被教育、改造这类与预防主义相关的概念所遮蔽。例如，有学者在论述行刑目的时指出，自由刑执行的直接目的是使受刑人接受教育改造，消除其再犯可能性。[3]按照这一论述，惩罚非但不是刑事执行的目的，反而是服务于改造的手段。再如，有观点在总结刑事执行基本原则时提出了目的性原则、教育性原则、人道性原则、个别化原则、经济性原则、社会化原则等原则。[4]这些基本原则都是对预防理念的体现，没有涉及与惩罚相关的任何内容。

综上，不论大陆法系国家的阶段论还是我国的"目的—手段"论，在对刑事执行理念的理解上，都有意无意地排斥惩罚理念在行刑阶段的作用和价值，提倡预防优先的刑事执行理念。

二、刑事执行惩罚理念的回归

预防优先的刑事执行理念过度贬低了报应在刑事执行阶段的意义。从有罪必罚原则的基本要求看，刑事执行理念不应过度贬低惩罚的功能和价值，而应实现惩罚理念的回归。

一方面，贬低惩罚在行刑阶段的作用和价值，不符合并合主义的基本价值取向，动摇了有罪必罚原则的理论基础，不利于有罪必罚原则的最终贯彻。并合主义作为有罪必罚原则的理论根据，旨在为报应与预防提供一个可以共存的理论框架，并克服二者各自的缺陷与不足。要实现这一目的，就必须正

---

[1] 参见马克昌主编：《刑罚通论》，武汉大学出版社 1999 年版，第 66 页。
[2] 参见王利荣：《行刑法律机能研究》，法律出版社 2001 年版，第 162 页。
[3] 参见张明楷：《刑法学》，法律出版社 2021 年版，第 797 页。
[4] 详见邱兴隆、许章润：《刑罚学》，中国政法大学出版社 1999 年版，第 314 页；马克昌主编：《刑罚通论》，武汉大学出版社 1999 年版，493～522 页。

确处理报应和预防二者之间的关系，使二者有机统一起来。在并合主义看来，用报应限制预防是二者统一的总原则。[1]按照这一原则，无论在何种情况下，预防都不能优先于报应，否则便是对并合主义的背离。按照前述阶段论所主张的在行刑阶段报应居于次要位置而预防居于主要位置的观点，在报应与预防发生冲突时，报应只能让位于预防。然而，这非但不能实现报应对预防的制约，还会削弱行刑的惩罚性，背离了并合主义的基本要求。此外，按照我国"惩罚是手段，改造是目的"的传统行刑理论，惩罚与预防之间系手段与目的的关系。因此，惩罚必然沦落为服务于预防的手段，其存在的意义就在于实现预防。这就意味着，惩罚只能在不妨碍预防作用发挥的前提下实现自身的价值和作用；如果仅仅通过教育、矫正、治疗等方式就可以消灭或降低罪犯的再犯可能性，那么便不必对罪犯科处任何带有惩罚性痛苦的处罚措施，这显然与并合主义主张通过报应制约预防的基本要求背道而驰。并合主义的刑罚根据论是有罪必罚原则的重要理论依据，为有罪必罚原则之"有罪"与"必罚"之间的必定性联系提供了可靠的理论证成。预防优先的刑事执行理念与并合主义的理论逻辑之间存在冲突，提倡预防优先的行刑理念，将制约惩罚在行刑阶段的实现，使预防的刑罚正当性根据主导整个刑事执行活动，进而使有罪必罚原则的惩罚性内容无法得到充分实现。所以，有罪必罚原则反对预防优先的刑事执行理念，提倡惩罚理念的回归。

另一方面，贬低惩罚效果在行刑阶段的作用和价值，不符合刑罚的本质，进而背离了有罪必罚原则的本质。"刑罚以其惩罚的严厉性为本质属性，这本来是一个常识性的命题，不需过多的诠释与深奥的论证。"[2]惩罚是所有刑罚的共性特征，一切刑罚无外乎是对罪犯权利的剥夺。特别是随着现代法治理念的兴起，"惩罚的重心不再是作为痛苦的技术的酷刑，其主要目标是剥夺财富或权利"[3]。可见，剥夺权利就等同于对犯罪人的惩罚，剥夺权利的过程就是执行刑罚的过程，离开惩罚来讨论刑罚是片面的。况且，报应刑内含的惩

---

〔1〕 参见邱兴隆：《刑罚理性辩论——刑罚的正当性批判》，中国检察出版社 2018 年版，第 229 页。

〔2〕 邱兴隆、许章润：《刑罚学》，中国政法大学出版社 1999 年版，第 55 页。

〔3〕 ［法］米歇尔·福柯：《规训与惩罚》，刘北成、杨远婴译，生活·读书·新知三联书店 2012 年版，第 16 页。

罚本身就有预防的作用,通过观察、体验刑罚带有的惩罚性痛苦,人们会普遍形成抑制犯罪的内心动因;而与财产刑、资格刑相比,自由刑剥夺的利益最为重大,其剥夺属性更为明显,对潜在犯罪人的震慑力也更强烈,能在更大程度上发挥刑罚的一般预防效果,这也是监狱通常被作为警示教育基地的缘由。同时,特殊预防也建立在报应刑基础之上。对罪犯进行教育是以对罪犯施以强制为前提的,只有在剥夺其自由的前提下,才能保证教育活动的有序、平稳进行,进而达到教育的目的。因此,离开了报应刑,不但会使刑罚失去惩罚性,不利于预防作用的发挥;而且会导致对刑罚本质认识的偏差。"惩罚是刑罚执行的首要任务,改造(矫正)始终不应作为刑罚执行的目的。"[1]带有惩罚性色彩的刑罚是最严厉的刑事责任承担方式,也是有罪必罚原则之"必罚"的核心内容。无论是报应所强调的对犯罪的制裁,还是一般预防所追求的对潜在犯罪人的震慑或者对国民刑法忠诚感的强化,抑或是特殊预防所希望达到的犯罪人不再犯罪的目标,都需要通过对犯罪人施加一定的处罚痛苦来实现。所以,否定惩罚效果在行刑阶段的作用和价值,是背离有罪必罚原则的本质的。

第三节　有罪必罚原则与监禁执行的完善

在刑事执行阶段贯彻有罪必罚原则,除了实现执行理念向报应的回归之外,更为重要的是,需要从刑事执行方式上予以贯彻,即对现有的刑事执行方式加以完善。刑事执行在方式上主要表现为监禁执行,所以首先需要通过完善监禁执行来贯彻有罪必罚原则。所谓监禁执行,是指通过对犯罪人予以羁押来剥夺犯罪人人身自由的刑事执行方式。根据《刑法》的规定,监禁刑的执行机关有监狱、看守所、拘役所等,[2]但实践中监狱行刑是最常见的监禁执行方式,故在有罪必罚原则下以监狱行刑为例讨论监禁执行的完善路径,

---

〔1〕 刘强、朱辰臣:《公平正义视野下的禁止酷刑与强化刑罚执行中的惩罚功能——兼论我国刑罚方法和刑罚执行制度的改革方向》,载《中国监狱学刊》2022年第5期。

〔2〕 《刑法》第46条规定,被判处有期徒刑、无期徒刑的犯罪分子,在监狱或者其他执行场所执行;《监狱法》第15条第2款规定,罪犯在被交付执行刑罚前,剩余刑期在3个月以下的,由看守所执行。

具有典型意义。

一、强化监狱行刑的惩罚机能

如何处理惩罚机能与改造机能的关系，是监狱行刑过程中不可回避的重大问题。从我国当前的刑事立法与刑事执行实践看，监狱行刑更为侧重改造罪犯的机能，在一定程度上忽视了惩罚机能的价值和意义。

在刑事执行实践中，惩罚机能受到了改造机能的全面压制。自新中国成立以来，我国的监狱行刑一直将改造受刑人作为目的，以至于监狱行刑一直被称作"劳动改造"。〔1〕由此可见，对监狱行刑而言，改造具有非常重要的意义，近年来的监狱行刑实践更是愈加突出了改造的意义。2018年司法部印发《关于加快推进司法行政改革的意见》，指出监狱工作应当从过去"不跑人"的底线安全观转变到向社会提供守法公民的治本安全观。治本安全观集中体现了行刑的改造机能理论，要求监狱的全部工作要围绕监狱改造人的职能来安排顶层设计、制度建设和机制优化。〔2〕这反映出行刑机关更多关注对罪犯的教育、改造工作。2018年6月，司法部召开的全国监狱工作会议又提出了"五大改造"的监狱行刑新格局，提出"以政治改造为统领，统筹推进监管改造、教育改造、文化改造、劳动改造"。尽管"五大改造"包括"监管改造"等与行刑惩罚性相关的概念，但归根结底是服务于改造罪犯的宗旨，服务于提高改造质量，将罪犯改造成为守法公民。〔3〕从刑罚的正当性根据看，"治本安全观"和"五大改造"都是特殊预防思想的产物，追求对罪犯的矫正教育。

自"治本安全观"和"五大改造"提出后，监狱在行刑过程中更加侧重教育改造工作，惩罚色彩被淡化了。实践中，不少监狱将开展各种教育矫正活动作为践行"治本安全观"和"五大改造"的重要方式。例如，有的监狱

---

〔1〕 参见王云海：《监狱行刑的法理》，中国人民大学出版社2010年版，第43页。

〔2〕 参见张晶：《治本安全观的意蕴与新时代监狱工作的进路》，载《河南司法警官职业学院学报》2018年第1期。

〔3〕 参见李豫黔：《中国共产党领导下中国监狱改造罪犯的初心和使命（下）》，载司法部官网，http://www.moj.gov.cn/pub/sfbgw/jgsz/jgszzsdw/zsdwzgjygzxh/zgjygzxhxwdt/202106/t20210630_429492.html，最后访问日期：2024年1月28日。

通过各类文艺演出、娱乐活动、提高罪犯饮食待遇等方式来贯彻教育矫正的工作要求，并将其作为行刑公开、狱务公开的主要内容。笔者在调研时了解到，在"五大改造"提出后，H 省某监狱建立了每月一次的文艺汇演机制，由各监区轮流组织罪犯演出，为此各监区都成立了相应的文艺小组。这一做法固然有一定的积极价值，但在改造机能优先的行刑理念影响下，监狱展示出来的公众形象愈加宽和。简言之，在"治本安全观"和"五大改造"的指导下，不论监狱的自我职能定位还是公众对监狱的认知，都弱化了监狱的惩罚机能。

在监狱行刑过程中将改造机能置于惩罚机能之前，不符合有罪必罚原则的基本要求。一方面，弱化监狱行刑的惩罚机能会使刑罚得不到真正的执行，阻碍有罪必罚原则的最终实现。任何刑罚都包含着对犯罪人有形的损害和无形的谴责。前者主要是指对犯罪人权利的剥夺，后者则是指对犯罪人的否定性评价，两者对受刑者来说都是一种痛苦。[1]刑罚执行就是将这种恶害与痛苦施加于犯罪人之上的活动。如果行刑缺乏惩罚性，就不再是真正的刑罚执行。刑事执行是贯彻有罪必罚原则的关键环节，如果在刑事执行过程中弱化对罪犯的惩罚，会使刑事执行得不到充分实现。有罪必罚原则强调对罪犯的惩罚性，要求行刑机关应当在执行过程中使罪犯感受到由刑罚带来的痛苦；如果将改造机能置于惩罚机能之前，会弱化监狱对罪犯的惩罚性，从而使有罪必罚原则的惩罚性在监狱行刑中得不到彻底的贯彻，阻碍了有罪必罚原则的实现。另一方面，弱化监狱行刑的惩罚机能不符合有罪必罚原则的理论逻辑。有罪必罚原则蕴含着报应的刑罚正当性根据，提倡对犯罪的等价报应。如黑格尔所言："犯罪具有在质和量上的一定范围，从而犯罪的否定，作为定在……不是侵害行为特种性状的等同，而是侵害行为自在地存在的性状的等同，即价值的等同。"[2]等价报应不仅为刑罚设定了上限，也为刑罚划定了下限，即无论如何追求刑罚的特殊预防效果，都不可抛弃刑罚的惩罚底线，否则刑罚的正义将遭到彻底的瓦解，刑罚也将不能称之为"刑罚"。等价报应不仅应当在立法和司法中得以贯彻，更应当在行刑过程中得以实现。换言之，

---

〔1〕　参见邱兴隆、许章润：《刑罚学》，中国政法大学出版社 1999 年版，第 55 页。
〔2〕　［德］黑格尔：《法哲学原理》，范扬、张企泰译，商务印书馆 1961 年版，第 120 页。

行刑是等价报应得以实现的主要和关键途径。一方面，根据等价报应，实践中应当在惩罚的前提下对罪犯施以矫正措施，即在对可矫正教育的罪犯开展教育、心理治疗等活动时，要突出教育和治疗的强制性。另一方面，在对罪犯采取教育、治疗手段时，不应过度挤占劳动改造的时间，应当合理分配教育与劳动改造的时间，坚持劳动优先的行刑方式。[1]

惩罚生来就是监狱的本质属性，改造只是由惩罚机能演化出来的次生功能。[2]按照福柯（Foucault）的观点，现代意义上的行刑不再仅是对罪犯施加肉体上的痛苦，而是通过一系列规训身体的方式来实现对灵魂的改造；而对罪犯规训效果的实现必须以一系列严苛的制度和纪律为前提，要求罪犯严格服从监狱行刑者的管理。在福柯看来，规训的过程就是行刑者通过一系列的技术，对人的身体进行不断监控，使其在时间和空间上受到纪律的规制。[3]可见，严格的规训制度背后实际上是行刑者对罪犯人身自由的限制与剥夺，而这正是行刑惩罚性的体现。由此可以认为，对罪犯的改造是基于惩罚而实现的、改造机能是以惩罚机能为前提和基础的。从并合主义的刑罚正当性根据看，有罪必罚原则强调惩罚相对于预防的基础性、保障性地位，因此惩罚机能不能置于改造机能之后。换言之，监狱在刑罚执行过程中固然承担着惩罚与改造的双重功能，但必须明确惩罚罪犯才是监狱的本质机能，这是贯彻有罪必罚原则的当然要求。

总之，从刑事执行的实践来看，当前的监狱行刑存在弱化惩罚机能的问题，但从有罪必罚原则的实现机制和理论逻辑看，应当认识到惩罚机能在监狱行刑中的基础性地位，并进一步强化监狱行刑的惩罚机能。

二、实现狱内待遇的惩罚要求

如何确定罪犯在饮食、住宿、医疗等方面的待遇，是监狱行刑的重要内容。《监狱法》第50条规定，罪犯的生活标准由国家规定。这一规定可以被

---

〔1〕 例如，当前全国监狱系统推行的"5+1+1"模式就体现了惩罚优先的行刑理念。所谓"5+1+1"是指，罪犯每周有5天时间参加劳动改造，1天接受课堂教育，1天休息。

〔2〕 参见刘崇亮：《本体与属性：监狱惩罚的新界定》，载《法律科学》（西北政法大学学报）2012年第6期。

〔3〕 参见夏和国：《福柯的权力思想探析》，载《理论月刊》2012年第10期。

视为罪犯待遇的法律依据，但该规定过于抽象，不够细致、明确。此外，《监狱法》第 54 条还规定，监狱应当建立罪犯的生活、卫生制度，但对卫生制度的具体内容、医疗标准等细节不够清楚。事实上，《监狱法》没有规定具体的罪犯待遇标准，司法部也没有对此作出过详细的规定，这造成了罪犯狱内待遇标准的非法定化。近年来，随着社会经济发展水平的提高和国家对罪犯人权保护问题的重视，罪犯在监狱内的生活待遇不断得到改善。例如，罪犯在监狱内生病的，通常由监狱医疗机构实施免费治疗。笔者通过调研了解到，2018 年 H 省某监狱一名罪犯曾突发急性脑炎（该罪犯同时患有癫痫等基础病），被送至当地三甲医院，在 ICU（重症监护室）治疗近一个月，所花费的近三十万元治疗费用最终由监狱全部承担。该罪犯的疾病不是因监狱警察执法过错造成的，治疗费用却由监狱承担，这一做法是否具有合法性与合理性？再如，随着《刑法修正案（八）》和 2016 年公布的《最高人民法院关于办理减刑、假释案件具体应用法律的规定》（以下简称"2016 年《减刑、假释案件解释》"）的实施，减刑、假释对罪犯的激励作用越来越小，罪犯改造积极性呈现出下降趋势。[1] 为此，有的监狱将提高饮食待遇标准作为激励罪犯改造的手段。但是，究竟可以将饮食标准提升到什么水平，法律法规以及部门规章均未作出明确规定。事实上，这一标准由监狱、监区自行决定。例如，实践中有的监狱监区为了激发罪犯的劳动改造积极性，会对超额完成劳动生产任务的罪犯进行加餐。提高罪犯生活待遇当然符合行刑人道主义的要求，但生活待遇的提高不能是无限度的。

监禁行刑是刑法对犯罪行为进行否定性评价的具体实施方式，是在狱内严格的纪律约束下，让罪犯现实而具体地承受刑罚惩罚，并使其感受到被剥夺自由的痛苦及因此而带来的耻辱的行为。刑罚的这种恶害与痛苦是行刑正义的体现，应当贯穿在刑罚的创制、裁量和执行阶段。如果只在刑罚的创制和裁量阶段体现惩罚正义，那么犯罪人所受到的刑罚仅仅是纸面上的一个年限数字而已。为此，必须对刑罚的痛苦予以实质化和具体化，即从罪犯的具体生活待遇入手，确保罪犯在行刑阶段不能享受到"超国民待遇"。"惩罚就

---

〔1〕　参见廖斌、何显兵：《监禁刑总体趋重对监狱行刑的影响及对策》，载《法学杂志》2019 年第 5 期。

是故意强加损害。假如受到惩罚的人不觉得惩罚是损害或可恶的，则惩罚就不再是惩罚，而是奖赏了。"[1]从有罪必罚原则对行刑惩罚性的要求看，罪犯的生活待遇不能超越国民一般生活水平，甚至应适当低于国民的一般生活水平。对此，司法部应当制定有关罪犯狱内待遇的规范性文件，明确罪犯待遇标准的上限，并由地方司法行政机关以细则的形式予以细化。在具体操作上，一方面，以省为单位统计当地居民的一般生活标准，尤其是在饮食、食品等方面的消费支出数额，在平均标准以下和最低标准以上适当确定当地服刑罪犯的待遇水平。需要强调的是，在划定饮食标准时，消费支出必须能够保证罪犯吃饱。另一方面，明确要求罪犯在监狱服刑期间获得的劳动报酬应当优先用于支付治疗费用；对患有重大疾病或生活困难的罪犯，其治疗费用由罪犯、监狱和医疗保障基金按一定比例分别承担。如此一来，既能保证罪犯得到基本的人道主义待遇，又能坚守刑罚的惩罚属性。

总之，有罪必罚原则之"必罚"要求刑罚执行应当坚持惩罚性的基本立场，罪犯在监狱过高的处遇标准，显然与惩罚性的基本要求相背离。从有罪必罚原则对刑罚执行的惩罚性要求出发，罪犯在监狱内不能享受任何"超国民待遇"，行刑机关必须在遵循行刑惩罚性的前提下确定罪犯的待遇标准。

三、健全监狱行刑的惩戒机制

从权力关系上看，监狱与罪犯之间是特别权力关系，即行政主体对行政相对人享有概括的支配性权力。[2]按照特别权力理论，监狱在行使行刑权时享有广泛的管理权限，罪犯处于绝对的服从地位。《监狱法》第7条第2款规定，罪犯必须严格遵守法律、法规和监规纪律，服从管理，接受教育，参加劳动。这一规定为监狱的管理权提供了基本的法律依据，其中的"服从管理"在实践中主要是指对监狱警察的服从。当罪犯不服从监狱警察的管理指令时，将受到相应的惩戒。作为监狱行刑权的重要内容，对罪犯的惩戒权是监狱日常管理的重要保障。惩戒措施的有效运用不仅直接关系到监狱行刑惩罚属性的实现，更是有罪必罚原则在刑事执行阶段的当然要求。为了了解实践中监

---

〔1〕 ［美］迈克尔·D·贝勒斯：《法律的原则———一个规范的分析》，张文显等译，中国大百科全书出版社1996年版，第400页。

〔2〕 参见杨临宏：《特别权力关系理论研究》，载《法学论坛》2001年第4期。

狱对服刑人员惩戒措施的适用情况，笔者对 H 省某监狱副监区长 A 进行了访谈，以下是部分访谈记录：

问：你们在日常工作中依据哪些法律法规对服刑人员进行管理和惩戒？

答：我们首先依据的是《监狱法》，该法赋予了监狱警察管理罪犯的权力，也对服刑人员的权利义务作出了规定。另外，2004 年司法部发布了《监狱服刑人员行为规范》，其中包括生活规范、学习规范、劳动规范、文明礼貌规范等内容，对服刑人员所应遵行的规范进行了全面的规定，是我们认定服刑人员是否违反监规的重要依据。2021 年司法部印发的《监狱计分考核罪犯工作规定》规定了一套计分考核机制，将服刑人员的计分考核分为监管改造、教育和文化改造以及劳动改造三部分。按照这一规定，我们可以对服刑人员的违规违纪行为进行扣分处理。省监狱管理局制定了计分考核规定的实施细则，对哪些情形可以扣分以及扣除多少分作出了详细规定。此外，司法部和省监狱管理局还有一些关于罪犯分级处遇的具体规定。按照这些规定，我们监区将罪犯分为不同的处遇等级，每一个处遇等级在亲情会见、亲情电话、消费购物等方面享有的处遇都不同。

问：你们在日常管理罪犯过程中，最常用的惩戒手段是什么？

答：我们最常用的手段是扣分，按照司法部和省监狱管理局的计分考核规定，对违规违纪的罪犯开具扣除计分的处罚单。除此之外，我们按照分级处遇的相关规定，还可以对违规违纪的罪犯实施降低处遇等级的惩戒，如取消罪犯每月一次的会见亲属资格、拨打亲情电话资格，或者降低其每个月的消费额度等。

问：《监狱法》规定了警告、记过和禁闭等行政处罚措施，你们平时使用过吗？

答：很少使用。这类措施通常只适用于严重违纪的情形，如打架斗殴，但这种情况在我们监区乃至整个监狱都很少发生。

问：扣除计分的惩戒手段使用效果如何？能对罪犯起到有效的管理作用吗？

答：扣分对服刑人员的影响比较小。根据《监狱法》《刑事诉讼法》以及《监狱计分考核罪犯工作规定》等法律法规，罪犯的计分结果是对罪犯提请减刑建议的重要依据。根据《监狱计分考核罪犯工作规定》第4条，日常计分满600分为一个考核周期。罪犯每获得600分，会得到一个"表扬"奖励，用以折算2个月的减刑刑期。但2016年《减刑、假释案件解释》对减刑幅度的上限作出了规定，通常来说，即便罪犯获得了5个以上的"表扬"，每次最多也只能减刑9个月；而实际上大多数人只能减刑6到7个月，有的甚至只能减刑1到2个月。而且，按照2016年《减刑、假释案件解释》的规定，我们监狱关押的大多数重刑犯只能每两年获得一次减刑机会。所以，对大部分罪犯来说，计分考核的意义不是很大。

问：像取消亲情会见和亲情电话、降低消费购物额度等惩戒手段的使用效果如何？

答：服刑人员很看重这些内容。毕竟减刑的利益少了，很多人开始看重狱内处遇了，因此实行差别化的处遇等级也是我们当前最主要的惩戒手段。但是，这些手段也有局限性。以暂停亲情会见为例，按照规定，罪犯每个月只有一次会见机会，当服刑人员违规违纪时，我们可以暂停一次；但当他本月第二次，甚至第三次违纪时，这种惩戒手段便不宜再使用了，毕竟长期禁止会见亲属可能会引起服刑人员强烈的抵触心理，不利于改造。

问：在对服刑人员进行惩戒管理时还有哪些难题，您对监狱警察的惩戒措施有什么意见和建议吗？

答：惩戒权是我们监狱警察管理服刑人员的主要手段，但上述法定的惩戒措施都有局限性。例如，我们要求服刑人员在室内站立一小时、抄写行为规范等，都会被服刑人员认为是非法的体罚行为。我们希望进一步扩充惩戒措施的种类和范围，由法律赋予我们更多、更有效的惩戒权力，如扣除劳动报酬、单独羁押（并非禁闭）、适当降低伙食标准等。

根据上述访谈内容，结合监狱法等法律法规，可以发现监狱对罪犯的惩戒措施存在以下问题：

其一，惩戒措施缺乏有效的法律依据。《监狱法》是我国监狱行刑遵照的基本法，但却难以为行刑惩戒权的行使提供足够的法律依据。按照《监狱法》第58条的规定，监狱对罪犯的行政处罚种类有警告、记过和禁闭三种。由于这三种行政处罚措施过于严厉且使用该类行政处罚需要遵照严格的行政法程序，因此实践中很少被使用，通常只会用于有重大过错的罪犯。事实上，监狱对罪犯的惩戒措施大多源于司法部的规定。如按照司法部关于服刑人员处遇的规定，罪犯在监狱内享有会见家属、拨打亲情电话、狱内购物等权利。此外，2021 年司法部印发的《监狱计分考核罪犯工作规定》设置了扣除计分的惩戒措施。实践中，这些惩戒措施确实能够有效起到规范罪犯行为、惩罚违规行为的作用，但却没有得到《监狱法》的授权，是司法部在《监狱法》之外创设的，其合法性有待商榷。

其二，惩戒机制存在有效性不足的问题。在现有的惩戒机制下，监狱对罪犯的惩戒主要分为计分惩戒和处遇惩戒两种。计分惩戒的依据主要是 2021 年司法部印发的《监狱计分考核罪犯工作规定》，其以扣除罪犯的改造计分为内容，不利后果是失去减刑利益。但随着 2016 年《减刑、假释案件解释》的发布，减刑幅度被缩短到了 9 个月以内，加之两年的减刑间隔期以及一系列从严掌握的减刑情节，罪犯通过计分可获取的减刑利益减少，致使计分惩戒手段效果不佳。[1]笔者在 H 省某监狱调研时了解到，在 2016 年《减刑、假释案件解释》实施后，不少罪犯出现消极劳动的情况，甚至个别监区罪犯因严重消极怠工被处以禁闭、严管处罚。罪犯对于计分考核结果的漠视，给狱政管理工作带来了极大的困难。处遇惩戒措施以剥夺、限制罪犯在狱内的会见、消费为内容。与不断被削弱的减刑利益相比，这些利益更为罪犯所看重，但在现有的处遇等级制度下，在实践中大量并广泛运用这些具有实际效果的处罚措施面临着合法性的责难。例如，扣除罪犯劳动报酬是一项极为有效的惩戒措施，对犯罪的制裁性和震慑性极强。但根据《监狱法》第 72 条的规定，获得劳动报酬是罪犯的法定权利，给予罪犯劳动报酬是监狱的法定义务。按照这一规定，监狱无权任意减少或扣除罪犯的劳动报酬。监狱适用这一惩戒措施时，极易面临被提起行政诉讼的法律风险，不利于监管改造工作的顺利开展。可见，在当前的监狱行刑实践中，计分惩戒缺乏足够的制裁性，而处遇惩戒又缺乏充分的合法性依据，致使整个惩戒机制面临有效性不足的难题。

其三，处遇惩戒措施的灵活性不足。实践中最为有效的惩戒措施主要是

---

[1] 参见李鑫：《我国减刑裁量体系的反思与重构》，载中国法学创新网，http://fxcxw.org.cn/dyna/content.php? id=24756，最后访问日期：2022 年 12 月 18 日。

处遇惩戒，但这类惩戒措施在适用过程中需要严格、复杂的审批程序，难以及时应对罪犯的违规违纪行为。例如，按照 H 省监狱管理局的处遇等级规定，罪犯应当被分为严管级、从严级、普管级、从宽级、宽管级五个等级，每个等级的罪犯在会见、亲情电话、购物等方面享有的处遇权利各不一致。笔者在调研 H 省某监狱时了解到，该监狱对处遇等级的调整通常需要经过三个基本环节：首先，由罪犯的管教干警提出调整处遇等级的意见；然后，由监区领导同意；最后，报监狱狱政科审核、备案。这样的流程显然会使惩戒措施的适用陷入被动的局面。例如，如果某罪犯违规违纪的当天就为会见日，且罪犯亲属来狱会见，此时监区想要取消其会见资格就必须先调整其处遇等级，而这一系列程序几乎不可能在一个工作日完成。这就意味着罪犯即使有违规违纪情形，也不可能被取消会见资格。[1]对处遇等级的调整设置相应的审批程序显然是行刑法治化的题中应有之义，但过于复杂的程序也会导致惩戒措施失去应有的灵活性和应对性。

监狱的惩罚性是通过一系列处遇制度来实现的，而处遇制度需要有力的惩戒措施来保障实施。处遇惩戒措施难以落实，对行刑的惩罚性构成威胁，阻碍有罪必罚原则在行刑阶段的贯彻。为了确保监狱行刑权的法治化运行、贯彻有罪必罚原则的基本要求，有必要对监狱的惩戒机制予以规范和完善。

首先，应提升惩戒措施的法律位阶。有罪必罚原则之"必罚"是法定之"罚"，对其贯彻和实现必须依靠完善的法律制度。如果在法律层面缺乏对监狱行刑惩戒权的明确规定，惩戒权的使用便容易受到人为因素的干扰。我国现有的惩戒措施处于法的位阶体系的末端，大多源自司法行政部门制定的部门规章，甚至是监狱管理机构自行制定的一些规章制度。这显然与有罪必罚原则的要求存在一定差距。日本于 2006 年通过了《刑事收容设施以及被收容者处遇法》，细化、完善了各种设施内处遇制度，使刑事设施的管理运营更加合理。[2]这给我们带来的启示是，带有特别权力属性的行刑权必须通过高位阶的法律得到足够的约束，最大限度地克服行刑权行使的肆意性。因此，应

---

〔1〕 或许有人会指出，监狱完全可以取消罪犯的下一次会见资格。但实际上，我国对罪犯一般采取异地关押的原则，因路途、时间等因素制约，大多数罪犯亲属的会见次数极少，甚至有的罪犯一年仅会见一次亲属。所以，在这种情况下如果不立即取消罪犯的本次会见资格等同于没有取消会见资格。

〔2〕 参见［日］大谷实：《刑事政策学》，黎宏译，中国人民大学出版社 2009 年版，第 208 页。

当对《监狱法》作出相关修改，对监狱的惩戒措施作出更为详尽的规定，增强法律对行刑权的约束力。提升监狱惩戒措施的法律位阶，可以确保惩戒权得到有效运用，从而保障监狱行刑的惩罚性，推进有罪必罚原则在执行阶段的贯彻。

其次，扩充处遇惩戒的内容。对违反监管秩序的罪犯进行惩戒是贯彻监狱行刑惩罚性的要求，同时，完善惩戒措施对维护监狱行刑的管理秩序、确保实现罪犯的惩罚性处遇具有重要意义。从《监狱法》及相关法规和规范性文件的规定看，现有的惩戒措施包括计分惩戒与处遇惩戒两种，但惩戒措施体系是以计分惩戒为中心建构的。从内容上看，计分惩戒的规定更为详细。不论司法部还是省监狱管理局，都从生活规范、学习规范、劳动规范、文明礼貌规范等方面着手，建立了详细的服刑人员行为规范体系，并为每一项具体的规范设定了法定的计分处罚后果。而处遇惩戒措施仅包括限制或取消会见、限制亲属电话、减少购物额度这三项，内容比较单薄。从制度设计上看，计分惩戒与减刑利益挂钩，[1]本能够使扣除计分起到惩戒罪犯的作用；但随着2016年《减刑、假释案件解释》的实施，罪犯的减刑利益被缩小了，扣除计分的惩戒措施面临有效性不足的危险。因此，以计分惩戒为中心的惩戒措施体系需要调整。为此，应当进一步扩大处遇惩戒措施的内容，充分发掘狱内处遇作为惩戒措施的可能性。笔者在调研时发现，减少罪犯在狱内可用于消费的金钱是一项极为有效的制裁措施，不少罪犯非常关注自己每月获取的劳动报酬，而监狱也十分注意罪犯劳动报酬的公开化。同时，由于监狱饮食通常具有单一性，因而罪犯常常会用自己的劳动报酬购买饮料、零食等商品。笔者在调研时还发现，碳酸饮料、方便面等商品甚至在罪犯间有货币的属性，足见罪犯对此类商品的重视程度。结合这些问题，可以考虑在立法时，将扣除劳动报酬、减少可购物商品的种类和数量等作为对罪犯的惩戒措施。

最后，增强处遇惩戒的灵活性。在2016年《减刑、假释案件解释》实施后，计分惩戒对罪犯的制裁性和震慑性逐渐降低，处遇惩戒应当成为监狱行刑的主要惩戒措施。在这种情况下，为了发挥处遇惩戒措施的实效性，应当

---

〔1〕　根据司法部《监狱计分考核罪犯工作规定》的规定，计分结果也与假释挂钩，但由于我国假释适用率过低，计分结果对假释的实际影响几乎可以忽略不计。

适度简化惩戒措施的审批程序。进言之，对取消会见资格、亲情电话以及限制购物等惩戒措施可以采取先行适用、事后备案的方式，即在罪犯出现违规违纪时，由管教干警先行对罪犯采取相应的惩戒措施，事后向狱政科进行备案。此外，从保护罪犯权利的角度出发，应当赋予罪犯相应的申诉权利，由狱政科对惩戒措施适用的合法性进行审查。这样一来，既能使处遇惩戒措施得到有效的适用，也能确保罪犯的权利得到最大限度的保护。

总之，监狱对罪犯的惩戒权不仅是监狱行刑权的重要组成部分，也是有罪必罚原则在刑事执行阶段得以实现的重要保障。缺少合理、可靠的惩戒权，监狱的各项处遇制度将难以实施，监狱对罪犯的惩罚性要求也难以实现。既然惩罚性是有罪必罚原则在刑罚执行阶段的基本理念，那么制定科学合理的惩戒体系也就是有罪必罚原则的当然之义。

第四节　有罪必罚原则与非监禁执行的完善

一、非监禁执行的内涵界定

这里的非监禁执行，指的是刑罚的非监禁执行，不包括其他法律后果的执行。有学者将非监禁刑划分为广义的非监禁刑和狭义的非监禁刑两种类型。二者在行刑内容上大致相同，区别主要在死刑执行上，即广义的非监禁执行包括死刑执行，狭义的非监禁执行不包括死刑执行。狭义的非监禁执行又可以分为自由刑的非监禁执行、财产刑的执行和资格刑的执行。[1]在本书看来，对非监禁刑的理解不应当存在广义和狭义的区分。非监禁刑是与监禁刑相对应的行刑方式，是以对自由刑的执行方式为区分的，前者以完全剥夺犯罪人的自由为行刑内容，后者则以部分剥夺或限制犯罪人的人身自由为内容。因此，自由刑之外的刑罚在执行过程中不存在监禁与非监禁之分。例如，财产刑和资格刑的执行本身就不涉及监禁与非监禁的划分问题，所以本书所指的非监禁执行主要是指自由刑的非监禁执行。

管制本身就是一种非监禁刑，以限制人身自由的方式执行；而拘役、有

---

〔1〕　参见史丹如：《中国非监禁刑执行改革问题探究》，中国政法大学出版社 2016 年版，第 22 页。

期徒刑、无期徒刑可以通过缓刑、假释和暂予监外执行的方式以非监禁的方式来执行。因此，非监禁执行的具体内容包括管制、缓刑、假释、暂予监外执行四种情形。根据《社区矫正法》第 2 条的规定，对于被判处管制、宣告缓刑、裁定假释和决定暂予监外执行的罪犯，应当依法实施社区矫正。所以，自由刑的非监禁执行实际上就是社区矫正的执行。

二、非监禁执行坚持惩罚性理念的证成

在 2019 年《社区矫正法》颁布之前，我国就开始探索实施社区矫正制度了。在 2003 年，最高人民法院等四部门联合下发了《最高人民法院、最高人民检察院、公安部、司法部关于开展社区矫正试点工作的通知》（以下简称"《社区矫正试点通知》"），将社区矫正的任务定为"矫正其不良心理和行为，使他们悔过自新，弃恶从善，成为守法公民"。可见，社区矫正自试点初期就以教育矫正为中心，同时，《社区矫正法》第 1 条也将"预防和减少重新犯罪"作为立法目的，并在第 3 条强调社区矫正机关应当帮助被矫正对象成为守法公民。可见，《社区矫正法》突出的是非监禁执行的预防理念，并多次提到"教育""帮扶""改造"等表述。那么，社区矫正制度是否具备惩罚性呢？笔者的答案是肯定的。

首先，从实行社区矫正的对象看，社区矫正应当具有惩罚性。不论从《社区矫正试点通知》的要求还是《社区矫正法》的规定看，社区矫正的适用对象始终是被判处管制、缓刑、假释和暂予监外执行的罪犯，即罪犯身份是被适用社区矫正的必要条件。人民法院作出的有罪裁判意味着刑法对犯罪人的否定性评价，而对上述四种罪犯而言，这种否定性评价还转变为了限制人身自由的刑事执行方式，四种被矫正人员必须承担相应的刑事负担。刑法的否定性评价意味着犯罪人必须承受由刑法带来的痛苦，而这正是行刑惩罚性的重要内容。

其次，从社区矫正的内容看，社区矫正应当具有惩罚性。社区矫正以限制被矫正人员的人身自由为内容，限制自由是对自由权行使范围的剥夺。实践中被矫正人员一般需要佩戴电子镣铐或其他定位设备以防止其离开所居住的市、县、区；同时，被矫正人员还负有定期向社区矫正机构汇报的义务。通过这些措施，社区矫正制度限制了被矫正人员的人身自由，使其不能如同其他公民一样享有完全的人身自由。从这一点看，社区矫正与监禁执行方式在自由权被剥夺的问题上只有程度上的区分，不存在质上的差别，因而符合自由刑惩罚的本质。

最后，从实现机制看，社区矫正应当具有惩罚性。社区矫正是对犯罪人实施教育矫正的行刑活动，而矫正目标的实现必须依赖刑罚的惩罚功能。刑罚的惩罚功能是教育矫治功能的前提和保障，惩罚功能在功能实践中居于能动地位。[1]缺乏有力的强制手段，将难以使被矫正人员接受有效的矫正教育，矫正教育工作也会因缺少可靠的保障机制而难以展开。而且，在社区矫正过程中，对被矫正人员的教育、改造活动本身也具有强制性，不同于一般意义上的教育行为。《社区矫正法》第4章专门制定了对被社区矫正人员的监督管理内容，并在28条规定社区矫正对象违反监督规定的，应受到相应的处罚。按照《社区矫正法》的规定，被矫正人员如果不接受矫正教育，则会承担相应的法律责任，这体现了矫正的强制性，而这种强制性实际上就是行刑惩罚性的当然内容。

由上可知，社区矫正是具有惩罚性的行刑活动，而且必须坚持惩罚机能，并在具体的机制建构中贯彻这一基本的行刑理念。

三、非监禁执行贯彻惩罚性理念的短板

社区矫正制度试点工作已经开展了近二十年，为《社区矫正法》的制定和实施积累了大量经验。2019年《社区矫正法》对之前的社区矫正制度进行了整合与规范化处理，形成了具有中国特色的社区矫正制度。[2]社区矫正制度能否贯彻惩罚性的行刑理念，依赖于《社区矫正法》能否有效实施。为了了解社区矫正的实施状况，笔者对H省某地级市负责社区矫正的工作人员B进行了访谈，以下是部分访谈记录：

问：请问您的工作单位和具体职责。

答：我是某街道办事处工作人员，负责社区矫正工作。

问：根据《社区矫正法》第9条的规定，社区矫正工作应当由司法所承

---

〔1〕 参见刘政：《社区矫正的惩罚功能重塑与惩罚机制重构》，载《法学论坛》2019年第6期。

〔2〕 参见吴宗宪：《我国社区矫正法的历史地位与立法特点》，载《法学研究》2020年第4期。

担，您并非司法所工作人员，为何负责社区矫正工作？

答：司法所是本地司法局的派出机构，但司法局的人员编制十分紧张，所以日常的社区矫正工作都是由我们来负责的。

问：您辖区内社区矫正对象有哪几种罪犯？日常的社区矫正工作内容主要有哪些？

答：我们辖区内被社区矫正的人员都是被判处缓刑的罪犯。日常工作主要是督促他们定期按时来我街道办事处报到、定期上交心得体会，通过电子定位装置监督其是否离开本辖区等。

问：平时社区矫正对象会有违法或违反社区矫正规定的行为吗？你们如何处理？

答：有，主要是脱管，即未经批准离开所居住的市、县。对这种情况，我们通常会建议撤销缓刑。

问：对社区矫正对象，你们有其他监督、管理机制或制裁措施吗？

答：没有。

问：你们在社区矫正工作中有哪些困难吗？

答：因为我们是人民政府派出机关，受职权限制，与政法机关单位缺乏有效的信息沟通，导致矫正工作比较难开展。例如，我们辖区曾经有一名被矫正人员因涉嫌犯罪被公安机关立案侦查并采取强制措施，导致该罪犯不能按时报到，但我们却没有被告知这一情况，直到我们主动报案时才了解到这一情况。

根据上述访谈内容，结合《社区矫正法》等法律法规可以发现，社区矫正在实施过程中存在以下问题：

首先，社区矫正主体功能错位。按照《社区矫正法》第9条的规定，社区矫正的负责机构应当是司法行政机关的派出机构，即司法所，但在实践中这一规定并没有得到彻底执行。笔者在调研过程中了解到，当地司法行政机关人员编制确实十分紧张，很难做到专人专岗地负责社区矫正工作。因此，司法所只在名义上履行社区矫正职能，社区矫正的各项实际工作几乎都是由街道办事处等基层政府派出机关来承担的，这种做法在当地具有一定的普遍性。早在《社区矫正法》颁行之前，就有学者注意到了地方司法所人员紧张的问题，指出 H 省 2017 年社区矫正服刑人员有 4.2 万人，而司法所的政法专项编制人员仅有 2700 多人，司法所专职力量十分薄弱，所以应当为社区矫正机构配备监狱警察。[1]笔者在对 H 省某监狱进行调研时了解到，H 省监狱系统在《社区矫正法》实施之前曾尝试过向当地社区矫正机构派出监狱警察协助社区矫正工作，印证了 H 省基层司法所人员紧张的事实。司法所在社区矫正中的功能缺位势必影响到社区矫正工作的正常开展。事实上，由街道办事处来承担社区矫正工作不但存在的合法性疑问，而且街道办事处自身在职权和人员上也面临诸多困难，不能有效承担起社区矫正工作。有罪必罚原则强调对非监禁执行的惩罚，而这依赖于专门机构对社区矫正人员的有效管理。街道办事处并非法定的社区矫正执行主体、不具备管理社区矫正人员的职权，也就不可能享有对社区矫正人员进行惩戒和制裁的权力。从这一点看，社区矫正主体功能的错位阻碍了有罪必罚原则在非监禁执行中的贯彻和实现。

其次，社区矫正惩戒机制不够完善。按照《社区矫正法》第 59 条的规定，社区矫正对象违反监督规定的法律后果有两种：一是由公安机关给予相应的行政处罚；二是撤销缓刑等，收监执行。显然，《社区矫正法》对社区矫正人员惩戒权的规定难以满足社区矫正的实践需求。例如，社区矫正机构要求被矫正人员某日上午 9 点来定期报到、上交心得体会，但被矫正人员 10 点才到。任何人都不会认为这种情形违反了《治安管理处罚法》的规定，也不会认为这种情形值得被撤销缓刑。与其说撤销缓刑是《社区矫正法》对惩戒权的规定，倒不如说是对治安处罚权的重申。社区矫正惩戒权应当与监狱行刑过程中的惩戒权具有相似性，即不属于治安处罚决定，但又能使服刑人员承受一定不利的法律后果。《社区矫正法》第 28 条规定，社区矫正机构应当依照有关规定对社区矫正对象实施考核奖惩。但这里的"有关规定"究竟为何，并不清楚。2020 年，最高人民法院等四部门联合印发的《社区矫正法实施办法》，系《社区矫正法》的实施细则，但该办法只在第 32 条规定了"建立内容全面、程序合理、易于操作的社区矫正对象考核奖惩制度"，既没有给出具体的奖惩制度设计方案，也没有对奖惩的法律后果作出规定。这使奖惩制度可执行性不强。对服刑的犯罪人设置惩戒措施，是有罪必罚原则对行刑惩罚性的基本要求，而《社区矫正法》等法律法规没有细化惩戒措施的实施

---

〔1〕 参见谢超：《我国社区矫正现状及立法建议》，载《法学杂志》2017 年第 11 期。

办法，不利于有罪必罚原则的行刑惩罚性要求的实现。

最后，社区矫正执行内容的惩罚性较弱。在社区矫正执行中，被宣告缓刑接受社区矫正的人员所承担的刑事负担较轻。《社区矫正法》规定的法定义务相对较轻、惩罚性较弱。《社区矫正法》第 27 条关于社区矫正人员不得随意离开所居住的市、县的规定，是社区矫正对象承担的最主要法律义务，同时也是最重的刑事负担，这对人身自由的限制程度不高。同时，被矫正人员通常只需要定期报到和提交心得体会，并无过重的刑事责任负担。有罪必罚原则在刑事执行中的重要内容便是贯彻刑罚的惩罚性，使罪犯承担不利的刑事负担。社区矫正下的非监禁执行实质性的惩罚性内容不够，意味着有罪必罚原则对行刑惩罚性的要求没有得到有效、彻底的贯彻。

四、非监禁执行实现惩罚性理念的路径

社区矫正主体功能错位、矫正惩戒机制缺失以及行刑内容惩罚性不强等问题暴露出我国社区矫正这一非监禁执行机制在行刑惩罚性方面的不足。有罪必罚原则要求，不论监禁执行还是非监禁执行，都必须落实惩罚性的要求。为了确保社区矫正制度的惩罚功能得到实现、贯彻有罪必罚原则，有必要进一步完善社区矫正机制。

首先，施行监狱警察参与社区矫正的常态化机制。有罪必罚原则对社区矫正的惩罚性要求需要通过稳定、可靠的执法力量来实现。有资料显示，2014 年全国社区矫正人数达到了 73 万，而同期监狱在押罪犯人数为 166 万。[1] 监狱在押罪犯人数为社区矫正人数的两倍多，而司法所的管理人员人数远不及监狱警察人数的一半。从管理方式上看，社区矫正人员比监狱在押罪犯更分散、人身自由度更高，管理难度也更大，所以仅依靠基层司法所现有的政法编制人员不可能完成社区矫正工作。《社区矫正法》第 13 条对社会力量参与社区矫正作出了规定；并在第 40 条对政府服务作出了规定，但这些社会力量和服务人员都不具备执法权限，其对社区矫正对象的行为没有强制效力。虽然《社区矫正法》对监狱警察是否能参与社区矫正没有作出明确规定，但从社区

---

〔1〕 参见王利荣：《行刑一体化视野下的矫正体制架构——写在〈社区矫正法〉征求意见之际》，载《当代法学》2017 年第 6 期。

矫正机构的设置看，司法所与监狱同属于司法行政机关。既然司法行政机关承担社区矫正职能，那么监狱警察参与社区矫正就存在合法性的空间。监狱警察参与社区矫正的优势在于，监狱警察具备丰富的执行经验，在法律授权下可以有效行使相应的行政管理职权，能够对社区矫正对象产生足够的规制效力。同时，监狱警察人员队伍是一支可靠的行政执法队伍，并且参与过社区矫正试点工作，具备丰富的社区矫正工作经验。因此，有必要将监狱警察引入社区矫正工作中，加强社区矫正队伍力量、减少基层司法行政部门的压力。

其次，仿照监狱计分考核制度建立社区矫正的奖惩机制。当前，监狱系统已经形成了相对完善的计分考核机制，不论司法部还是下属的监狱管理局，都有制定计分考核制度的丰富经验。社区矫正与监狱行刑本质上都是对自由刑的执行，其共性决定了监狱计分考核能被引入社区矫正奖惩机制中。在社区矫正试点工作开展时，就有地方同步进行了社区矫正计分考核的试点工作。例如，2004 年江苏省高级人民法院等四部门联合印发了《江苏省社区矫正对象计分考核规定（试行）》，实现了对矫正对象的动态评估。基于此，有学者建议在社区矫正工作中建立矫正对象分级处遇机制。[1]显然，这一制度是监狱分级处遇制度和计分考核制度的统合体。计分考核机制的奖励能够对社区矫正人员的轻微违规行为做到有效规制，避免"大错不犯，小错不断"现象的发生，对确保行刑的严肃性和规范性、推进有罪必罚原则惩罚性要求的实现具有重要意义。

最后，加强社区矫正内容的惩罚性。不利的刑事负担是有罪必罚原则在刑事执行中的基本要求。社区矫正作为一项重要的刑事执行方式，应当将不利的刑事负担作为行刑的主要内容。考虑到《社区矫正法》刚刚施行不久、不宜对其进行修订，笔者主张在现有框架内对社区矫正对象设置带有一定惩罚性的强制义务。例如，《社区矫正法》第 42 条规定，社区矫正机构可以组织社区矫正对象参加公益活动。根据这一规定，社区矫正机构有权制定常态化的公益活动机制，如社区服务、社区劳动等，并可以对具体的劳动内容加以细化，在体现矫正教育属性的同时，使其承担相应的惩罚性功能。为此，

---

〔1〕 参见何显兵、廖斌：《论社区矫正分级处遇机制的完善》，载《法学杂志》2018 年第 5 期。

司法行政机关需要基于这一规定制定相应的规范性文件，细化公益劳动的具体内容、实施方式、开展时间等规定。在对公益劳动作出具体规定时，应当着重凸显其惩罚性属性，如公益劳动时间安排不宜过短、劳动次数不宜过少等。

《社区矫正法》的实施使社区矫正制度纳入了规范化、法治化的轨道，而有罪必罚原则是现代刑事法治的重要内容。从这一意义上讲，在社区矫正执行过程中坚持惩罚性理念，是有罪必罚原则的当然要求。为此，必须对社区矫正制度加以完善，以满足有罪必罚原则对非监禁执行的基本要求。

本章小结

刑事执行是刑法运行的"最后一公里"，也是有罪必罚原则的最终落脚点。立法上的"必罚"只是抽象意义上的"必罚"，必须通过执行上的"必罚"得到具体实现；司法上的"必罚"只是确认了"必罚"的可能性，也需要通过执行上的"必罚"得到最终落实。从这一点看，刑事执行是有罪必罚的必然结果。同时，刑事执行也是有罪必罚原则的关键环节，对实现有罪必罚原则在立法上的法益保护目的和司法上的及时性、必定性要求具有重要意义。

大陆法系刑法理论和我国传统刑法理论都主张预防优先的行刑理念，但在刑事执行过程中降低惩罚的作用，一方面不符合并合主义的基本价值取向，不利于有罪必罚原则的最终贯彻；另一方面不符合刑罚的本质，进而会背离有罪必罚原则的本质。按照有罪必罚原则的要求，在行刑过程中不能将惩罚仅作为改造的手段，更不能削弱报应的意义和价值。为此，刑事执行活动应当实现向惩罚性理念的回归。

从我国当前的刑事立法和刑事实践看，监狱行刑存在弱化惩罚机能的问题；但从有罪必罚原则的实现机制和理论基础看，必须明确惩罚罪犯才是监狱的本质机能，改造机能的发挥不能超越惩罚机能。按照监狱行刑惩罚机能的要求，罪犯在监狱内必须在遵循行刑惩罚性的前提下确定罪犯的处遇标准。为了贯彻惩罚性理念，要提升监狱惩戒措施的法律位阶、完善惩戒措施体系、强化监狱的惩戒机制，为有罪必罚原则惩罚性要求的实现提供制度保障。

有罪必罚原则对刑事执行惩罚性理念的要求同样适用于非监禁刑的执行，而且从我国社区矫正的对象、内容和实现机制看，社区矫正应当具有惩罚性。然而，社区矫正在运行过程中存在执行主体错位、惩戒机制不够完善，导致了惩罚性较弱的问题，不符合有罪必罚原则的要求。为此，应当完善社区矫正制度，施行监狱警察参与社区矫正的常态化机制，仿照监狱计分考核制度建立针对社区矫正对象的奖惩机制，加强社区矫正内容的惩罚性。

结　语

　　2012 年党的十八大提出全面依法治国的重大命题，指出法治是治国理政的基本方式，并强调要坚持法律面前人人平等，保证有法必依、执法必严、违法必究。其中"违法必究"是指一切违法行为必须被追究相应的法律责任，在刑法语境下便是一切犯罪行为都应受到刑法的处罚，即有罪必罚原则。可见，有罪必罚原则应当被视为中国特色社会主义法治建设和全面依法治国的重要内容。2014 年党的十八届四中全会将"全面依法治国"纳入了总体布局，使我国的法治建设站在了新的历史起点。2017 年党的十九大指出，全面依法治国是中国特色社会主义的本质要求和重要保障，进一步提升了全面依法治国在国家政治生态中的地位。2022 年党的二十大报告进一步突出了全面依法治国、法治中国建设在全面建设社会主义现代化国家中的地位。因此，如何贯彻有罪必罚原则，解决实践中存在的有罪不罚、肆意出罪等刑事法治短板成为了新时代全面推进依法治国所须解决的紧迫问题。

　　有罪必罚原则具有积极立法和积极司法两个侧面，主张刑法应当将具有严重法益侵害性的行为规定为犯罪，并对符合刑法构成要件的行为予以定罪处罚。从我国法治建设的实践要求以及刑法理论的内在逻辑看，在我国提倡有罪必罚原则具有充分的正当性和必要性。但与此同时也应当看到，将有罪必罚原则上升为刑法的基本原则面临着一定的理论困难。一方面，在刑法理论中，刑法的人权保障机能始终占据着主流的话语地位，刑法被视为一种"必要的恶"，需要通过罪刑法定原则、谦抑主义等理念来约束。在这样的理论背景下提倡有罪必罚原则似乎显得不合时宜。但是刑法不仅仅是犯罪人的大宪章，也是善良人的大宪章，刑罚权在面对犯罪行为时不能有所懈怠。在风险社会的语境下，通过提倡有罪必罚原则来对具有严重法益侵害性的行为进行处罚，是平衡刑法人权保障机能与保护机能的必然选择。另一方面，在现行司法制度中，酌定不起诉、附条件不起诉等刑事诉讼制度已然表明了立法者对部分犯罪不予追诉的态度，似乎形成了对有罪必罚原则的挑战。但是，有罪必罚原则作为刑法规定的基本原则，仍严格恪守犯罪追诉法定性的基本要求，强调"依照法律定罪处刑"。因此，刑事诉讼法中明确规定的不起诉制度，并不会与有罪必罚原则形成根本性的冲突和对立。

如果说对刑罚权采取必要的束缚是刑法的价值向度，那么惩罚犯罪便是刑法的事实属性，且这种事实属性正是蚀刻在刑法"基因"之中的本能。刑法不能失去惩罚犯罪的基本功用，没有"必罚"作为前提，又何来对刑罚权的限制？因此，在我国提倡有罪必罚原则、发掘有罪必罚原则的法治价值，并对有罪必罚原则的基本要求予以贯彻，既是对刑法基本属性的尊重，也是对刑法本能的回归和溯源。

有罪必罚原则作为刑法的基本原则，涉及大量的刑法基础理论，笔者在对有罪必罚原则的基本原理及其实现机制的论述过程中难免挂一漏万、有所欠缺。在内容方面，有罪必罚原则在中华法系中的历史沿革及价值定位、有罪必罚原则的刑法解释论机制等内容在文中没有得到充分的讨论。在论述方面，受制于调研难度等客观因素的制约，本书中的案例等实证支撑性资料相对较少，致使不少结论是基于逻辑推演形成的，而非经验性的。这些既是本书的不足之处，也是未来有罪必罚原则研究的关注点所在。相信随着我国刑法理论的发展，有罪必罚原则相关的刑法知识会不断丰富，这些问题也会在未来得到有效的解决。

参考文献

一、中文著作类

1. 习近平：《习近平谈治国理政》（第一卷），外文出版社 2014 年版。

2. 习近平：《习近平谈治国理政》（第二卷），外文出版社 2017 年版。

3. 习近平：《习近平谈治国理政》（第三卷），外文出版社 2020 年版。

4. 习近平：《习近平谈治国理政》（第四卷），外文出版社 2022 年版。

5. 习近平：《论坚持全面依法治国》，中央文献出版社 2020 年版。

6. 中共中央文献研究室编：《习近平关于全面依法治国论述摘编》，中央文献出版社 2015 年版。

7. 沈家本：《历代刑法考》（上册），商务印书馆 2011 年版。

8. 张文显：《二十世纪西方法哲学思潮研究》，法律出版社 2006 年版。

9. 张文显主编：《法理学》，北京大学出版社、高等教育出版社 2011 年版。

10. 焦洪昌主编：《宪法学》，北京大学出版社 2013 年版。

11. 段秋关：《中国现代法治及其历史根基》，商务印书馆 2018 年版。

12. 周安平：《常识法理学》，北京大学出版社 2021 年版。

13. 高铭暄：《中华人民共和国刑法的孕育诞生和发展完善》，北京大学出版社 2012 年版。

14. 高铭暄、赵秉志编：《新中国刑法立法文献资料总览》，中国人民公安大学出版社 2015 年版。

15. 何秉松主编：《刑法教科书》，中国法制出版社 1997 年版。

16. 马克昌主编：《刑罚通论》，武汉大学出版社 1999 年版。

17. 高铭暄、马克昌主编：《刑法学》，北京大学出版社、高等教育出版社 2022 年版。

18. 张明楷：《刑法学》，法律出版社 2021 年版。

19. 周光权：《刑法总论》，中国人民大学出版社 2021 年版。

20. 曲新久等：《刑法学》，中国政法大学出版社 2022 年版。

21. 《刑法学》编写组编：《刑法学》（上册·总论），高等教育出版社 2019 年版。

22. 陈兴良：《刑法的价值构造》，中国人民大学出版社 2006 年版。

23. 陈兴良：《本体刑法学》，中国人民大学出版社 2017 年版。

24. 陈兴良：《规范刑法学》（上册），中国人民大学出版社 2017 年版。

25. 陈兴良主编：《刑法总论精释》，人民法院出版社 2016 年版。

26. 陈兴良：《罪刑法定主义》，中国法制出版社 2010 年版。

27. 张明楷：《外国刑法纲要》，法律出版社 2020 年版。

28. 张明楷：《责任刑与预防刑》，北京大学出版社 2015 年版。

29. 张明楷：《刑法格言的展开》，北京大学出版社 2013 年版。

30. 张明楷；《刑法分则的解释原理》（上），中国人民大学出版社 2011 年版。

31. 梁根林：《刑事法网：扩张与限缩》，法律出版社 2005 年版。

32. 黄荣坚：《基础刑法学》（上），中国人民大学出版社 2009 年版。

33. 张军等：《刑法纵横谈（总则部分）》，北京大学出版社 2008 年版。

34. 苏永生：《刑法断思》，法律出版社 2017 年版。

35. 劳东燕：《罪刑法定本土化的法治叙事》，北京大学出版社 2010 年版。

36. 付立庆：《积极主义刑法观及其展开》，中国人民大学出版社 2020 年版。

37. 周光权：《刑法学的向度——行为无价值论的深层追问》，法律出版社 2014 年版。

38. 杨兴培：《反思与批评——中国刑法的理论与实践》，北京大学出版社 2013 年版。

39. 逄锦温：《刑法机能研究》，法律出版社 2014 年版。

40. 陈子平：《刑法总论》，元照出版有限公司 2017 年版。

41. 古承宗：《刑法的象征化与规制理性》，元照出版有限公司 2019 年版。

42. 许恒达：《法益保护与行为刑法》，元照出版有限公司 2016 年版。

43. 林钰雄：《新刑法总则》，元照出版有限公司 2018 年版。

44. 王琼：《罚金刑实证研究》，法律出版社 2009 年版。

45. 陈光中主编：《刑事诉讼法》，北京大学出版社、高等教育出版社 2016 年版。

46. 陈瑞华：《刑事诉讼法》，北京大学出版社 2021 年版。

47. 易延友：《刑事诉讼法：规则 原理 应用》，法律出版社 2019 年版。

48. 闫召华：《合作式司法的中国模式：认罪认罚从宽研究》，中国政法大学出版社 2022 年版。

49. 陈金林：《积极一般预防理论研究》，武汉大学出版社 2013 年版。

50. 冯军：《刑事责任论》，社会科学文献出版社 2017 年版。

51. 邱兴隆、许章润：《刑罚学》，中国政法大学出版社 1999 年版。

52. 邱兴隆：《刑罚理性辩论——刑罚的正当性批判》，中国检察出版社 2018 年版。

53. 邱兴隆：《刑罚理性泛论——刑罚的正当性展开》，中国检察出版社 2018 年版。

54. 吴宗宪等：《刑事执行法学》，中国人民大学出版社 2013 年版。

55. 卢建平主编：《中国犯罪治理研究报告》，清华大学出版社 2015 年版。

56. 王利荣：《行刑法律机能研究》，法律出版社 2001 年版。

57. 王云海：《监狱行刑的法理》，中国人民大学出版社 2010 年版。

58. 史丹如：《中国非监禁刑执行改革问题探究》，中国政法大学出版社 2016 年版。

二、中文译著类

1. ［古希腊］亚里士多德：《政治学》，吴寿彭译，商务印书馆 1965 年版。

2. ［德］康德：《法的形而上学原理——权利的科学》，沈叔平译，商务印书馆 1991 年版。

3. ［德］黑格尔：《法哲学原理》，范扬、张企泰译，商务印书馆 1961 年版。

4. ［英］洛克：《政府论》（下篇），叶启芳、瞿菊农译，商务印书馆 1964 年版。

5. ［英］霍布斯：《利维坦》，黎思复、黎廷弼译，商务印书馆 1985 年版。

6. ［意］切萨雷·贝卡里亚：《论犯罪与刑罚》，黄风译，中国法制出版社 2002 年版。

7. ［美］富勒：《法律的道德性》，郑戈译，商务印书馆 2005 年版。

8. ［美］E·博登海默：《法理学：法律哲学与法律方法》，邓正来译，中国政法大学出版社 2004 年版。

9. ［英］哈特：《法律的概念》，许家馨、李冠宜译，法律出版社 2018 年版。

10. ［美］迈克尔·D·贝勒斯：《法律的原则——一个规范的分析》，张文显等译，中国大百科全书出版社 1996 年版。

11. ［德］古斯塔夫·拉德布鲁赫：《法哲学》，王朴译，法律出版社 2013 年版。

12. ［德］拉德布鲁赫：《法学导论》，米健、朱林译，中国大百科全书出版社 1997 年版。

13. ［美］罗纳德·德沃金：《认真对待权利》，信春鹰、吴玉章译，中国大百科全书出版社 1998 年版。

14. ［美］约翰·罗尔斯：《正义论》，何怀宏、何包钢、廖申白译，中国社会科学出版社 2009 年版。

15. ［英］约瑟夫·拉兹：《法律的权威》，朱峰译，法律出版社 2005 年版。

16. ［德］伯恩·魏德士：《法理学》，丁晓春、吴越译，法律出版社 2013 年版。

17. ［美］约翰·菲尼斯：《自然法与自然权利》，董娇娇、杨奕、梁晓晖译，中国政法大学出版社 2005 年版。

18. ［德］弗里德里希·卡尔·冯·萨维尼：《论立法与法学的当代使命》，许章润译，中国法制出版社 2001 年版。

19. ［德］威廉·冯·洪堡：《论国家的作用》，林荣远、冯兴元译，中国社会科学出版社 1998 年版。

20. ［美］本杰明·卡多佐：《司法过程的性质》，苏力译，商务印书馆 1998 年版。

21. ［美］罗斯科·庞德：《通过法律的社会控制》，沈宗灵译，商务印书馆 1984 年版。

22. ［美］哈罗德·伯曼编：《美国法律讲话》，陈若桓译，生活·读书·新知三联书店 1988 年版。

23. ［法］米歇尔·福柯：《规训与惩罚》，刘北成、杨远婴译，生活·读书·新知三联书店 2012 年版。

24. ［英］安德鲁·阿什沃斯：《刑法的积极义务》，姜敏译，中国法制出版社 2018 年版。

25. ［德］安塞尔姆·里特尔·冯·费尔巴哈：《德国刑法教科书》，徐久生译，中国方正出版社 2010 年版。.

26. ［德］冯·李斯特：《论犯罪、刑罚与刑事政策》，徐久生译，北京大学出版社 2016 年版。

27. ［德］弗兰茨·冯·李斯特：《李斯特德国刑法教科书》，徐久生译，北京大学出版社 2021 年版。

28. ［德］克劳斯·罗克辛：《德国刑法学总论》（第 1 卷），王世洲译，法律出版社 2005 年版。

29. ［德］汉斯·海因里希·耶赛克、托马斯·魏根特：《德国刑法教科书》，徐久生译，中国法制出版社 2017 年版。

30. ［德］约翰内斯·韦塞尔斯：《德国刑法总论》，李昌珂译，法律出版社 2008 年版。

31. ［德］格吕恩特·雅科布斯：《行为 责任 刑法——机能性描述》，冯军译，中国政法大学出版社 1997 年版。

32. ［日］山口厚：《刑法总论》，付立庆译，中国人民大学出版社 2018 年版。

33. ［日］大塚仁：《刑法概说（总论）》，冯军译，中国人民大学出版社 2003 年版。

34. ［日］大塚仁：《犯罪论的基本问题》，冯军译，中国政法大学出版社 1993 年版。

35. ［日］大谷实：《刑法讲义总论》，黎宏译，中国人民大学出版社 2008 年版。

36. ［日］前田雅英：《刑法总论讲义》，曾文科译，北京大学出版社 2017 年版。

37. ［日］西原春夫：《刑法的根基与哲学》，顾肖荣等译，中国法制出版社 2017 年版。

38. ［日］西田典之：《日本刑法总论》，王昭武、刘明祥译，法律出版社 2013 年版。

39. ［日］曾根威彦：《刑法学基础》，黎宏译，法律出版社 2005 年版。

40. ［日］佐伯仁志：《刑法总论的思之道·乐之道》，于佳佳译，中国政法大学出版社 2017 年版。

41. ［日］大谷实：《刑事政策学》，黎宏译，中国人民大学出版社 2009 年版。

42. ［日］野村稔：《刑法总论》，全理其、何力译，法律出版社 2001 年版。

43. ［日］田口守一：《刑事诉讼法》，张凌、于秀峰译，法律出版社 2019 年版。

44. ［美］乔尔·范伯格：《刑法的道德界限（第一卷）·对他人的损害》，方泉译，商务印书馆 2013 年版。

45. ［意］杜里奥·帕多瓦尼：《意大利刑法学原理》，陈忠林译，中国人民大学出版社 2004 年版。

46. ［德］托马斯·魏根特：《德国刑事程序法原理》，江溯等译，中国法制出版社 2021 年版。

三、中文期刊类

1. 刘小平：《法治中国需要一个包容性法治框架——多元现代性与法治中国》，载《法制与社会发展》2015 年第 5 期。

2. 陈金钊：《多元规范的思维统合——对法律至上原则的恪守》，载《清华法学》2016 年第 5 期。

3. 顾功耘：《宪法法律在治国理政中的定位反思》，载《法学》2013 年第 1 期。

4. 冯雷：《二元法治观的价值困境及方法论应对》，载《北方法学》2020 年第 5 期。

5. 陈景辉：《法治必然承诺特定价值吗?》，载《清华法学》2017 年第 1 期。

6. 李桂林：《实质法治：法治的必然选择》，载《法学》2018 年第 7 期。

7. 李桂林：《司法权威及其实现条件》，载《华东政法大学学报》2013 年第 6 期。

8. 李林：《建设法治社会应推进全民守法》，载《法学杂志》2017 年第 8 期。

9. 舒国滢：《法律原则适用的困境——方法论视角的四个追问》，载《苏州大学学报》2005 年第 1 期。

10. 周佑勇：《全面推进依法治国总目标引领法治中国前进方向》，载《红旗文稿》2022 年第 9 期。

11. 卓泽渊：《习近平法治思想的理论体系》，载《行政管理改革》2021 年第 7 期。

12. 江必新：《习近平法治思想对法治基本价值理念的传承与发展》，载《政法论坛》2022 年第 1 期。

13. 秦前红：《宪法至上：全面依法治国的基石》，载《清华法学》2021 年第 2 期。

14. 于景成、王景斌：《现代法治中的权力与意思自治》，载《东北师大学报（哲学社会科学版）》2018 年第 6 期。

15. 盖立涛：《墨家天志思想探微》，载《世界宗教文化》2018 年第 4 期。

16. 邵方:《墨子天志及其法律意义》，载《法学评论》2021 年第 2 期。

17. 欧阳辉纯:《天志、兼爱和明鬼——墨子自然观的价值构建与审视》，载《自然辩证法研究》2016 年第 6 期。

18. 高铭暄:《刑法基本原则的司法实践与完善》，载《国家检察官学院学报》2019 年第 5 期。

19. 高铭暄、孙道萃:《预防性刑法观及其教义学思考》，载《中国法学》2018 年第 1 期。

20. 高铭暄、孙道萃:《总体国家安全观下的中国刑法之路》，载《东南大学学报（哲学社会科学版）》2021 年第 2 期。

21. 储槐植:《刑法例外规律及其他》，载《中外法学》1990 年第 1 期。

22. 赵秉志:《中国刑法立法晚近 20 年之回眸与前瞻》，载《中国法学》2017 年第 5 期。

23. 陈兴良:《刑法定罪思维模式与司法解释创制方式的反思——以窨井盖司法解释为视角》，载《法学》2020 年第 10 期。

24. 陈兴良:《法定犯的性质和界定》，载《中外法学》2020 年第 6 期。

25. 张明楷、陈兴良、车浩:《立法、司法与学术——中国刑法二十年回顾与展望》，载《中国法律评论》2017 年第 5 期。

26. 张明楷:《论实质的法益概念——对法益概念的立法批判机能的肯定》，载《法学家》2021 年第 1 期。

27. 张明楷:《宪法与刑法的循环解释》，载《法学评论》2019 年第 1 期。

28. 张明楷:《增设新罪的观念——对积极刑法观的支持》，载《现代法学》2020 年第 5 期。

29. 张明楷:《责任主义与量刑原理——以点的理论为中心》，载《法学研究》2010 年第 5 期。

30. 张明楷:《〈刑法修正案（十一）〉对司法解释的否认及其问题解决》，载《法学》2021 年第 2 期。

31. 张明楷:《简评近年来的刑事司法解释》，载《清华法学》2014 年第 1 期。

32. 张明楷:《犯罪的成立范围与处罚范围的分离》，载《东方法学》2022 年第 4 期。

33. 张明楷:《实质解释论的再提倡》，载《中国法学》2010 年第 4 期。

34. 张明楷:《刑事司法改革的断片思考》，载《现代法学》2014 年第 2 期。

35. 张明楷:《刑法理论与刑事立法》，载《法学论坛》2017 年第 6 期。

36. 周光权:《积极刑法立法观在中国的确立》，载《法学研究》2016 年第 4 期。

37. 周光权:《论刑法与认罪认罚从宽制度的衔接》，载《清华法学》2019 年第 3 期。

38. 王充:《中国的刑法观：问题类型与立场选择》，载《法学》2022 年第 11 期。

39. 黎宏：《我国犯罪构成体系不必重构》，载《法学研究》2006 年第 1 期。

40. 刘艳红：《刑法的目的与犯罪论的实质化——"中国特色"罪刑法定原则的出罪机制》，载《环球法律评论》2008 年第 1 期。

41. 刘艳红：《以科学立法促进刑法话语体系发展》，载《学术月刊》2019 年第 4 期。

42. 刘艳红：《刑事实体法的合规激励立法研究》，载《法学》2023 年第 1 期。

43. 刘艳红：《实质刑法的理论与实践：基于三部曲的整体思维》，载《东南学术》2021 年第 2 期。

44. 刘艳红：《刑法的根基与信仰》，载《法制与社会发展》2021 年第 2 期。

45. 何荣功：《社会治理"过度刑法化"的法哲学批判》，载《中外法学》2015 年第 2 期。

46. 陈伟：《新冠疫情背景下妨害传染病防治罪的解释扩张及其回归》，载《政治与法律》2020 年第 5 期。

47. 马永强：《基因科技犯罪的法益侵害与归责进路》，载《法制与社会发展》2021 年第 4 期。

48. 屈耀伦：《风险社会下我国反恐立法和策略的检讨与完善》，载《北方法学》2018 年第 1 期。

49. 张义健：《〈刑法修正案（十一）〉的主要规定及对刑事立法的发展》，载《中国法律评论》2021 年第 1 期。

50. 李立众：《刑法解释的应有观念》，载《国家检察官学院学报》2015 年第 5 期。

51. 黄硕：《刑法中主、客观解释之争及其走向》，载《政法论丛》2022 年第 6 期。

52. 姜涛：《中国刑法走向何处去：对积极刑法立法观的反思》，载《国家检察官学院学报》2021 年第 5 期。

53. 李梁：《环境污染犯罪的追诉现状及反思》，载《中国地质大学学报（社会科学版）》2018 年第 5 期。

54. 齐文远：《社会治理现代化与刑法观的调整——兼评苏永生教授新著〈区域刑事法治的经验与逻辑〉》，载《法商研究》2014 年第 3 期。

55. 梁根林：《刑事政策与刑法教义学交互审视下的危险驾驶罪》，载《中国法律评论》2022 年第 4 期。

56. 付立庆：《论积极主义刑法观》，载《政法论坛》2019 年第 1 期。

57. 周少华：《罪刑法定与刑法机能之关系》，载《法学研究》2005 年第 3 期。

58. 张小虎：《刑法机能探究》，载《社会科学》2004 年第 4 期。

59. 黎宏：《刑法的机能和我国刑法的任务》，载《现代法学》2003 年第 4 期。

60. 王俊：《积极刑法观的反思与批判》，载《法学》2022 年第 2 期。

61. 莫洪宪、罗建武：《扫黑除恶常态化研究——以〈反有组织犯罪法〉实施为重点》，载《中国人民公安大学学报（社会科学版）》2022 年第 2 期。

62. 敦宁：《后劳教时代的刑事制裁体系新探》，载《法商研究》2015 年第 2 期。

63. 董邦俊：《刑法解释基本立场之检视》，载《现代法学》2015 年第 1 期。

64. 阴建峰：《论法律效果与社会效果的统一——以贯彻宽严相济刑事政策为中心》，载《河南社会科学》2011 年第 2 期。

65. 苏彩霞：《实质的刑法解释论之确立与展开》，载《法学研究》2007 年第 2 期。

66. 车浩：《自我决定权与刑法家长主义》，载《中国法学》2012 年第 1 期。

67. 胡田野：《论"三个效果"有机统一的司法理念与裁判方法》，载《中国应用法学》2022 年第 3 期。

68. 徐岱、白玥：《论中国特色法治体系下刑法观念的冲突与均衡》，载《社会科学战线》2020 年第 9 期。

69. 马春晓：《现代刑法的法益观：法益二元论的提倡》，载《环球法律评论》2019 年第 6 期。

70. 俞小海：《刑法解释的公众认同》，载《现代法学》2010 年第 3 期。

71. 陈璇：《刑法教义学科学性与实践性的功能分化》，载《法制与社会发展》2022 年第 3 期。

72. 孙国祥：《反腐败刑事政策时代转型的逻辑与法治化思考》，载《社会科学辑刊》2021 年第 5 期。

73. 孙国祥：《新时代刑法发展的基本立场》，载《法学家》2019 年第 6 期。

74. 孙国祥：《反思刑法谦抑主义》，载《法商研究》2022 年第 1 期。

75. 郝艳兵：《风险社会下的刑法价值观念及其立法实践》，载《中国刑事法杂志》2009 年第 7 期。

76. 焦艳鹏：《我国环境污染刑事判决阙如的成因与反思——基于相关资料的统计分析》，载《法学》2013 年第 6 期。

77. 吴雨豪：《刑罚威慑的理论重构与实证检验》，载《国家检察官学院学报》2020 年第 3 期。

78. 冀洋：《法益保护原则：立法批判功能的证伪》，载《政治与法律》2019 年第 10 期。

79. 苏永生：《法益保护理论中国化之反思与重构》，载《政法论坛》2019 年第 1 期。

80. 苏永生：《论我国刑法中的法益保护原则——1997 年〈中华人民共和国刑法〉第 3 条新解》，载《法商研究》2014 年第 1 期。

81. 苏永生：《变动中的刑罚结构——由〈刑法修正案（九）〉引发的思考》，载《法学论坛》2015 年第 5 期。

82. 苏永生：《德国的刑法合法性原理之双重视角及其启示》，载《国外社会科学》2021 年第 2 期。

83. 苏永生：《"酌定从重处罚情节"之否定——一个罪刑法定主义的当然逻辑》，载《政法论坛》2016 年第 6 期。

84. 苏永生、张冲：《"法德合治"原则与刑法思考方式——刑法适用论的思考》，载《河北法学》2020 年第 7 期。

85. 苏永生：《在刑法规范与社会事实之间——宣扬恐怖主义、极端主义物品之司法判定问题研究》，载《河南大学学报（社会科学版）》2018 年第 1 期。

86. 苏永生：《环境犯罪的独立性和体系性建构》，载《中国地质大学学报（社会科学版）》2018 年第 5 期。

87. 贾健：《为批判立法的法益概念辩护》，载《法制与社会发展》2021 年第 5 期。

88. 于改之、吕小红：《刑法解释中平等原则的适用》，载《比较法研究》2017 年第 5 期。

89. 林喜芬：《中国减刑程序公平性的实证研究》，载《中国法学》2016 年第 6 期。

90. 张国轩：《我国刑法罪名数量的演变和构成》，载《中国刑事法杂志》2012 年第 2 期。

91. 李鑫：《妨害兴奋剂管理罪追诉机制的反思与建构》，载《武汉体育学院学报》2022 年第 3 期。

92. 李鑫、苏永生：《妨害兴奋剂管理罪的教义学思考》，载《武汉体育学院学报》2021 年第 6 期。

93. 李鑫：《妨害兴奋剂管理罪前置法的功能不足及补强》，载《上海体育学院学报》2021 年第 12 期。

94. 李鑫：《"醉驾"出罪理由的教义学形塑》，载《西部法学评论》2020 年第 4 期。

95. 李鑫：《新时代监狱行刑的法治逻辑》，载《中国监狱学刊》2023 年第 1 期。

96. 王桢：《罪名选择与路径转变：操控竞技体育比赛犯罪的刑法规制探究》，载《武汉体育学院学报》2020 年第 12 期。

97. 于鸿崅、牛忠志：《论习近平法治思想对当代刑事法治的建构》，载《河北法学》2022 年第 3 期。

98. 石聚航：《行为规范与裁判规范分离下法定犯的限缩方案》，载《中国刑事法杂志》2023 年第 6 期。

99. 石聚航：《侵犯公民个人信息罪"情节严重"的法理重述》，载《法学研究》2018 年第 2 期。

100. 童德华：《当代中国刑法法典化批判》，载《法学评论》2017 年第 4 期。

101. 赵一单：《论快速立法》，载《地方立法研究》2021 年第 5 期。

102. 于阳：《法定刑设定模式的缺陷与调整研究》，载《行政与法》2015 年第 8 期。

103. 李晓明：《再论我国刑法的"三元立法模式"》，载《政法论丛》2020 年第 3 期。

104. 王树义、冯汝：《我国环境刑事司法的困境及其对策》，载《法学评论》2014 年第 3 期。

105. 马聪：《我国污染环境罪刑法适用实证研究》，载《东岳论丛》2017 年第 5 期。

106. 张建军：《实现刑法明确性原则的立法路径》，载《国家检察官学院学报》2014 年第 4 期。

107. 陈庆安：《〈刑法修正案（十一）〉的回应性特征与系统性反思》，载《政治与法律》2022 年第 8 期。

108. 吕英杰：《风险刑法下的法益保护》，载《吉林大学社会科学学报》2013 年第 4 期。

109. 黄明儒、王振华：《规范意识强化：也论刑法的公众认同》，载《法律科学（西北政法大学学报）》2017 年第 1 期。

110. 张建军：《案例指导制度对实现刑法明确性的作用》，载《法学杂志》2013 年第 9 期。

111. 自正法、练中青：《互联网时代罚金刑执行难的成因及其化解路径——基于 A 省 X 区法院的实证考察》，载《法治现代化研究》2020 年第 2 期。

112. 王衍松、吴优：《罚金刑适用研究——高适用率与低实执率之二律背反》，载《中国刑事法杂志》2013 年第 6 期。

113. 劳佳琦：《财产性判项与减刑假释的联动机制》，载《中外法学》2018 年第 3 期。

114. 李天发：《论德国罚金刑执行及其对中国的启示》，载《首都师范大学学报（社会科学版）》2018 年第 3 期。

115. 劳东燕：《刑法体系中立法与司法的关系重构》，载《法律科学（西北政法大学学报）》2024 年第 2 期。

116. 王贵松：《论法治国家的安全观》，载《清华法学》2021 年第 2 期。

117. 王进文：《基本权国家保护义务的疏释与展开——理论溯源、规范实践与本土化建构》，载《中国法律评论》2019 年第 4 期。

118. 陈征：《基本权利的国家保护义务功能》，载《法学研究》2008 年第 1 期。

119. 谢佑平、万毅：《法理视野中的刑事诉讼效率和期间：及时性原则研究》，载《法律科学（西北政法大学学报）》2003 年第 2 期。

120. 王传红、维英：《行政执法机关移送涉嫌犯罪案件机制研究》，载《中国刑事法杂志》2012 年第 3 期。

121. 朱良：《我国刑事立案制度的发展轨迹与未来展望》，载《河北法学》2021 年第

12 期。

122. 黄文艺、魏鹏：《国家治理现代化视野下检察建议制度研究》，载《社会科学战线》2020 年第 11 期。

123. 张红：《行政处罚与刑罚处罚的双向衔接》，载《中国法律评论》2020 年第 5 期。

124. 洪浩、朱良：《论检察机关在刑事审前程序中的主导地位》，载《安徽大学学报（哲学社会科学版）》2020 年第 4 期。

125. 魏溪泽：《刑事"挂案"问题的现实困境与解决路径》，载《中国应用法学》2023 年第 2 期。

126. 高景峰：《涉案企业合规改革的立法完善与监督评估实践创新》，载《政法论坛》2023 年第 1 期。

127. 易军：《原则/例外关系的民法阐释》，载《中国社会科学》2019 年第 9 期。

128. 张卫平：《既判力相对性原则：根据、例外与制度化》，载《法学研究》2015 年第 1 期。

129. 庄乾龙：《未成年人附条件不起诉制度功能论》，载《预防青少年犯罪研究》2021 年第 4 期。

130. 陈瑞华：《轻罪案件附条件不起诉制度研究》，载《现代法学》2023 年第 1 期。

131. 魏小伟：《未成年人犯罪附条件不起诉的理论支点》，载《学术交流》2015 年第 9 期。

132. 吴宏耀：《告诉才处理犯罪的追诉制度：历史回顾与理论反思》，载《中国刑事法杂志》2021 年第 1 期。

133. 吴宏耀：《刑事自诉制度研究》，载《政法论坛》2000 年第 3 期。

134. 陈卫东：《认罪认罚从宽制度研究》，载《中国法学》2016 年第 2 期。

135. 董坤：《认罪认罚从宽中的特殊不起诉》，载《法学研究》2019 年第 6 期。

136. 魏晓娜：《完善认罪认罚从宽制度：中国语境下的关键词展开》，载《法学研究》2016 年第 4 期。

137. 张泽涛：《认罪认罚从宽制度立法目的的波动化及其定位回归》，载《法学杂志》2019 年第 10 期。

138. 陈瑞华：《刑事诉讼的私力合作模式——刑事和解在中国的兴起》，载《中国法学》2006 年第 5 期。

139. 熊秋红：《论公诉与自诉的关系》，载《中国刑事法杂志》2021 年第 1 期。

140. 兰跃军：《审判中心视角下的刑事立案制度改革》，载《学术界》2019 年第 9 期。

141. 李奋飞：《论企业合规考察的适用条件》，载《法学论坛》2021 年第 6 期。

142. 孙琴、邓勇：《刑事立案监督的困境及破解路径》，载《中国刑事法杂志》2013 年第

5 期。

143. 张红、刘航：《行政执法资源有限视角下的行刑衔接程序问题研究》，载《行政管理改革》2019 年第 2 期。

144. 孙谦：《刑事立案与法律监督》，载《中国刑事法杂志》2019 年第 3 期。

145. 朱孝清：《国家监察体制改革后检察制度的巩固与发展》，载《法学研究》2018 年第 4 期。

146. 丁玮、赵沂河：《检察权外部监督制约机制研究》，载《中国刑事法杂志》2011 年第 1 期。

147. 雷鑫洪：《刑事立案监督实证研究》，载《国家检察官学院学报》2016 年第 6 期。

148. 刘素梅：《国家监察权的监督制约体制研究》，载《学术界》2019 年第 1 期。

149. 李本森、戴紫君：《反思与重塑：刑事速裁程序适用范围研究》，载《学术界》2021 年第 12 期。

150. 周慧琳：《监察程序与法官惩戒程序衔接的逻辑、障碍与进路》，载《湘潭大学学报（哲学社会科学版）》2022 年第 5 期。

151. 周伟：《监察机关派驻监督体制机制的完善》，载《现代法学》2020 年第 6 期。

152. 马明亮：《正义的妥协——协商性司法在中国的兴起》，载《中外法学》2004 年第 1 期。

153. 刘崇亮：《本体与属性：监狱惩罚的新界定》，载《法律科学（西北政法大学学报）》2012 年第 6 期。

154. 张晶：《治本安全观的意蕴与新时代监狱工作的进路》，载《河南司法警官职业学院学报》2018 年第 1 期。

155. 李忠诚：《刑事执行功能研究》，载《中国法学》2003 年第 3 期。

156. 廖斌、何显兵：《监禁刑总体趋重对监狱行刑的影响及对策》，载《法学杂志》2019 年第 5 期。

157. 何显兵、廖斌：《论社区矫正分级处遇机制的完善》，载《法学杂志》2018 年第 5 期。

158. 杨临宏：《特别权力关系理论研究》，载《法学论坛》2001 年第 4 期。

159. 夏和国：《福柯的权力思想探析》，载《理论月刊》2012 年第 10 期。

160. 刘政：《社区矫正的惩罚功能重塑与惩罚机制重构》，载《法学论坛》2019 年第 6 期。

161. 吴宗宪：《我国社区矫正法的历史地位与立法特点》，载《法学研究》2020 年第 4 期。

162. 谢超：《我国社区矫正现状及立法建议》，载《法学杂志》2017 年第 11 期。

163. 王利荣：《行刑一体化视野下的矫正体制架构——写在〈社区矫正法〉征求意见之际》，载《当代法学》2017 年第 6 期。

164. 刘强、朱辰臣：《公平正义视野下的禁止酷刑与强化刑罚执行中的惩罚功能——兼论我国刑罚方法和刑罚执行制度的改革方向》，载《中国监狱学刊》2022 年第 5 期。

165. 王利荣：《罪犯改造的价值与冲突》，载《法学研究》2001 年第 1 期。

166. ［德］洛塔尔·库伦：《论刑法与宪法的关系》，蔡桂生译，载《交大法学》2015 年第 2 期。

167. ［德］克劳斯·罗克辛：《对批判立法之法益概念的检视》，陈璇译，载《法学评论》2015 年第 1 期。

四、中文报纸类

1. 《决胜全面建成小康社会 夺取新时代中国特色社会主义伟大胜利——习近平同志代表第十八届中央委员会向大会作的报告摘登》，载《人民日报》2017 年 10 月 19 日，第 2 版。

2. 习近平：《高举中国特色社会主义伟大旗帜 为全面建设社会主义现代化国家而团结奋斗——在中国共产党第二十次全国代表大会上的报告（2022 年 10 月 16 日）》，载《人民日报》2022 年 10 月 26 日，第 1 版。

3. 《中共中央关于全面推进依法治国若干重大问题的决定（二〇一四年十月二十三日中国共产党第十八届中央委员会第四次全体会议通过）》，载《人民日报》2014 年 10 月 29 日，第 1 版。

4. 顾敏：《以最严密法治，守护一江清水》，载《新华日报》2022 年 3 月 2 日，第 6 版。

5. 姜涛：《法定犯时代的到来与行政刑法的发展——读〈行政刑法新论〉一书》，载《人民法院报》2017 年 6 月 23 日，第 5 版。

6. 《最高检发布第二批企业合规典型案例》，载《民主与法制时报》2021 年 12 月 16 日，第 1 版。

7. 《深化新时代能动司法检察工作》，载《检察日报》2021 年 8 月 2 日，第 1 版。

8. 樊崇义：《诽谤罪之自诉转公诉程序衔接——评杭州郎某、何某涉嫌诽谤犯罪案》，载《检察日报》2020 年 12 月 28 日，第 3 版。

五、外文文献类

1. David M. Walke, *The Oxford Companion to Law*, Oxford Clarendon Press, 1980.

2. Brian Z. Tamanaha, *On the Rule of Law：History, Politics, Theory*, Cambridge University Press, 2004.

3. Philip Bean, *Punishment：A Philosophical and Criminological Inquiry*, Oxford：Marin

Robertson，1981.

4. George P. Fletcher, *Basic Concepts of Criminal Law*, Oxford University Press, 1998.

5. Edwin W. Patterson, *Jurisprudence: Men and Ideas of the Law*, Brooklyn Press, 1953.

后　记

　　本书是在博士学位论文的基础上修改而成的。当自己的博士论文付梓之时，我的思绪不由得回到了读博前的日子。那时候的我还是一名监狱人民警察，每天面对的都是形形色色的罪犯，生活也是枯燥、无聊的。在高墙电网之内，我常常会在值班的时候以读书的方式来打发时间。那时候，坐在值班台上，抬眼望去便是近在咫尺劳动改造的罪犯，低头便是罗克辛、山口厚等刑法学者的学术专著——实践与理论从未如此相近过：阶层犯罪论体系、客观归责、结果无价值与行为无价值等晦涩的刑法理论与嘈杂的缝纫机噪音交织在一起。我开始意识到，《刑法》文本上的死缓、无期徒刑和有期徒刑正在以最直观、最生动和最鲜活的样子呈现于眼前。"你办的不是案子，而是别人的人生。"如果说检察官是在办理别人的人生，那么我作为一名刑罚执行工作者，则是在亲历着别人的人生。我开始逐渐摆脱对罪犯的刻板印象，对刑法理论进行反思，修正自己的认知偏差。正是这样一段独特的工作经历，使我不仅对刑法学有了更为深刻和别样的认识，也萌生了重返课堂的想法。

　　2019年，河北大学招收第一届法学博士研究生，给了我一个由刑法实践回归刑法理论的机会。为了确保能够专心攻读博士学位，已过而立之年的我选择辞去公职，拜在苏永生老师门下。攻读博士学位期间，苏老师对我的要求严格而不失宽和，做到了"宽严相济"。宽之一面体现在，苏老师从不对我的研究方向作过多的限定，允许有自己的兴趣方向。正是在这样宽松的科研环境下，我在体育刑法、减刑裁量等领域取得了一些成果。严之一面体现在，苏老师要求我经常读书，并通过不断撰写论文来进行学术训练，不允许有丝毫懈怠。正是在这样的严格督促下，我先后发表了6篇论文，并主持承担了一项中国法学会课题。攻读学位的四年时间里，苏老师几乎没有给我安排过任何工作，全凭我自己的兴趣爱好去自主选择题目、撰写论文；而他无论手头有多少工作要忙，都会抽出时间及时为我修改论文。这些年来，我的每一篇论文都经过了老师的认真指导和修改；但在投稿、发表时，他总是强调让我独立署名，认为这样对我未来的学术发展更有利。老师提携后辈的良苦用心，令人崇敬。读博过程面临的最大困难当属我的博士论文。为了能让我顺利毕业，苏老师在我的学位论文修改上倾注了大量心力，常常工作到很晚，甚至在夜里11点、12点我还能收到老师的论文修改意见。为了修改我的学位论文，苏老师曾一度暂缓自己国家社科基金的结项，将我的论文列为最优先级。这篇博士论文几经大幅修改，每一份修改稿中的字里行间都体现出老师的滴滴心血。正是在这样的悉心指导下，我才能顺利通过答辩。我在感激的同时，也常为自己的不争气而懊悔。能遇到这样的导师，何其有幸！

按照学校对博士生的培养要求，我至少需要在CSSCI来源期刊发表一篇论文，为此在读博的前3年我常常为如何发表论文而苦恼。幸得《武汉体育学院学报》和《上海体育学院学报》（现为《上海体育大学学报》）编辑老师的认可，我先后发表了3篇C刊论文。老师们丝毫不介意我的非"985""211"博士生的身份，坚持以质取文，令我不胜感动。

为了有一个安静、良好的学习环境，我选择在父母家撰写学位论文。为此，父亲赶在论文开题前制作了一个不锈钢书架放在客厅，并用电三轮连我带书一起运到他家。父母专门腾出一间卧室供我写作，白天我来到这就直接关门写论文，午饭和晚饭全由母亲负责。有时候因为太晚不回去，父亲甚至会给我铺好被褥，第二天还会收拾好床铺。在论文写作的这段日子里，我常驻父母家，每天白天来父母这边写论文，晚上常常到10点、11点才回家。这段日子里，我把自己的家当成了宿舍，没给妻子做过一顿饭、没做过一次家务。特别是在延期的一年时间里，妻子默默地陪伴着我、安慰我。所谓患难见真情，如果不是她，我不知道自己是否会坚持把这个学位攻读下去。学术写作是一场孤独的精神旅行，因此任何精神上的慰藉都对我意义重大。有时我会修改论文至深夜两三点，家里的美短小猫招妹会静静地蹲在电脑前，即便困意正浓，也丝毫没有回窝睡觉的意思。每当我抬头望向她时，她总会轻轻地回应一声：喵。

在这四年的时间里，我有太多的同学、朋友需要感谢。张思茵、贾贵梅、孟穗、陆鑫，同为2019级的博士生同学，她们在我的学习和生活上提供了很大的帮助。特别是张思茵和贾贵梅忙前忙后，帮我校对论文、提交各种材料，让我省却了很多烦琐之事。高雅楠、史山庚、韩玫、任学婧，作为同门师兄妹对论文的修改、定稿提出了不少中肯的意见；特别是高雅楠师姐，字斟句酌地帮我修改论文的各级标题。大学舍友王鸿飞，当得知我心情不好时，并不询问原因，只是说道："来天津在我家多住几天，散散心。"简单的一句话让我倍感温暖。

晚近以来，随着德日刑法理论在我国的引入和确立，人权保障、刑法谦抑主义等理论知识开枝散叶，将刑法视为犯罪人大宪章的理念得以盛行，得到了学界的广泛认同。在这样的学术背景下，将有罪必罚原则作为学位论文的选题，强调刑法的惩罚性与社会保护机能，多少有些"唱反调"之嫌，无形中增加了毕业的难度。应当承认，德日刑法理论有力推动了我国刑法知识体系的丰富、发展，对提升我国的刑事法治水平具有重要的理论意义和实践价值；但同时也应当看到，我国与德日国家的法治建设路径并不相同，历史上的法制进程存在较大差异。在历史上的中华法系中，我们缺少有罪必罚的法治传统。"官当""八议"等制度的确立和实施，让"王子犯法与庶民同罪"的诉求沦为了戏文和空想。因此，当回顾法制史时，常常会看到封建统治者在滥用刑罚、施用酷刑的同时对特权阶级留有余地，展现刑法仁慈宽缓的一面，进而形成了严惩罪犯与有罪不罚并行的怪异局面。纵然历史的车轮已经行驶到了法治时代，依然有必要对特权思想保持足够的警惕，这就凸显了在刑事领域确立有罪必罚原则的重要性。而且，法律是对社会事实的规范性表达，刑法学知识体系的建构绝不能遵循纯粹的唯理主义范式，必须将民意作为搭建教义学理论的重要参照。有罪必罚原则不仅符合人们对刑法的朴素认知，而且与法律面前人人平等的宪法要求具有逻辑上的一致性，在这种情况下，将有罪必罚原则视为刑法的基本原则是符合法治的民主主义逻辑的。正是在这样朴素的刑事法治理念的驱动下，我选择了这一既不讨喜也不讨巧的选题。欣慰的是，虽然历经坎坷，但这一选题最终还是得到了大多数学者、专家的认可。学术成果的价值不仅在于创新性知识的生成，更体现在能够得到广泛的传播。作为我的首部学术专著，《有罪必罚原则的提倡与贯彻》能够在中国政法大学出版社这一在法学领域久负盛名的出版机构出版，实为幸事。非常感谢中国政法大学出版社对本书的认可以及刘晶晶老师为本书出版所做的工作。

　　回顾读博的时光，有过欢乐，有过抑郁，有过欣喜，有过泪水，但终究还是一路走来了。最后，我要感谢所有信仰法治理念，并为追求真理而坚守的人们！